병든 사회를 걱정하는 소시민의

빨강생각

진인진

병든 사회를 걱정하는 소시민의   빨강생각

초판 1쇄 발행 | 2022년 7월 7일

지은이 | 김성현
발행인 | 김태진
발행처 | 진인진
등   록 | 제25100-2005-000003호
주   소 | 경기도 과천시 별양상가 1로 18 614호(별양동 과천오피스텔)
전   화 | 02-507-3077-8
팩   스 | 02-507-3079
홈페이지 | http://www.zininzin.co.kr
이메일 | pub@zininzin.co.kr

ⓒ 진인진 2022
ISBN 978-89-6347-508-0 03300

목차

병든 사회를 걱정하는 소시민의 빨강생각

난데 없이 나타난 코로나 바이러스로 세상이 떠들썩한 동안 우리 사회의 치부 또는 아픈 곳을 너무 많이 보고 생각한 탓인지 내 눈엔 세상이 온통 빨갛다. 오해하지 마시라. 지방선거 결과를 보고 하는 말이 아니다. 내 눈엔 적신호가 켜진 지 이미 오래인 병든 세상의 난제들이 보인다. 참으로 심각하다. 다만 그걸 심각하게 받아들이고 애써 변화시키려는 이들이 적을 뿐이다. 문제는 이대로 가다가는 미래가 없다는 점이다.

어느 날 갑자기 다가온 코로나 바이러스가 세상을 이렇게 뒤흔들어 놓을 줄을 누가 알았으랴. 평소보다 위생에 엄격해졌고, 사회적 거리두기의 여파로 집에 있는 시간이 늘었다. 만남을 줄였고 생각은 많이 하는 시기를 지나왔다. 그러는 사이 자영업의 어떤 분야는 살기 힘들다며 아우성이었던 반면, 어떤 분야는 역대급 호황을 누리며 기뻐했다. 대표적인 경우가 배달서비스였다. 대인 접촉을 피하느라 음식을 배달시켜 먹는 이들이 늘며 그에 따라 일회용 플라스틱 용기들이 쌓이기 시작했다. 얼마나 많이 발생했는지 그간의 통계치를 모두 갈아 치웠을 정도다. 문제는 어려운 시기를 지나느라 양해했던 플라스틱 줄이기 의무 유예가 남긴 결과다. 페트병이 개발된 후 지금까지 완전히 처리된 페트병은 없다. 지구를 떠돌며 우리네 장기에까지 침투한 미세 플라스틱으로 인해 인류는 생명의 위협을 느끼지 시작했다. 몇 백 년이 걸릴지 알 수 없는 분해되는 그 기간 동안 플라스틱은 우리 삶에 얼마나 큰 위험으로 다가올지 감히 헤아리기조차 어렵다. 그 고민으로 플라스틱에 대해 알아보기 시작한 것이 이 책의 시작이다.

플라스틱의 편리성과 위험성이라는 양면을 알아가는 동안 자연스럽게 연결된 관심은 기후위기 문제였다. 이토록 짧은 기간 안에 이토록 많이 배출된 온실가스로 인해 이제 인류의 생존이 위협받기에 이르렀다. 선각자들의 외침과 호소가 이어져 왔지만, 인류는 그다지 적극적인 호응을 하지 않아 왔다. 무책임했던 시간이 지나면서 누적된 위험 인자들이 이제 구체적인 증상으로 드러난 게 기후위기 현상이다. 지금 당장 아주 대단한 결단과 실천을 해도 오래도록 해소되지 않을 그런 위험 앞에서 인류는 대단히 무책임한 태도로 일관해왔다. 그 결과 지금은 폭염, 폭설 등의 기상 이변, 역대급 태풍, 위아래로 극단을 찍는 온도 등이 우리의 삶을 위협하는 지경에 이르렀다. 시간이 조금 더 지나면 정말 돌이킬 수 없을 지경에 이르고 말 것이다. 전 세계가 힘을 모으려 시도하고 있고, 아주 작은 진전은 있었지만 그 정도로는 파국을 막을 수 없다. 아주 심각한 이 사태를 강 건너 불구경하듯 바라보고, 여전히 경제 논리로 대응하려는 이들이 있는 한 이 문제는 해결 불가능하다. 국운이 걸린 전쟁에 임하는 태세와 각오를 다져도 쉽지 않은 일이다.

전쟁 이야기가 나왔으니 전쟁 이야기를 해보자. 인류는 전쟁을 멈춘 일이 없다. 우리 나라도 지금 전쟁 중인 걸 다들 알지 않는가. 우리와 같이 멈춰 있는 전쟁이 아니라 실제 교전이 벌어지는 지역도 다수다. 러시아와 우크라이나 전쟁이 현재 진형형인건 다들 알테고. 종교로 인해, 경제 논리로 인해 벌이는 전쟁은 군인들만의 전쟁이 아니다. 그 피해는 민간인이 더 크게 입는다. 전쟁이 끝나도 참으로 오랜 기간 복구를 위해 수고해야 하며, 삶의 터전을 잃고 집과 나라를 떠나야 하는 이들의 수가 엄청나다. 결국 난민이 되어 집으로도, 고국으로도 돌아가지 못하고 지구별 어느 지역의 난민촌에서 삶의 대부분을 보내야 하는 이들이 얼마나 많은지 아는가. 그들의 삶도 소중하다. 하지만 각국의 첨예한 입장 탓에, 그리고 경제적 이해관계에 따라 해소하지 못하고 사실상 방치하는 경우가 다수다. 결국 평생에 걸친 고통을 감내할 수밖에 없는 이들을 난민이라 칭한다. 그들의 고통을 외면하는 게 인류의 몫일 수는 없다.

코로나 바이러스가 그렇듯이, 기후위기 문제가 그렇듯이 난민 문제도 인류 모두가 함께 해결해야 할 과제인 건 분명하다. 당위로서의 인식이 있다손 치더라도 실천에 이르기까지 해결해야 할 난제가 많아 진척이 느린 경우를 보며 갖는 안타까움이 정말 크다. 이 와중에도 사실이 아닌 이야기를 늘어놓으며 난민에 대한 혐오를 부추기는 이들이 있으니 천벌을 받아 마땅한 이들 아닌가. 예멘 난민이 제주로 입도했을 때 보인 우리 사회의 두 극단적 태도를 보지 않았던가. 온갖 가짜뉴스를 유포하는 소위 종교인들의 이율배반적인 행동으로 혐오를 키우고 공존이 아닌 차별을 유도하는 이들의 행태는 지탄받아 마땅하다. 가짜뉴스는 난민 문제에 국한한 위험이 아니다.

정치에서도, 선거에서도 가짜뉴스의 위력은 대단하다. 얼마 전 끝난 필리핀 대선에서 독재자 마르코스의 아들인 페르디난드 마르코스 주니어가 대통령으로 당선됐다. 그는 부패한 독재자였던 그의 아버지에 대해 긍정적으로 묘사한 내용을 자신이 고용한 수 천 명의 트롤들을 통해 유포했다고 밝힌 바 있다. 부패로 몰락했던 독재자의 아들이 직선제를 통해 다시 대통령이 되다니 가짜뉴스의 위력은 정말 대단하다. 우리 나라의 경우라고 다를까. 세계 곳곳의 정치에서 가짜뉴스의 기술적인 활용이 성공적인 결과를 낳기도 했다. 사실이 아닌 것을 사실로 만들고, 그것을 믿어버린 단순한 국민들로 인해 결과가 왜곡되는 일은 과연 정당한 일일까. 당연히 아니라고 답을 해야 한다.

코로나 팬데믹 기간 동안 보인 우리 사회 종교기관들의 태도를 기억한다. 처음 만난 정체불명의 바이러스에 대처하느라 모두가 허덕이고 있을 때, 일부 종교기관들은 온갖 가짜뉴스를 유포하며 피해자인 양 활약하지 않았느냐는 말이다. 그들의 이기적 행태로 인해 감염병에 대처하는 일선의 수많은 이들을 더 큰 힘겨움과 고통 속으로 몰아넣은 걸 기억하는가. 여전히 자신들은 잘못한 게 없다는 식의 태도를 보이는 바람에 이 사회에서 종교에 대한 인식이 아주 나빠졌음을 그들을 알까. 기대치가 없어지는 수준을 넘어 이제는 반사회적인 집단으로 이해하는 이들이 늘고 있다는 사실은 각 종교의 미래를 어둡게 한다. 물론 모든 종교가 그런 것도 아니고, 종교 자체가 그런 나쁜 행위를 하라고 가르치지도 않는다. 결국 사람의 문제인데 제대로 알지도 못하면서, 확신에 차서 믿음이라는 이름으로 저항을 강요하는 정도의 인식으로는 이 사회 구성원들에게 종교의 가르침을 전하기 어렵다. 종교의 가치와 지향은 아름다운 것이고, 꼭 필요하며, 위로와 위안을 주는 순기능을 갖고 있다. 각 종교마다 조금씩 다른 부분이 있지만 평화를 지향하고 사랑하며 살라는 가르침에는 다름이 없다. 진정 그 지향대로 살아가고 있는지를 종교인들은 스스로 반문해야 한다.

코로나로 인해 드러난 아프고 병든 세상의 여러 위험 지표들을 보며 많은 생각이 든다. 모두가 함께 힘을 모아도 쉽게 해결하지 못할 거대한 난제 앞에서 우리는 각자도생만 생각하고 있는 건 아닌지를 성찰해 봐야 한다. 각자도생을 해도 문제가 안된다면 굳이 말리지 않겠지만 플라스틱 문제도, 기후위기 문제도, 난민도, 가짜뉴스도, 종교인의 태도 문제도 모두가 함께하지 않으면 해결되지 않는 과제라는 점에서 사안을 외면하고 따로 노는 걸 용납하기 어렵다.

이런저런 고민을 하는 시점에 때때로 만나 이야기를 나누는 친구들과의 만남이 소중했다. 함께 고민하고 대처해야 할 과제가 무엇일지를 이야기하는 경우도 있고, 그저 오랜만에 만났으니 왁자지껄 즐거운 대화를 나누기도 했다. 그 과정에서 직간접적으로 주제를 제안하고 의견을 나눠준 이찬홍, 임광호, 한동철, 강준모, 양기동, 윤석운 등의 친구들이 결국 이 책을 완성하게 했다. 고마운 마음 전한다. 지난번에 출간했던 〈노랑생각〉에서도 그랬듯이 함께 생각을 나누다 보면 정리가 되는 좋은 경험이었다. 이번에도 책을 꼼꼼히 체크하고 출판을 맡아준 소중한 벗 진인진 김태진 대표에게도 고마운 마음 전한다. 난 인복은 타고난 사람이다.

어쩌다 보니 병든 사회를 보며 아파하고, 지금보다 더 나은 세상이기를 꿈꾸며 뭔가를 정리하는 시간이 아팠지만 좋았다. 해야 할 일을 확인했고, 실천으로 이어지는 계기가 되어 좋았다. 마침 이 책을 마무리하는 시점에 광명자치대학 기후에너지학과의 학과장이 됐다. 인복만 많은 게 아니라 일복도 많은 모양이다. 세상에 감사하는 마음으로 역량 닿는 만큼 노력해 볼 참이다. 이 책을 읽게 될 수많은(?) 독자들에게도 병든 사회를 치유하고, 사람사는 세상을 향해 걷는 여정에 동참해달라 요청하며 서문을 마무리한다.

2022년 7월 1일
하평리였던 하안동에 사는 김성현

'징하다 가짜뉴스'

2022년 3월 9일 대한민국 20대 대통령 선거가 끝났다.

누군가는 당선의 기쁨을 누리는 반면, 누군가는 패인을 곱씹으며 후일을 도모하고 있을테다. 여느 때라고 다르지는 않지만 유독 선거 때는 가짜뉴스가 더 기승을 부린다. 아무래도 다른 때에 비해 뉴스의 주목도가 높은 시점이라는 조건을 이용한 가짜뉴스 생산자와 유포자들의 활약이 큰 탓이다. 후보자에 대해 더 많이 알아보고, 더 많은 관심을 가지는 때이기에 적극적 유권자들은 수 많은 정보들 속에서 필요한 정보를 얻고자 한다. 그래서 진짜와 가짜를 구분할 어느 정도의 능력이 생기는 반면, 적극적이지 않은 수동적 유권자들은 카톡방에 유포되는 간단한 링크와 요약인 듯 설명한 글들을 주로 소비한다.

문제는 광범위하게 생성되고 유포되는 정보들에 대해 일일이 확인하고 점검하여 선택적으로 수용할 능력을 가진 이들이 그리 많지 않다는 점이다. 이른바 전문가들에게도 쉬운 일이 아니기에 어떤 언론들에서는 '팩트체크'라는 이름으로 분석하여 알리기도 한다. 고마운 일이다. 그러나 일반인들에게 진짜와 가짜를 구분하는 일은 여전히 어려운 일이다. 일단 가짜든 왜곡이든 그런 기사와 글이 유포되고 나면 이후에 수정된 내용이 배포되어도 그것이 다시 그에게 전달될 가능성은 희박하다. 언론에서 오보를 낸 이후 정정의 글을 사고로 내보내도 보는 이가 드문 것과 같은 이치다. 이런 제반 조건을 잘 아는 이들이기에 가짜뉴스를 퍼뜨리는 걸 주저하지 않은 것이고 그것이 결국 위력을 발휘한다. 애석하지만 현실이다.

가짜뉴스 생성자에게 선거는 대목이다

지난 20대 대통령 선거에서 허위사실 유포 등의 혐의로 검찰에 입건된 선거 사범은 3월 10일 0시 현재 732명이다. 19대 대선의 435명에 비해 약 1.7배 늘었다. 입건된 이들 가운데 9명이 구속되고, 29명이 불기소처분을 받았으며 5명이 재판에 넘겨졌다. 유형으로 보면 허위사실 유포 등 여론 조작 사범이 431명으로 58.9%를 차지했다. 여론 조작 사범이 19대에 비해 세 배 이상 증가한 셈이다. 물론 대선 기간 중 선거범죄를 저지른 이들이 이들만은 아닐 것이다. 적발되고 처벌받게 된 이들이 이 정도라는 의미일 뿐. 주목되는 부분은 여론 조작이라는 부분이다. 이 가운데 상당 부분이 가짜뉴스와 관련되어 있음을 추정하는 것은 어려운 일이 아니다. 선거 기간 중에 가짜뉴스를 유포하는 범죄를 저지르는 이들이 많은 것이 우리나라만의 일은 아닌 모양이다.

2022년 4월 14일 브라질 매체들에 따르면 유튜브는 보우소나루 대통령이 구체적인 증거를 대지도 못하면서 지난 2018년 대선 결과가 왜곡됐다고 주장하는 동영상을 삭제했다. 유튜브가 브라질 대선과 관련해 가짜뉴스에 적극적으로 대처하겠다는 입장을 밝힌 뒤 나온 첫 번째 조치다. 지난 2월 브라질 연방선거법원이 트위터, 틱톡, 페이스북, 왓츠앱, 구글, 인스타그램, 유튜브, 콰이 등 8개 플랫폼과 협력하기로 한 이후, 3월 말에는 텔레그램도 가짜뉴스와 잘못된 정보 유포 행위를 억제하려는 선거법원에 협력하겠다고 약속한 바 있다. 보우소나루 대통령은 트위터와 페이스북 등의 잇단 게시물 삭제 조치에 반발해 텔레그램을 통해 지지자들과 소통해 왔으며, 투표 결과 왜곡 가능성을 들어 전자투표를 폐지하고 검표가 가능한 투표용지 사용 방식으로 바꿔야 한다고 주장한 바 있다. 이런 그들의 돌출행동과 발언을 가짜뉴스로 판단한 플랫폼과 법원의 협력의 가시적인 성과가 나타난 것이다.[1]

2022년 4월 8일 외신에 따르면 메타플랫폼(구 페이스북)은 전날 성명을 통해, 필리핀 대선과 관련하여 '가짜뉴스'를 담은 페이스북 계정 400여 개를 삭제했다고 밝혔다. 선거가 임박할수록 허위정보를 유포하는 활동이 심해진 데 따른 조치다. 삭제된 계정들은 필리핀 뉴스 포털의 정보를 훼손하고, 이를 증폭시키려는 의도를 가지고 있었다는 것이 페이스북의 설명이다. 코로나19의 여파로 전통적 방식의 선거 캠페인이 어려움을 겪자 소셜미디어 활용도를 높인 것이다. 소셜미디어를 통해 상대 후보를 비방하거나 허위정보를 유포하는 사례가 잇따르면서 우려가 커졌다. 이에 앞서 트위터는 마르코스 전 상원의원을 지지하는 트위터 계정 300여 개를 잠정 폐쇄하기도 했다. 온라인 탐사보도 매체인 '래플러'(Rappler)는 마르코스 지지자들이 집중적으로 계정을 새로 만들어 트위터에서 여론전을 펴고 있다고 보도한 바 있다.[2]

2017년 프랑스 대선에서도 가짜뉴스는 기승을 부렸다. "사우

---

1   유튜브, '브라질 대통령의 대선 관련 가짜뉴스 동영상 삭제'
    https://www.yna.co.kr/view/AKR20220415014200094?did=117
    9m

2   페이스북, '필리핀 대선 앞두고 '가짜뉴스' 계정 400여 개 삭제'
    https://www.yna.co.kr/view/AKR20220408071800076?input=11
    79m

디아라비아가 마크롱 후보 캠프의 재정 30% 이상을 담당하고 있다"고 벨기에 일간 '르수아르(Le Soir)'와 유사한 인터넷 사이트인 'lesoir.info'는 벨기에 사회당원인 필립 클로제를 인용해 이같이 보도했지만, 다음 날 르수아르는 해당 보도를 한 사실이 없다고 공식 발표했다. 클로제 의원도 트위터에 전혀 알지 못하는 얘기라며 전형적인 가짜 뉴스라고 반박했다. 하지만 이 기사는 프랑스의 각종 극우 성향 사이트와 소셜미디어 등을 통해 확산됐고, 프랑스 대선의 가장 유력한 후보 중 하나인 중도 신생 정당 '앙마르슈'의 에마뉘엘 마크롱 대표에게는 '이슬람 테러 조직을 등에 업은 대선 후보'라는 낙인이 찍혔다. 이 뿐만이 아니다. "이슬람 테러 조직인 알카에다가 마크롱을 지지한다고 공식 선언했다"는 소문이 트위터를 통해 확산됐다. 하지만 팩트 체크 전문 사이트 '크로스체크'의 검증 결과 모두 사실과 무관한 것으로 확인됐다. 당시 1차 투표를 앞두고 유력 후보 4명의 여론조사 지지율이 모두 오차범위 안에 있던 시점의 가짜뉴스 파동이다.

극우 정당 '국민전선'의 마린 르펜 대표도 "(그의 아버지) 장마리 르펜 전 국민전선 대표가 별장에서 키우는 대마초 2000여 그루가 르펜 캠프의 자금줄"이라는 인터넷 매체 '시크릿뉴스'의 가짜 뉴스로 홍역을 치렀다. 극좌 정당 연대인 '프랑스 앵수미즈'의 장뤼크 멜랑숑 후보는 지지율이 오르기 시작한 때부터 "시가 2000만원대의 롤렉스 시계를 즐겨 찬다"는 악성 루머에 시달렸다. 트위터 등엔 "공산주의자 행세를 하더니 위선적이다" 등의 비난이 빗발쳤다. 하지만 뉴스 채널인 프랑스 TV 앵포의 검증 결과, 문제가 됐던 시계는 시가 20만원 정도인 것으로 밝혀졌다. 2016년에 치러진 공화당

경선에서 알랭 쥐페 전 총리가 프랑수아 피용 전 총리에게 압도적 표차로 패했을 당시에도 프랑스 언론들은 "쥐페가 가짜 뉴스의 희생양이 됐다"고 분석했다. 후보 경선 직전 "(쥐페가) 시장을 지낸 보르도시에 거대한 이슬람사원을 지었다"는 근거 없는 소문이 소셜미디어에서 돌아 쥐페가 표를 크게 잃었다는 것이다.

당시 페이스북은 가짜 뉴스를 뿌리 뽑기 위해 AFP통신, 르몽드 등 8개 프랑스 유력 언론과 협력 시스템을 구축하여, 특정 기사에 대해 8개 매체 중 2곳 이상이 '가짜'로 의심하면 해당 기사에 "논쟁의 여지가 있다"고 표시되도록 한 바 있다. 이런 노력에도 불구하고 가짜뉴스의 기세는 수그러들지 않았다. 선거일을 며칠 앞두고 쏟아질 가짜뉴스들이 40%에 이르는 부동층의 선택을 좌지우지할 가능성이 크기에 후보들이 가짜 뉴스 차단에 총력을 기울이지만 쉬운 일이 아니다.[3]

가짜뉴스의 인격살인

우리나라의 이번 대선 과정에 가짜뉴스가 없었을까? 물론 아니다. 내가 이번 대선에서 본 가짜 뉴스 가운데 하나의 내용은 이렇다. 동네 단체카톡방에 누군가 올린 것이다.

---

3   '불꽃 튀는 佛 대선… 쏟아지는 가짜뉴스가 막판 변수'
    https://www.chosun.com/site/data/html_dir/2017/04/19/201
    7041900277.html

"이재명은 왜 검정고시 시험을 쳤을까?

이재명은 중학교 때 여자 초등학생을 집단 강간하여 소녀 피살되었음. 77~78년 당시 영천댐에서 여자초등학생에게 이재명을 포함해 5명이 집단 강간하여 소녀가 사망함. 집단강간 사건으로 인해 당시 이재명은 중학교 퇴학 당함. 미성년자가 가는 감옥소 소년원에서 4-5년 복역한 이재명은 소년원 출신이며 출소 후 검정고시 시험을 치게 됨. 이런 전과 때문에 군 입대 자격 미달자가 되어서 군 미필임.

이재명은 사법고시 합격하고 신분 세탁함. 그래서 이재명은 출신 초·중·고 얘기를 일체 안 하는 것임. 환경도 가난하지 않았으며 2층 집에 잘 살았다는 이재명 맏형의 얘기임. 따라서 소년공 일을 하다가 팔을 다쳐 장애인이고, 그래서 군 미필이라는 것은 또한 거짓말임.

이재명 형제들은 바로 위의 친형 회계사인 이재선씨를 포함하여 머리는 좋았음. 이재명이 김부선씨에게 손톱에 생긴 까만 줄이 소년공 할 때 장갑 때가 끼어서 그렇게 되었다는 말도 거짓말임. 이재명은 출신이 이러하므로, 쌍욕과 폭력성, 거짓말로 현장 모면하기, 조폭들과 어울리기에 능수능란한 것이다."

위 내용이 각종 커뮤니티 및 단톡방 등에서 광범위하게 유포되고 있음을 발견한 더불어민주당 선거대책위원회 국민검증법률지원단은 3월 7일 해당 루머에 대해 이재명 대선후보를 대상으로 한 허위사실 및 가짜뉴스 유포자에 대한 고발 등의 법적 조치를 경고했다. "이재명 후보가 소년원에 입소했었다는 등의 가짜뉴스를 유포하는 행위에 대해 고발 포함, 강력한 법적 대응으로 엄중 조치하겠다"고 밝힌 것이다. 여기에 더해 "이 후보는 초등학교 졸업장과 범죄·수사경력회보서를 통해 허위 사실임을 입증했다. 지금도 공식 블로그 '팩트체크'에 관련 내용을 모두 공개해 놓은 상태"라고 덧붙였다.

이에 앞서 지난해 12월, 민주당은 '이 후보가 청소년 시절 소년원에 다녀왔고, 전과를 숨기기 위해 생년월일을 바꿨다'는 김용호 전 기자와 강용석 변호사의 주장에 대해 공직선거법 위반 등의 혐의로 서울중앙지검에 고발한 바 있다. 현행 공직선거법은 후보자가 당선되지 못하게 하거나 불리하도록 후보자·그의 배우자 등에 대한 허위의 사실을 공표하거나 공표하게 한 자 등에 7년 이하의 징역 또는 500만원 이상 3천만원 이하의 벌금에 처할 수 있도록 규정하고 있다.

이른바 인간승리라는 프레임으로 이재명 후보측에서는 후보를 알리는데 꽤 유용하게 사용된 내용을 사실 일부에 덧붙인 가짜 정보들을 조합하여 만든 가짜뉴스다. 가난하였기에 소년공이 될 수밖에 없었고, 또래들이 학교 다닐 때 공장을 다니며 일해야 했으며, 그 과정에서 팔을 다쳐 군에도 가지 못했던 인생의 경험이 약자와 어려운 이들에 대한 연민으로 작용하여 정치인의 길을 가게 되었다는 스토리의 주인공임을 알리고 싶었던 후보측에 반해, 그를 싫어하는 측에서는 그 여파를 잠재우기 위해 교묘히 왜곡한 내용으로 이 후보를 인격 파탄자로 몰아간 것이다.

가짜뉴스를 생성하고 유포하는 악의적인 이들의 행동에 대응하는 방법이 사법처리를 하겠다는 엄포와 고발 외에 무엇이 있을까.

실제 사법처리가 된다 하더라도 솜방망이에 그치는 경우가 많으니 근절되기도 어렵다. 피해를 입은 측에서 적극적 반론을 편다 하더라도 유포 속도를 따르기 어렵고, 구제할 방법도 마땅찮은 현실 앞에서 악의적인 이들이 스스로 반성하고 제어할 것이라는 기대를 갖기는 어렵다. 사법처리의 가능성을 안고 있으면서도 이런 가짜뉴스를 배포하면서 이득을 얻는 이들의 배경은 뭘까. 그들이 유포하는 가짜뉴스를 믿는 이들이 많다는 점이 가장 큰 이유가 아닐까. 믿으려 준비하고 있는 이들 말이다.

가짜뉴스를 믿는 심리는 뭘까

거짓말임이 명백하더라도, 이를 현실로 만들 방법이나 가능성을 생각하게 하는 것만으로 사람들이 그 거짓말이 비윤리적이라 느끼는 정도가 약해졌다는 연구가 있다. 사람들이 거짓 정보나 가짜뉴스를 쉽게 받아들이고 퍼뜨리는 이유는 '큰 틀에서는 사실이다'라는 생각을 하기 때문이라는 것이다. 영국 런던비즈니스스쿨 연구진의 이 연구 결과는 미국심리학회(APA)가 발간하는 '성격 및 사회심리학 저널(Journal of Personality and Social Psychology)'에 실렸다.

연구진은 599명의 미국인 참가자에게는 명백한 거짓 정보를 담은 문장을 보여주었다. '지난 대선에서 수백만 명이 부정 투표에 참여했다'라거나 '미국 최고 기업군의 CEO는 평균적으로 평범한 미국인에 비해 500배 더 많은 돈을 번다' 등의 내용이었다. 참가자는 이들 문장이 잘못된 정보라고 안내를 받았다. 이어 참가자에게

'미국 최고 기업군의 CEO는 평균적으로 평범한 미국인에 비해 265
배 더 많은 돈을 번다'라는 정확한 문장을 들려주고, '그렇다면 어떻
게 하면 이들 CEO가 보통 사람에 비해 500배 더 많이 버는 일이 생
길 수 있을까?'라는 질문을 던져 대답하게 했다. 이 경우에도 잘못
된 진술이 사실이 되는 경우를 상상해 본 참가자는 거짓말에 대해
덜 비윤리적이라고 판단하는 경향이 짙었다. 그 진술이 보다 넓은
의미에서 사실이라고 믿게 되기 때문이다. 심지어 연구진이 비윤리
성 정도를 판단하기 앞서 다시 한번 잘 생각해 보라 요청해도 참가
자들의 판단은 달라지지 않았다.

또 실험 참가자들은 사실이 될 가능성을 상상해 본 사안이 자
신의 정치 사회적 의견과 일치할 경우 소셜미디어에 이 같은 거짓
정보를 더 자주 공유하는 것으로 나타났다. 거짓 정보일지라도 자
신의 가치관과 맞는다면, '본질적으로는 맞는 이야기'라 합리화하며
소셜미디어에 퍼뜨릴 가능성이 크다는 이야기다. 논문 제1저자 베
스 헬가슨은 "이번 연구는 상상력이 정치적 불일치나 거짓 정보를
다루는 우리의 의지에 미치는 영향을 보여준다"며 "무엇이 진실인
지에 대한 주장과 달리 무엇이 진실이 될 수 있는가에 대한 주장은
팩트체크가 불가능하다"라고 말했다. 문제의 사안이 거짓임을 알지
만, 결국 진실이 될 것이라 믿는 사람은 답이 없다는 이야기다.[4]

2018년 시난 아랄 교수는 10년간의 트위터 데이터를 분석해
가짜뉴스 확산에 관한 연구를 발표했고, 이는 〈사이언스〉 표지 논
문으로 게재됐다. 가짜뉴스는 진짜 뉴스보다 6배나 더 빨리 더 깊이

---

[4] '우리는 가짜뉴스를 믿을 준비가 되어 있다.'
  https://zdnet.co.kr/view/?no=20220414203423

더 멀리 퍼진다는 연구였다. 10년 중 단 한 차례 가짜뉴스와 혼합된 뉴스가 눈에 띄게 증가한 시기가 발견됐는데, 2014년 2~3월의 크림반도 합병 시기였다. 트위터 역사상 가장 높은 빈도로 공유된 뉴스들은 합병 후 바로 사라졌다. 러시아는 두 가지 작전을 썼다. 친우크라이나 성향 목소리가 게시될 때마다 음란물 혹은 혐오 표현 신고가 수백 건씩 접수됐다. 소프트웨어 봇을 프로그램화해 이런 게시물을 삭제하거나 이 계정의 활동을 중단시켰다. 두 번째는 가짜 게시물, 트윗, 블로그를 통해 허위 정보를 유포하는 것이었다. 오데사에서 두 그룹이 충돌했을 때 현지 의사가 쓴 글이 페이스북을 통해 퍼졌다. 자신이 충돌 과정에서 다친 한 남자를 구하려 했는데 우크라이나 국수주의자들이 방해했다는 장문의 글이었다. 하지만 이 의사는 가짜 인물이었고 페이스북 계정도 하루 전날 급조된 것이었다. 이 정보전의 결과는 크림반도의 병합이었다. 시난 아랄 교수가 쓴 『하이프 머신[5]』(쌤앤파커스, 2022)에 나오는 내용이다. 이 책은 하이프 머신이 생산성 혁신, 민주화 등을 안겨줄 수 있지만 통제하지 못한다면 민주주의와 경제, 공중위생에 치명상을 입힐 '양날의 칼'이라고 정의한다. 그러면서 돈, 규범, 법을 모두 활용하고 정부와 사용자 모두가 협력할 때만 이 위험한 도구를 길들일 방법을 찾을 수 있다고 조언한다.

가짜뉴스를 믿을 준비가 되어 있고, 자신의 가치관과 맞으면

---

5 '하이프 머신(Hype Machine)'은 '소셜미디어가 만들어 낸 실시간 커뮤니케이션 생태계'를 의미하는 말로, 세계적인 데이터 과학자 시난 아랄 매사추세츠공과대(MIT) 교수가 명명한 것이다.

거짓이라도 유포할 생각이 있으며, 진짜 뉴스보다 6배는 더 빨리 퍼지는 효력을 아는 이들이 가짜뉴스를 유포하고 그 성취를 누린다는 현실은 오늘의 현실을 어둡게 한다. 문제는 애초에 이를 기획하고 제작하고 유포를 시작하는 이들은 소수에 불과하지만 어쩌면 순수한 마음으로, 좋은 변화를 위해, 그리고 믿는 것을 지키기 위해 유포에 동참하는 이들이 다수라는 점이다. 진실로 안타까운 마음에 이웃들에게 알려야겠다는 다짐 하에 실행에 옮기는 어쩌면 선한 의지를 가진 다수의 무지한 동조자들로 인해 끝간 데 없이 퍼지는 것이고 그 결과는 모두의 피해로 귀결된다. 도대체 누구를 탓해야 하는 것일까.

가짜뉴스의 뿌리는 극우 기독교 세력

2018년 〈한겨레신문〉은 가짜뉴스의 근원을 찾기 위한 탐사기획을 시작했다. 가짜뉴스가 유통되는 유튜브 채널 100여 개, 카카오톡 채팅방 50여 개를 전수조사하고 연결망 분석 기법을 통해 생산자와 전달자의 실체를 찾아 나선 탐사팀은 놀랍게도 가짜뉴스의 뿌리가 극우 기독교 세력임을 밝혀냈다.

제주도를 통해 입국한 예멘 난민을 둘러싸고 논란이 심하던 때였는데 이 시기에 이슬람에 대한 '가짜뉴스'가 대량 살포됐다. '스웨덴에서 발생한 성폭력의 92%가 이슬람 난민에 의한 것이고 피해자 절반이 아동이다' '아프간 이민자의 성범죄율이 내국인보다 79배가 높다' '시리아 난민이 동물원에서 조랑말을 강간했다' 등 확인되지 않은 '가짜뉴스'들이 다양한 판본으로 변주돼 사회관계망서비스(SNS)에 퍼졌다. 난민에 대한 광범위한 공포와 혐오를 일으키는 내용이다. 이들 가짜뉴스엔 "해외 언론에 보도된 사실"이라며 근거를 제시했다는 공통점이 있었다. 그러나 그 내용의 출처는 미국판 '일베'(일간베스트저장소)라 할 수 있는 혐오 사이트였다.

〈한겨레〉의 확인 결과, 이 가짜뉴스들의 발원지는 '에스더기도운동'이라는 종교단체의 누리집 게시판(공지사항)이었다. 2007년에 생긴 기독교 우파 운동단체로, '북한구원 통일한국'을 기치로 내세운다. 취재진과 만난 복수의 에스더 내부자들은 "인터넷 사역자와 미디어 선교사의 핵심 역할은 댓글을 달고 가짜뉴스를 전파하는 것"이라며 "에스더는 창립 이래 지속적으로 청년을 모아 하나님의 뜻을 전하는 '댓글부대'를 양성했고, 기획실에서 가짜뉴스를 만들었다"고 말했다. 에스더는 '밝은 인터넷 세상 만들기 운동본부' '한국인터넷선교네트워크' 등 인터넷 유관단체를 설립하고, '풀타임 인터넷 전사'로 명명한 청년 수십 명에게 가짜뉴스 배포 등 인터넷 여론 조성 작업을 시켰다. 인터넷 전사로 활동했던 한 에스더 관계자는 "'미디어 선교'라는 명목으로 성 소수자 혐오, 북한 관련 안보 위기 강조, 문재인·박원순 등 특정 정치인 관련 부정적 게시물을 인터넷에 올렸다. 특정 기사에 댓글을 달고 '공감' '추천' 수도 높였다"며 "가짜뉴스는 대표가 원톱이 되어 글을 작성하면 '톱다운 방식'으로 필요한 부분을 발췌해 퍼 날랐다"고 말했다.

이를 과학적으로 확인하기 위해 연결망 분석을 시도했다. 개신교발 가짜뉴스가 유튜브에서 확산될 때 주로 유통되는 채널 및 그와 함께 등장하는 인물을 찾아 3단 연결망(가짜뉴스-채널-인물)을 분석한 결과, 에스더의 존재감이 선명하게 드러났다. 기독교발 혐오 뉴스를 가장 왕성히 전파하는 25명 가운데 21명이 에스더와 직간접으로 관련이 있는 인물이었고, 그 시기 기독교발 가짜뉴스 22개가 모두 에스더와 연관돼 있었다.

먼저, 3단 연결망 분석의 1단계로 개신교발 가짜뉴스 22건을 선정했다. 오랫동안 기독교 가짜뉴스를 추적해온 페이스북 페이지 '기독교 루머와 팩트'와 기독교 전문매체 〈뉴스앤조이〉 등이 명백한 거짓으로 판명한 가짜뉴스들이다. '차별금지법은 교회탄압법이다' '동성애 하면 에이즈 걸린다' '무슬림 늘어나면 강간율 커진다' '개헌하면 공산주의 국가 된다' '종교인 과세는 개신교 말살 정책이다' 등 22건이다. 2단계에서는 에스엔에스(SNS) 데이터 수집 프로그램인 노드엑셀(NodeXL)을 통해 가짜뉴스와 관련된 특정 단어('수간 합법화' '이슬람 강간' 등)로 주요 영상 정보를 수집했다. 가짜뉴스를 한차례 이상 다룬 채널 중 구독자 수 1,000명 이상이거나 총 조회수 10만 이상인 채널을 추리자 20개가 확인됐다. '마라나타 티브이' '케이에이치티브이'(KHTV) '지엠더블유(GMW)연합' 등이었다.

마지막으로 원작자나 운영자를 확인하기 어려운 가짜뉴스와 채널의 특성을 고려해 간접적으로 연관 인물을 찾기 위해서 주요 채널 2개 이상에 등장하는 인물 25명을 추렸다. 목사나 장로 등 기독교 관련 직함이 있는 것으로 확인된 인물은 25명 중 14명이었다. 에스더 금요철야 기도회, 에스더기도센터, 지저스아미콘퍼런스, 느헤미야 국가금식기도성회, 미스바대각성 구국기도회 등 에스더기도운동이 주관하거나 깊이 관여하는 다양한 행사에 반복해서 주요 강연자로 등장하는 인물들이다. 연결망 분석 결과 에스더와 주요

인물들이 만든 가짜뉴스들은 최소 20개 이상 유튜브 채널에서 137만명 이상이 시청했다(9월1~15일). 조사 대상에 포함되지 않은 곳을 합치면 시청자는 이보다 훨씬 많을 것으로 추정된다. 이 연결망은 에스엔에스에 만연한 '혐오 발언' 전파의 지형도이기도 하다.

에스더가 만든 가짜뉴스들은 동성애 커플 주례 거부 목사 징역형, 메르스 에이즈 결합 슈퍼 바이러스 창궐, 동성애 합법화하면 수간도 합법화, 동성애 케이크 제작 거부 미국인 1억6,000만원 벌금 폭탄, 동성애 교육 항의 아버지 감옥행 등이다. 이들 주장은 이용희 대표의 강연 자료나 에스더 공지사항에 올라온 내용이었는데, 각각 쪼개져 카카오톡 등으로 퍼지거나 유튜브 가짜뉴스 영상의 숙주가 됐다. 에스더 관련 채널과 인물들이 주도적으로 생산하고 유통한 가짜뉴스가 그동안 한국 사회 혐오 담론의 바탕이었던 셈이다. 유통 경로에는 목사·장로·전도사들이 많이 등장한다. 그 유포망의 정점, '가짜뉴스 공장'이 바로 에스더였다.[6]

의도적으로, 적극성을 가지고, 조직적으로 활동하는 이들에 의해 한국 사회 전체가 몸살을 앓았다. 난민 수용에 대한 찬반 의견이 팽팽하게 갈린 데는 이런 가짜뉴스의 역할이 컸음은 짐작 가능하다. 극우 기독교 세력이 '영적 전쟁'을 빙자하여 정치싸움을 하기 시작한 지 꽤 됐다. 선한 의도로 선한 일에 참여해야 할 의무를 가진 종교인들의 모습이라기엔 너무도 어울리지 않는 모습이다. 이들의 범죄적 행각은 처벌받아 마땅한 일이지만 더 큰 문제는 의도적으로

---

[6] '동성애·난민 혐오 '가짜뉴스 공장'의 이름, 에스더'
https://www.hani.co.kr/arti/society/society_general/863478.html

　병든 사회를 걱정하는 소시민의 빨강생각

가짜뉴스를 생성하고 유포하는 이들에 의해 피해를 입는 이들이 늘어간다는 점이다.

선거 관련 가짜뉴스를 별 생각없이 자신이 속해 있는 단톡방에 옮겼다가 허위사실 공표에 따른 공직선거법 위반으로 처벌을 받는 사례가 늘어간다. 이런 일도 있었다. 서울의 한 대형교회 교인에게 2017년 대선 투표를 며칠 앞두고 같은 교회 지인이 카톡으로 '문재인 당시 후보가 2005년경 김정은 북한 국무위원회 위원장에게 편지를 보냈다'는 인터넷 뉴스를 보내주자, 마침 문재인 후보가 아닌 다른 후보의 선거운동을 하고 있던 그는 이 뉴스를 자신이 속한 교회 단체방에 올렸다. 이 일로 문재인 후보가 대통령 선거에서 당선되지 못하게 할 목적으로 허위 사실을 공표한 혐의(공직선거법 위반)로 기소돼 벌금형을 선고받았다. 전달받은 가짜뉴스 때문에 처벌을 받게 되자 화가 난 그는 변호사를 선임하여 보내준 이를 상대로 위자료를 지급하라며 법원에 손해배상청구소송을 제기했다. 법원은 가짜뉴스를 보내준 이가 벌금형을 받은 이에게 위자료를 지급해야 한다고 판결하였다. 전달받아 단체방에 올린 이가 다른 후보 선거운동을 하는 입장이었기에 이 가짜뉴스가 퍼뜨려질 것을 충분히 예상할 수 있었음에도 신중한 검증없이 전달하는 바람에 벌금형에 이르게 했다는 것이 손해배상 책임을 인정한 이유다. 결국 피해자는 둘이다. 아니 그 뉴스를 본 단체방의 다른 이들도 피해자일 수 있다. 잘못된 인식에 이르게 되었으므로. 정녕 이렇게 누군가에게 피해를 입히면서까지 자신들이 의도한 바를 위해 가짜뉴스를 생성하고 유포하는 것이 영적 전쟁인지는 정말 모르겠다. 이해불가한 영역이다.

선동, 탈진실

사실이 아닌 것을 사실처럼 유포해서 사람들로 하여금 혼란스럽게 하거니 진짜로 그것을 믿게 하는 방식의 선동은 이미 오래 전부터 시행되던 것이다. 다만 오늘에 와서 인터넷 등의 발달로 더욱 널리, 그리고 교묘해진 것일 뿐. 진실로부터 멀어지게 만드는 이런 능력은 이미 여러 지도자들에 의해 이용되어 왔고 상당 부분 성공해 온 전례가 있다.

『진실 따위는 중요하지 않다』(돌베개, 2019)에서 미치코 가쿠타니는 "레닌의 목표는 국가기관을 개선하는 게 아니라 국가기관과 그 모든 제도를 박살내는 것이었고, 21세기의 많은 포퓰리스트들이 이를 수용했다. 게다가 대중을 결집하기 위한 수단으로 혼동과 혼란을 이용하는 것부터, 지나치게 단순화한(그래서 항상 깨지는) 유토피아에 대한 약속, 그리고 구태(舊態)로 오명을 씌울 수 있는 것이면 무엇이든 공격하는 폭력적 수사술까지 레닌의 많은 전술 또한 수용되었다."고 지적한다(미치코 가쿠타니, 2019: 128). 레닌이 자신의 선동적인 언어가 "증오와 혐오와 경멸을 불러일으키려고 의도"한 것이라며 "상대 계급을 납득시키는 게 아니라 깨부수려고, 적의 잘못을 바로잡는 게 아니라 적을 파괴하려고, 적의 조직을 지구상에서 전멸시키려고 의도한 것이었다. 이런 어법은 실로 적에 대한 최악의 생각, 최악의 의혹을 불러일으키게 하는 성격의 것이다"고 밝혔음 역시 지적했다. 이런 선동에 의해 얼마나 많은 사람들이 진실로부터 멀어졌을지는 수치화할 수는 없어도 심각한 결과를 낳았음을 우리는 안다.

미치코 가쿠타니는 또 다른 선동가 히틀러도 언급한다. 히틀러의 발언은 장차 독재자가 되려는 이들을 위한 전술집이 되었다며 "사람들의 지성이 아닌 감정에 호소하라." "판에 박은 정형화된 문구를 사용해 거듭 반복하라." "적을 지속적으로 공격하고, 대중에게서 본능적인 반응을 이끌어 낼 특유의 문구나 구호로 적에게 꼬리표를 붙여라"던 히틀러의 발언을 소개한다. 히틀러는 대중의 관심을 사로잡는 방법에 대한 본능적인 감각을 가지고 있었다며 그들이 "우리를 바보나 범죄자로 취급하며 비웃건 모욕하건 알 게 뭔가?"라고 이죽거렸음을 말한다. 한나 아렌트는 『전체주의의 기원』에서 전체주의 대중 지도자들이 "어느 날 사람들이 가장 환상적인 진술을 믿게 만들어, 그 다음 날 그게 거짓말임을 말해주는 반박 불가능한 증거가 제시되더라도 믿게 할 수 있으며, 사람들은 냉소에서 위안을 얻을 것이라는 전제, 그리고 자기에게 거짓말을 한 지도자를 저버리기는커녕 그 진술이 거짓말임을 처음부터 알았고, 전술이 뛰어나고 빈틈없는 지도자를 존경한다고 주장하리라는 전제"하에 선전활동을 했으며 그것이 유효했음을 밝힌 바 있다.

이쯤 되면 우리가 그 시대를 살지 않았음에도 불구하고 어디선가 본듯한 그런 분위기가 느껴지지 않는가. 사실이건 아니건 어떤 사실을 믿고 싶어하는 이들이 준비되어 있고, 그런 이들을 향해 터무니없거나, 약간의 근거에 기반한 가짜뉴스 등을 온갖 비난과 비아냥에도 불구하고 꾸준히 제기하고 유포하면 성과가 있을 것이라는 기대를 가진 이들이 있다. 결국 그들의 주장이 그것을 믿을 준비가 되어 있는 대중들에 의해 받아들여지고 그리하여 결국 전혀 다른 방향으로 사회를 몰아가는 방식을 우리는 본 적이 있다. 왜곡과 가짜 뉴스로 인해 진실로부터 멀어지는 일은 그리 낯선 일이 아니다. 이러한 가짜뉴스, 가짜정보, 의도된 왜곡 등의 내용은 한 나라에 국한되는 영역이 아니다. 전 세계적인 반향을 일으키는 많은 사건과 사연들은 국경을 넘어선지 이미 오래다. 다른 나라의 정치에 개입하고 유도하는 행위에 대한 다음 사례를 보자.

트럼프라는 기인이 무려 미국의 대통령으로 당선된 2016년 미국 대통령 선거운동 기간에 널리 퍼진 러시아의 선전이 그런 사례다. 당시 러시아에서 만들어진 뉴스 속보는 여러 출처의 시각을 제공하려는 다양한 매체를 통해 끝없이 대량 재생되었다. 러시아의 트롤(Troll, 인터넷상의 선동 공작 세력)들은 정확도에는 개의치 않았기에, 일반적인 언론사가 정확한 기사를 게시하기도 전에 사건을 허구로 각색해 뉴스를 내보낼 수 있었다. 어떤 주제와 관련해 가장 먼저 받은 정보를 수용하는 사람들의 심리 경향, 여기에 서로 상반되는 메시지를 만났을 때 먼저 받은 정보를 선호하는 심리 경향을 이용했다. 러시아발 엄청난 양의 허위 정보는 트럼프와 그의 공화당 조력자들과 미디어 종사자들이 쏟아냈던 방대한 양의 거짓말, 추문, 충격적 언사와 비슷하다. 이들은 사람들을 압도하고 무감각하게 만드는 동시에 비정상의 경계를 낮춰 용납할 수 없는 것을 정상으로 만드는 경향이 있다. "현대 프로파간다[7]의 요점은 잘못된 정보를 전하거나 어떤 의제를 밀어붙이는 것만이 아니다. 우리의 비판적 사고를 소진시키는 것, 진실을 무효화하는 것이기도 하다."는 전 체

---

7 '프로파간다'는 특정한 사상적 노선이나 파당적 의도에 따라 대중의 사회적 태도에 영향을 주려고 하는 정보나 이론을 의미하는 것으로 통상 '선전(宣傳)'이라고 번역된다.

스 세계챔피언이자 민주주의를 지지하는 가리 카스파로프의 말은 의미심장하다. 디지털 시대에 잘못된 정보와 허위 정보를 퍼부어 온라인에 혼란을 퍼뜨리는 것이 실제로 전 세계 선전원들에게 대단히 믿음직한 전술이 되고 있는 현실을 고발하고 있기 때문이다(미치코 가쿠타니, 2019: 128, 133-134).

의도했건 아니건 오늘의 방송들이 누군가의 프로파간다에 이용되거나 서로 이용하는 상황에 있음 역시 심각한 문제다. 위에서 러시아 측의 가짜정보 홍수가 2016년 미국 대통령선거에 이용됐음을 말했지만 이 시기에 미국의 방송사들 역시 그 일에 충실히 복무했다. 누군가는 선동을 하고, 누군가는 가짜뉴스에 눈감거나, 의도된 연출에 동의하는 대가로 이득을 취했을 때, 역사는 이리 망할 수 있다는 것을 웅변하는 지점이다. 미국의 방송사 입장에서 2016년 대선은 빅히트였다. 시청자 수와 수익이 폭발적으로 증가했다. CNN은 2016년에 10억 달러의 총수익을 거두면서 창사 이래 최고의 해를 보냈으며, 이미 케이블 방송에서 최고의 수익을 거두고 있던 폭스뉴스는 16억 7,000만 달러에 이르는 수익을 거뒀을 것으로 추정된다. 대중은 밤낮을 가리지 않고 대선 보도를 갈구했기에 전년 대비 주간 시청자 수가 폭스는 60%, CNN은 75%, MSNBC는 83% 상승했다.

어떻게 이런 일이 가능했을까? 방송사들은 대중이 원하는 것을 보여줬다. 도널드 트럼프라는 인물을 집중 취재, 보도한 것이다. 특히 폭스뉴스는 트럼프 선전원 역할을 톡톡히 했다. 자신들의 보도를 공화당을 위한 프로파간다 수준으로 떨어뜨린 방송사들이 있었는가 하면, 심지어 CNN마저 트럼프의 유세 과정을 내용을 조사하거나 논평을 부가하지도 않은 채 빠짐없이 생중계했다. 한 추산에 따르면 2016년 대선 기간에 케이블 뉴스 방송이 트럼프에게 무료로 제공한 미디어 노출 기회를 돈으로 환산한다면 50억 달러 가치에 이른다. 이유없이 방송국이 그리 하지는 않았다. 방송국 역시 이익을 봤다. 방송사에게 트럼프는 황금알을 낳는 거위나 마찬가지였다. 트럼프가 뉴스 보도를 통해 이익을 얻는 만큼 방송국 역시 트럼프 뉴스로 수익을 얻었다. 이런 상황이었으니 트럼프의 거짓말을 확인해야 할 의무를 잊어버린 것 역시 당연한 결과였다. 거의 모든 방송사들이 진실을 말해야 한다는 높은 표준을 버리고, 과학적인 주제를 다룰 때 사용하던 '기계적 중립성'의 원칙을 지켰다. 이 기계적 중립성이라는게 얼마나 무서운 건지 아는 사람은 안다. 오죽하면 CNN 사장 제프 저커가 "우리가 작년에 실수한 것이 있다면 대선 초기에 트럼프의 선거 유세 방송을 너무 많이 내보내서 널리 퍼뜨린 것"이라고 시인했을까. 이를 효과적으로 활용한 트럼프는 승자였다. 그의 유세에서 기자들은 제한된 구역을 벗어날 수 없었고 트럼프가 연설하는 동안에는 카메라를 관중 쪽으로 돌릴 수도 없었다. 방송사들이 '트럼프 특수'를 즐기는 대신 그러한 조건을 따르기로 동의했기 때문이다(리 매킨타이어 지음, 정준희 옮김, 2019: 127-128).

언론 대신 소셜 미디어

상황이 이 정도 되고 보면 사람들은 도대체 언론이 언제부터 이 지경이 됐느냐고 따져 묻는다. 하지만 이미 늦은 이야기다. 저널리즘에 대한 회의는 이미 오래 전부터 나왔고, 그에 대한 반성으로부터 비롯된 새로운 방향으로의 전환은 돈에 의해 발이 묶인지 오래다. 게다가 이제 언론이라는 특수한 영역이라는 구분도 없어진 시대다. 이른바 신문이나 방송 등의 언론이라 불리는 영역 외에도 소셜 미디어의 활약이 대단한 시대를 산다. 때론 더 강력한 존재감을 보이기도 하는 것이 소셜 미디어다. 어쩌면 살아남는 게 가장 중요한 가치가 되었는지도 모른다. 통계를 보자. 퓨리서치 센터 여론조사에 따르면, 미국 성인 중 62%가 소셜 미디어에서 뉴스를 확인한다고 답했으며, 그 중 71%는 페이스북에서 뉴스를 확인한다고 답했다. 이는 미국 성인 인구 중 44%가 페이스북을 통해 뉴스를 접한다는 의미다. 사람들이 뉴스를 접하는 출처와 방식에 거대한 변화가 생긴 것이다.

2016년 퓨 리서치 센터에서 내놓은 '뉴스 미디어 현황'에 대한 보고서는 현실을 제대로 보여준다. 2015년 신문사들의 평일 발행 부수는 7% 감소했고, 일요일 판매 부수는 4% 감소했다. 둘 다 2010년 이래로 가장 큰 감소폭이었다. 한편 광고 수익은 전년 대비 8% 가까이 떨어져 2009년 이래로 최대 감소폭을 보였다. 편집실 직원 수는 가장 최신 데이터인 2014년 자료를 기준으로 10% 감소했으며 이는 2009년 이래로 가장 큰 감소폭이었다. 지난 20년 동안 신문 업계 전체 종사자 수는 39%가 감소했으며 이는 약 2만 명에 해당한다. 주요 방송국과 케이블 TV 역시 하락세다. 1990년대부터 이미 사실 기반의 탐사 보도가 의견 기반의 권위자 인터뷰로 대체되기 시작했다. 신문사는 물론 방송사 역시 비용을 줄이기 위해 외신 담당 부서를 축소하거나 폐지하고 대신 국내 보도에만 집중했다. 이는 미국의 경우에 대한 통계지만 우리나라라고 다르지는 않다. 종편들이 제작비가 많이 드는 방식을 피하고 평론가라 불리는 이를 한 두 명 초대하여 이야기를 나누는 것으로 대체한 시사 프로그램이 얼마나 많은가. 평론가 1인당 몇십만원의 출연료를 제공하는 것 외에는 제작에 추가로 드는 비용이 거의 없으면서 재방송이 아닌 생방송프로그램 비율을 높일 수 있다.

한국언론진흥재단의 조사에 따르면, 신문 구독률은 이미 2017년 9.9%로 10% 아래로 떨어졌으며 2020년에는 6.3%까지 추락했다. 정보통신정책연구원이 실시한 '2020년도 방송매체 이용 행태 조사'에서는 가구별 신문 구독률이 겨우 4.9%다. 1998년도의 신문 구독률 64.5%와 비교하면 20년 만에 가구별 신문 구독률이 10분의 1 이하 수준으로 떨어진 것이다. 우리나라는 한때 신문 발행 부수 세계 7위였을만큼 신문 산업이 융성했었지만 점차 구독자가 줄더니 2004년에는 신문 구독률이 48.3%, 2009년에는 29%로 급격히 하락했다. 인터넷과 스마트폰의 등장으로 가속화된 것이다.

한국언론재단의 '2020 언론수용자 조사'에 따르면, '지난 1주일 간 종이 신문을 하루 이상 읽었다'는 비율이 2002년에는 82.1%였지만, 정보통신정책연구원 연구에 따르면 2020년 1주일에 하루 이상 종이신문을 접했던 국민의 비율은 3.8%에 불과하다. 인터넷과 스마트폰만의 영향은 아니다. 여기에 더해 저널리즘의 실종이라는 부분도 영향을 미쳤을 것이라는 추정도 상당하다. 종편이 종이신문의 자회사로 시작했지만 지금은 오히려 종편의 영향력과 매출 등이 더 커졌음을 볼 때 종이신문의 미래는 더 암울하다. 언론사가 아닌 포털이 언론의 매출과 영향력을 좌지우지하는 상황까지 왔음은 분명하다. 여기에 더해 소셜 미디어의 강력함은 아예 희망을 삭제시키는 지경에 이르렀다. 포털이 선정해주는 기사를 보고, 소셜 미디어에 인용된 기사만 소비되고, 이제는 유튜브 등이 언론의 역할을 대신하면서 조금 부족하더라도 저널리즘의 입장에서 관리되던 언론의 공익성이 점점 사라지는 지경에 이르고 보니 이제 소셜 미디어의 영향에 대해 알아보지 않을 수 없다.

문제는 소셜 미디어가 언론의 역할을 대신하면서부터 가짜뉴스 등에 대한 통제와 제어가 거의 불가능해졌다는 점이다. 공공성을 가진 매체가 아니다 보니 감시와 통제가 어렵지만 기능상 언론의 역할이 포함되다 보니 고삐 풀린 망아지처럼 어디로 튈지 모르는 현실에 놓이게 된 것이다. 여기에 더해 공공성이 아닌 사적 이익을 취하기 위한 시도들이 더해지고 보니 이젠 아예 무서운 무기가 되어 버린 형국이다. 누구도 진실을 알기 어려운 시대가 됐으며, 진실보다 더 빨리 소비되는 가짜뉴스 또는 정보들이 사람들의 인식체계 안에 자리 잡는다. 결국 속거나 속이거나 그것도 아니면 편하게 소비하거나의 단계가 된 현실이다. 위험하기 그지없는 시대다.

'유튜브 저널리즘'은 실제 상황이다. 유튜브가 영화, 음악, 게임과 같은 엔터테인먼트 콘텐츠만이 아니라 시사 정보와 논평까지 제공하며 생긴 표현이다. 시청률 조사기업 닐슨이 한국을 포함한 주요 38개국을 조사하여 발표한 '2019 뉴스미디어 리포트'에서도 '유튜브 저널리즘'은 핵심 키워드다. 뉴스 이용자의 대부분이 유튜브에서 저널리즘을 소비하는 실제 현상에 주목했기 때문이다. 지상파와 종편은 자신들의 플랫폼에서 보도한 뉴스를 유튜브를 통해 재방송하고, 서브 채널을 통해 소비자의 욕구에 부합하는 콘텐츠를 생산한다. SBS의 서브 채널 비디오머그는 젊은 층을 겨냥한 콘텐츠로 메인 채널인 SBS뉴스 보다 구독자가 더 많다. 방송사의 공식 채널 외에 유명 정치인이나 일반인의 개인 유튜브 채널도 많은 인기를 얻고 있다. 진보와 보수를 막론하고 높은 여론 파급력을 가진 채널이 다수 존재한다. 언론 매체로서의 유튜브의 약진은 기존 언론에 대한 국민의 낮은 신뢰도와 관련이 깊다. 로이터저널리즘연구소의 '디지털 뉴스 리포트 2020'에 의하면, 한국의 언론 신뢰도는 40개국 중 40위(21%)로, 2017년부터 4년 연속 꼴찌다. 반면 유튜브에서의 뉴스 이용률은 케냐(51%), 필리핀(49%)에 이어 브라질, 터키와 함께 공동 3위(45%)이다. 4위를 한 작년 조사와 비교해도 이용률이 7%p 올랐다. 종이신문, 고정형 TV와 같은 레거시 미디어의 신뢰도가 바닥을 찍는 있는 사이, 새로운 미디어 플랫폼인 유튜브가 언론의 기능을 수행한 것이다.[8]

유튜브의 특징이자 위험성은 추천 알고리즘이다. 방송국의 경우 사용자가 특정 채널을 선택하지만, 유튜브는 사용자가 구독하는 콘텐츠보다도 추천 콘텐츠를 우선으로 하는 독자적인 편성 방식을 따른다. 문제는 추천 알고리즘의 과정이 투명하지 않다는 점이다. 가짜뉴스나 혐오성 영상과 같이 자극적인 콘텐츠가 추천이 더 잘된다는 합리적 의심은 여지가 분명하다. 이에 유튜브 추천 알고리즘의 작동 원리를 공개하라 요구하지만 유튜브와 구글 측은 공개를

8　민태홍, '유튜브 저널리즘의 위기: 가짜뉴스와 추천 알고리즘'
http://wowhongik.hongik.ac.kr/news/articleView.html?idxno
=403

거부한다. 공공성을 가진 기관이 아니다 보니 강제성도 가지기 힘들다. 여기에 더해 정치 유튜버들 등은 알고리즘에 의해 추천 잘 되는 영상을 주로 제작한다. 정보의 사실 여부보다 자극적이고 선동적인 의혹성 기사를 주로 다루다 보니 가짜뉴스를 제작할 가능성이 크다. 이들은 같은 정치 성향의 유튜버끼리 서로의 유튜브를 링크하고 다시 추천받는 방식을 통해 영상의 인기도가 과대 측정되도록 한다. 이들은 모두 뉴스 소비자들의 확증편향과 집단극화에 일조하며 정치적 양극화를 조장한다.

가짜뉴스, 팩트체크

도대체 가짜뉴스가 뭔지를 구분하고 넘어가야 할 시점이다. 이른바 가짜뉴스는 '사실과 다른 정보를 유통하며 정상적인 뉴스와 유사한 구조로 만들어진 것'을 의미하는데, 여기에 꼭 포함되어야 하는 것이 타인을 기만하고자 하는 의도가 담겨있느냐의 문제다. 가령, 언론사에서 내는 오보에 거짓 정보를 유통하고자 하는 의도가 명백하지 않다면 가짜뉴스가 아니라는 것이다. 다만 그 의도를 파악한다는 것은 쉽지 않은 영역이고 보는 이와 제공한 이의 입장이 크게 다른 경우도 있어서 논란의 여지는 있다. 의도라는 게 주관적인 영역이기 때문이다. 그래서 조금 더 깊이 규정하자면, '특정한 목적을 위해서든 이익을 위해서든 영향력을 위해서는 고의적으로 허위 정보를 생산하고 유포함으로써 사람들로부터 원하는 반응을 이끌어 내려는 시도'라고 정리할 수 있다.

연세대 바른아이시티(ICT)연구소가 2018년 11월 전국의 20세 이상 성인 남녀 1,312명을 대상으로 조사한 자료에 따르면, '가짜뉴스'에 대해 들어본 적이 있다고 응답한 이들은 88.6%, 실제로 가짜뉴스를 봤다고 응답한 이들은 60.6%다. 또 88.8%가 "가짜뉴스 문제가 심각하다"고 응답했다. 유럽연합 집행위원회가 2018년 3월 12일 발표한 자료를 보면 EU 회원국 국민의 37%가 '(거의) 매일 접한다'고 응답했고, 31%는 '일주일에 한 번 이상', 12%는 '한 달에 여러 번 접촉'하는 것으로 나타났다. 이러한 결과들은 거짓 뉴스 혹은 허위정보가 일상화되어 가고 있음을 보여준다.

미국 매사추세츠공과대학 MIT 슬로안 경영대학원의 시난 아랄 연구팀은 진짜 뉴스와 가짜뉴스의 확산 정도를 비교하기 위해 2006년부터 2017년까지 300만 명의 트위터 사용자가 공유한 12만 6,000개의 뉴스 항목을 조사했다. 연구팀은 뉴스의 진실성을 판명하기 위해 6개 팩트체크 기관들에 그 진실성을 의뢰한 결과, 95% 이상 일치하는 것들이었다. 이를 토대로 진짜 뉴스와 가짜뉴스의 확산 정도를 비교 분석한 결과, 가짜뉴스는 진짜 뉴스보다 리트윗되는 비율이 70%가량 높았다. 또 가짜뉴스의 전파 속도는 진짜보다 최대 20배가량 빨랐다. 진짜 뉴스는 1,000명 이상의 트위터 이용자에게 전달되는 경우가 흔하지 않았지만, 가짜뉴스 중 상위 1%는 적게는 1,000명에서 많게는 10만 명에게까지 전달됐다. 1,500명에게 전달되는 속도를 비교한 결과 진짜 뉴스는 가짜뉴스보다 6배 더 많은 시간이 걸렸다. 이런 패턴은 정치, 연예, 경제를 비롯한 여러 뉴스 카테고리에서 공통으로 나타났는데, 특히 정치적 이슈와 관련된 가짜뉴스의 전파력이 다른 가짜뉴스들보다 약 3배 정도 더 빨랐다

(황치성, 2018: 63-64).

　사실 가짜뉴스는 최근에 생긴 개념이 아니다. 그리고 그 시작도 최근이 아니다. 요하네스 구텐베르크가 1439년에 인쇄술을 발명한 이후 뉴스가 널리 유포되기 시작하면서 가짜 뉴스도 함께 등장했다. 당시 시대에는 어떤 뉴스가 '진짜' 뉴스인지 확인하기가 쉽지 않았다. 정치 및 종교 기관에서 내놓은 공식적인 출판물부터 어부나 상인이 직접 목격하고 증언한 내용까지 정보원은 넘쳐 났지만, 언론 윤리라든가 객관성과 같은 개념은 존재하지 않았다. 프랑스 혁명 직전에는 정부가 거의 파산했다고 주장하는 팸플릿이 파리에 수도 없이 나돌았다. 사실은 정치적 반대 세력이 수치를 조작하고 무고한 대상을 겨냥해 만들어낸 가짜 뉴스였다. 결국 충분한 정보가 드러나 사람들이 진실을 이해하기는 했지만 오늘날과 마찬가지로 독자들은 늘 의심을 품고 노련하게 진실을 파악해야 했다. 미국 독립 혁명 당시에는 영국 본토와 아메리카 식민지 양쪽에서 가짜 뉴스가 만들어졌다. 그중 벤저민 프랭클린은 '머리 가죽을 벗기는 관습'을 가진 인디언들이 영국 국왕 편에 서 있다는 거짓을 꾸며내기도 했다(리 매킨타이어 지음, 정준희 옮김, 2019: 135-136). 필요에 따라, 진영의 이익을 위해 가짜 뉴스는 오래도록 면면히 그 역사를 이어온 것이다. 최근에 발현된 것이 아니라.

　이런 가짜 뉴스에 대응하는 방편에 대한 고민이 오랫동안 있어온 것은 당연한 일이지만 그 효용성이 그리 시원치 않았던 세월이 길다. 그렇다고 포기하고 방치할 수는 없는 일이 아닌가. 요즘은 가짜뉴스에 대응하는 노력으로 팩트체크를 드는 이들이 많다. 우리의 대선에서도 그랬듯이 가짜뉴스가 횡행하고 나면 남는 건 혐오와 배제 뿐. 사실인지 아닌지를 파악할 능력이 없는 대중은 그렇게 속고 또 속는다. 그럴 때 언론에서 알려주는 팩트체크는 꽤 유용했다. 기존의 언론이 신뢰를 회복하기 위해서도, 저널리즘을 회복하기 위해서도 필요한 일이다. 몇몇 언론이 하나둘씩 참여하더니 상당히 많은 정보검증의 기능을 하고 있음을 보았다. 여전히 그것이 뒷북 대응일 수밖에 없는 현실이더라도 이는 필요한 일이다.

민태홍은 가짜뉴스에 대응하는 팩트체크 등을 이렇게 소개하고 있다.

"프랑스에서는 가짜뉴스를 근절하기 위해 언론, 소셜미디어 기업과 미디어 교육기관이 움직였다. 미디어 비평 전문 언론사인 아레 쉬르 이마주(Arrêt sur Images)는 미디어 분석과 성찰을 주제로 한 여러 프로그램을, 르몽드(*Le Monde*)는 교사와 일반인을 대상으로 '디지털 뉴스 읽기 매뉴얼'을 개발하는 등 여러 언론사가 미디어 리터러시 교육에 도움이 되는 자료를 웹사이트에 무료로 제공한다. 구글의 주도 아래 37개의 프랑스 언론사와 글로벌 매체들이 협력하여 팩트체킹 플랫폼인 크로스체크(CrossCheck)를 출범시켰고, 페이스북은 크로스체크 참여 이외에도 자체적으로 가짜뉴스 차단 캠페인을 실시했다. 프랑스 미디어 교육기구 클레미(CLEMI)에서는 '학교에서의 언론과 미디어 주간'을 조직하여 교육 자료를 교사들에게 배포하고 있고, 학생들에게는 비판적 뉴스 읽기를 위한 여러 매뉴얼을 홈페이지에 제공한다.
팩트체크만 전담하는 기관도 최근 5년 사이에 4배가 늘어, 전 세계에 200개 이상이 활동하고 있다. 이 중 주류 언론 산하에 신설된 조직에 비해 비당파적인 비영리 시민단체와 독립언론의 수가 크게 늘어 고무적이다. 영국의 풀팩트(FullFact)는 구글을 도와 팩트체크 자동화 프로그램 개발에 집중하고 있으며, 미국의 폴리티팩트(PolitiFact)는 정치인의 발언을 진실 정도에 따라 등급제로 평가한 뒤 사람들에게 공개한다. 라틴아메리카 지역을 아우르는 아르헨티나의 체케아도(Chequeado)는 논쟁적인 주장에 관한 자료의 출처를 뉴스룸으로 전송해주는 자동화 시스템 체케아봇(Chequeabot)을 선보였고, 아프리카 팩트체크 기관 연합체인 아프리카 체크(Africa Check)는 체케아도를 본받아 짐바브웨와 케냐 등지에서 지역별 펙트체킹을 촉발했다."[9]

국내의 진행 상황도 설명하고 있지만 그도 인정하듯이 해외 사례들에 비하자면 여러모로 부족하다. 부족하지만 꾸준히 해나가야 할 이유는 충분하기에 더 많은 관심과 노력이 부가되어야 할 것이다.

그럼 이제 어떻게 해야할까

미국 캘리포니아 주의 어바인의 교사 스콧 베들리가 자기 반 학생들에게 제공한 가짜뉴스를 식별하는 방법은 다음과 같다. 1. 저작권

---

[9] 민태홍, '유튜브 저널리즘의 위기: 가짜뉴스와 추천 알고리즘' http://wowhongik.hongik.ac.kr/news/articleView.html?idxno=403

을 확인하라. 2. 여러 출처를 통해 확인하라. 3. 출처의 신뢰성을 평가하라. 4. 정보의 게시 일자를 확인하라. 5. 주제에 대한 지은이의 전문성을 평가하라. 6. 내가 알고 있는 지식과 일치하는가를 확인하라. 7. 현실성 있는 내용인지 의심하라. 등이다(리 매킨타이어 지음, 정준희 옮김, 2019: 162-163). 학생들은 매우 진지하게 받아들였고 진짜뉴스와 가짜뉴스를 섞어 놓았을 때 그것을 잘 구분하는 방법을 터득했단다. 의미 있는 시도이며 가치 있는 내용이라 느껴지지만 한계도 명확하다. 배우고자 하는 노력을 기울이는 학생들처럼 적극적으로 노력해서 파악하려는 이들이 그리 많지 않다는 점이다. 이 정도로 노력하는 있다면 이들은 팩트체크도 할 수 있고, 잘못된 정보에 대해 이웃에게 설명도 해줄 수 있을 것이다. 하지만 이 정도의 시도를 할 수 있는 이들이 얼마나 될까.

팩트체크 사이트 '스놉스'의 편집장 브루크 빈코우스키가 주장한 "정답은 가짜뉴스를 집어내는 것이 아니다. 훨씬 더 많은 진짜뉴스로 가짜뉴스를 덮어버리는 것이다. 그렇게 할 때 사람들은 계속 정보를 찾을 것이며, 검증된 정보, 자세한 정보, 상황에 맞는 정보, 깊이가 있는 정보를 발견할 것이다"라는 말도 그다지 설득력이 없다. 일정 정도의 도움은 될 수 있겠지만 이미 확증편향에 빠져 가짜뉴스를 믿을 준비가 되어 있는 이들을 계몽시키는 일은 불가능하다. 대니얼 레비틴의 『무기화된 거짓말』(레디셋고, 2017)에서 알려주는 수치 자료를 읽는 법, 논리적 오류를 저지르지 않는 법, 올바로 추론하는 법 등도 일반인들에겐 그리 큰 힘이 못된다. 일부 전문적 식견을 가진 이들이 늘기는 하겠지만. 검열을 통해 걸러내자는 주장도 실효성이 부족하기는 마찬가지다. 누구의 입장대로 검열할 것인지도 문제가 될 것이고, 그러다 보면 진실로부터 멀어지고 당파성만 남는 결과를 가져올 수도 있다. 하여간 가짜뉴스 문제가 난제이긴 하다.

정답은 없겠으나 우선은 앞에서 제시된 여러 가지 방법을 사용하는 개인들이 늘어야 할 것이다. 여기에 더하여 가짜뉴스를 의도적으로 만들거나 보도한 언론에 대해서는 징벌적 손해배상액을 크게 높여 청구하는 방법 등이 필요할 것이고, 가짜뉴스를 만들거나 유포하는 이들에 대해서는 명예훼손 등의 명목으로 철저히 민형사상의 책임을 묻는 방식이 가장 유효할 것이라는 생각이다. 아무 생각 없이 또는 의도적으로 유포에 동참한 이들은 이런 일을 겪고 나면 다시는 그런 일에 휘말리고 싶지 않을 것이고, 그 전달자들에게 책임을 묻는 연쇄작용이 일어나면 그 생성자에게까지 책임을 따지게 되지 않겠는가. 나쁜 의도로 나쁜 내용을 만든 이들에게 철퇴를 가하는 식의 강력한 방식이 아니고서는 인간의 선한 의지를 믿고 나아지리라 기대하는 것은 금물이다. 세상을 좀 먹는, 그리고 사람을 죽이는 데까지 이르는 악한 행위들에 대해 철저하게 책임을 묻는 방식이 아니고서는 가짜뉴스의 홍수에서 정신건강을 지키고 사는 일은 불가능하다. 잔인한 이들에 대해서는 집요하게 대응할 필요가 있다.

참고문헌

리 매킨타이어 지음, 정준희 옮김, 2019, 『포스트 트루스』, 두리반.
미치코 가쿠타니, 2019, 『진실 따위는 중요하지 않다』, 돌베개.
황치성, 2018, 『세계는 왜 가짜뉴스와 전면전을 선포했는가?』, 북스타.

'플라스틱 지구'

플라스틱은 20세기 인류가 발명한 최고의 발명품일지도 모른다. 가볍고, 가공이 쉬우며, 내구성까지 강하니 기적의 소재라 아니 할 수 없다. 이런 특별한 성질을 가진 플라스틱은 1856년 영국 과학자 알렉산더 파크스에 의해 처음 개발됐다. 수많은 산업 영역에서 혁명적인 변화를 몰고 온 플라스틱은 일상생활 곳곳에서의 큰 활약으로 인류의 삶의 질을 높이는 데 크게 기여했다. 그 공을 분명히 인정하면서도 그 플라스틱이 생태계를 위협하고 건강한 삶을 해치는 요인으로 작용한다는 것을 인류는 늦게나마 깨달았다. 이제 인류는 상황 개선을 위한 노력을 경주해야만 하는 단계에 와 있는 것이다.

과학 저널리스트 수전 프라인켈은 일상 속에서 아침 1시간 동안 만난 플라스틱과 플라스틱이 아닌 것의 목록을 정리했다. 플라스틱이 생활 속에 얼마나 익숙하게, 많이 사용되는지를 조사한 것이다. 그 조사 결과는 우리의 일상과도 크게 다르지 않은 모습이기에 그 어떤 통계 수치보다 더 민감하게 느껴진다. 그가 만난 플라스틱은 "알람 시계, 매트리스, 전기방석, 안경, 변기, 칫솔, 치약 튜브와 뚜껑, 벽지, 부엌의 인조대리석 조리대, 전등 스위치, 식탁보, 쿠진 아트, 전기 주전자, 냉장고 손잡이, 냉동 딸기 봉지, 가위 손잡이, 요구르트 통, 꿀 통 뚜껑, 주스용 피처 컵, 우유병, 탄산수 병, 시나몬 단지 뚜껑, 빵 봉지, 차 상자의 셀로판 커버, 티백 포장재, 보온병, 주걱 손잡이, 주방세제 통, 사발, 도마, 식품 보관용 작은 비닐봉지, 컴퓨터, 플리스 직물로 된 트레이닝복 상의, 스포츠 브라, 요가 바지, 운동화, 고양이 사료통, 고양이 사료 푸는 용도의 작은 컵, 개 목줄, 워크맨, 신문 봉지, 집 앞 인도에 떨어져 있던 마요네즈 통, 쓰레기통" 등이며, 플라스틱이 아닌 것은 "면 시트, 나무 마룻바닥, 화장실 휴지, 도기로 된 세면대, 딸기, 망고, 화강석 타일로 된 조리대 상판, 스테인리스 스틸 숟가락, 스테인리스 스틸 수도꼭지, 종이 타월, 판지로 된 달걀 상자, 달걀, 오렌지 주스, 알루미늄으로 된 파이 접시, 울로 된 러그, 유리로 된 버터 접시, 버터, 과자 굽는 번철, 시럽 병, 나무로 된 빵 도마, 빵, 알루미늄 체, 도기 접시, 유리 컵, 유리 문 손잡이, 면양말, 나무 식탁, 금속으로 된 개 목걸이, 흙, 나뭇잎, 나뭇가지, 막대기, 잔디" 등이다. 플라스틱과 비(非)플라스틱이 거의 2대 1의 비율이다(수전 프라인켈, 2012: 12-13). 우리 생활에서 플라스틱 사용량이 상당하다는 사실은 익히 알고 있었지만, 구체적으로 나열된 그 목록을 보니 느낌이 다르다.

유엔환경계획(UNEP)에 따르면 1950년부터 2015년까지 전 세계에서 생산된 플라스틱은 83억t에 달한다. 연간 생산량은 3억t 수준으로 꾸준히 증가했다. 1950년 200만t이었던 전 세계 플라스틱 생산량은 2015년 3억2,200만t으로 무려 160배 이상 늘어났다. 전 세계 인구의 몸무게를 모두 합한 3억1,600만t과 맞먹는 수준이다. 플라스틱 제품 소비량도 페트병은 1분에 100만개, 일회용 비닐봉지 1년에 5조개로 어마어마하다. 문제는 사용한 플라스틱 쓰레기 대부분이 육지와 바다에 그대로 쌓이고 있다는 점이다. 1950년에서 2015년 사이 신규로 생산된 플라스틱 83억t 중 현재도 사용 중인 건 25t 정도다. 나머지 58t 중 7억t은 소각됐고, 46억t은 그대로 버려졌다. 재활용된 것은 고작 5억t이다. 이마저도 4억t은 재활용 후 소각되거나 최종 폐기됐다. 이 중 바다로 흘러든 플라스틱 쓰레기를 모아 70m 높이로 쌓으면, 그 면적은 맨해튼 섬을 통째로 뒤덮고도 남을 정도다. 지금도 매년 1,000만t의 플라스틱 쓰레기가 신규로 바다에 유입되고 있다. 2050년이면 바다에 물고기보다 쓰레기가 더 많을 것으로 전문가들은 예측하고 있다.[1]

신들의 섬으로 불리는 인도네시아 발리는 바다 쓰레기로 몸살을 앓는다. 2021년이 시작되면서 이틀간 발리섬 꾸따, 르기안, 스미냑 해변에서 무려 90t의 쓰레기를 수거했지만, 몬순 기후 영향으로 강수량이 많아지며 치우기가 무섭게 쓰레기가 계속 쌓인다. 여기에 열악한 쓰레기 처리시스템이 더해져서 발 디딜 틈이 없는 쓰레기섬이 된 것이다. 발리 바다 쓰레기의 60%는 중국, 인도네시아, 필리핀, 베트남, 태국 등 아시아 5개국에서 발생한다. 특히 중국과 인도네시아 영향이 크다. 2010년 기준으로 바다로 유입된 플라스틱 쓰레기 1,270만t 중 353만t이 중국발, 129만t이 인도네시아발, 111t이 미국발이었다.

가히 플라스틱 시대다. 인류사가 석기시대, 청동기시대, 철기시대를 거쳐 플라스틱 시대가 되었다는 자조의 표현은 그른 것이 아니다. 플라스틱 시대라는 자조는 결국 플라스틱 없이는 살 수 없을 정도로 플라스틱을 심각하게 많이 사용하는 시대임을 의미한다. 인류는 도대체 얼마나 많은 플라스틱을 생산하고 사용해 왔을까. 그리고 그 플라스틱은 인류에게 얼마나, 어떻게 피해를 주는걸까. 구체적인 확인이 필요하다. 플라스틱에 대한 종합적인 이해가 선행되어야 그 편리함이라는 마약으로부터 벗어날 방법을 찾을테니 말이다. 그리고 나선 편리와 생존 사이에서 결단해야 할 것이다.

---

1   '쓰레기장 된 '신들의 섬' 발리..플라스틱으로 가득찬 바다'
    권윤희, 〈서울신문〉 2021.1.14.

플라스틱의 역사

플라스틱이란 물질은 대체 무엇인가? 플라스틱의 어원은 그리스어 동사 pllassein으로, '주물하다' 혹은 '형태를 만들다'라는 뜻이다. 원자와 작은 분자들이 하나의 거대 분자가 될 때까지 반복적으로 결합해 길고 유연한 사슬을 이루고 있는 구조 덕분에, 플라스틱은 쉽게 주물되거나 성형될 수 있는 특성을 갖고 있다(수전 프라인켈, 2012: 29).

　플라스틱에 대해 이해하려면 석유의 가공 과정에 대해 살펴야 한다. 석유 1배럴[2]이 있으면 그 중 42%는 가솔린, 태울 수 있는 연료, 윤활유, 아스팔트 등의 석유 제품을 만드는 데 사용된다. 이것들은 원유 중 더 무거운 부분을 가지고 만든다. 나머지 더 가벼운 부분은 개별 탄화수소화합물로 분해하는데, '유성'이라는 뜻의 올레핀과 보다 휘발성이 강한 방향쪽 화합물로 나뉜다. 너들 또는 제품 제조용 알갱이라고 부르는 열가소성 수지의 원료는 양쪽 범주 모두에서 생산된다. 원유를 실린더에 넣고 촉매와 열 또는 압력을 가하고 휘저어 주면 무거운 성분은 아래로 내려가고 가벼운 성분은 위로 올라간다. 탑 위쪽에 부착된 관은 나눠진 성분들을 빨아들여서 각각 정제와 가공을 위한 곳으로 보내고, 정유소는 원유를 정제해 석유 제품을 만든다. 화학 공장은 석유의 부산물로 플라스틱이나 살충제 같은 것을 만든다(찰스 무어·커샌드라 필립스 지음, 이지연 옮김,

---

2　1배럴은 42갤런으로 1갤런은 3.785리터다. 1배럴을 리터로 환산하면 158.9리터가 된다.

2013: 45-46).

플라스틱 시대가 열린 것은 도대체 언제부터일까. 어떤 이는 벨기에 출신의 미국 이민자 리오 베이클랜드가 자연에서 발견되지 않는 분자들로만 구성된 최초의 인조 중합체 베이클라이트를 만들어 낸 1907년이라고 한다. 다른 이는 플라스틱 시대의 기점을 진주만 공격이 벌어진 1941년으로 잡기도 한다. 진주만이 공격받고 얼마 지나지 않아, 미군의 물자 조달 책임자가 가능하기만 하다면 금속인 알루미늄이나 놋쇠 같은 전략 물질들을 모두 플라스틱으로 대체하려 했기 때문이다. 이때부터 플라스틱이 일상의 모든 곳으로 들어오기 시작했다. 플라스틱은 자동차에서 철을 대체했고, 포장에서 종이와 유리를 대체했으며, 가구에서 나무를 대체했다. 1979년 무렵에는 플라스틱 생산이 철강 생산을 넘어섰다. 놀라울 정도로 짧은 기간 안에 플라스틱은 현대 생활의 아주 중요한 부분이 된 것이다(수전 프라인켈, 2012: 17-18).

플라스틱의 대중화는 석유화학업계의 성장과 맥을 같이 한다. 중합체를 개발한 화학회사들과 중합체의 필수 원료를 공급하는 석유회사들이 연계하면서 급성장한 것이다. 1930년대 초에 영국 화학자들은 에틸렌 가스로 폴리에틸렌이라는 중합체를 만들 수 있다는 사실을 알아냈다. 폴리에틸렌은 포장재에 널리 쓰이는 물질이다. 또 다른 부산물인 프로필렌으로는 폴리프로필렌을 만들 수 있는데, 요구르트 컵, 전자레인지용 접시, 일회용 기저귀, 자동차 등에 쓰인다. 역시 정유 공장의 부산물인 아크릴로니트릴은 아크릴 섬유의 원료가 된다. 아크릴 섬유는 인조 잔디의 재료로 쓰인다. 이렇게 다양하게 활용되는 플라스틱은 석유산업의 작은 일부분이며, 우리가 사용하는 화석연료 총량 중에서는 매우 작은 비중을 차지한다. 그러나 유용성이 다하고 난 이후의 플라스틱을 어떻게 처리할지에 대한 논의는 없었다. 그저 적은 비용으로 풍부함을 누리게 해주는 플라스틱의 편리함에 중독되기만 했을 뿐이다(수전 프라인켈, 2012: 18-20). 1940년에 전 세계의 연간 플라스틱 소비량은 거의 제로였지만 70년간 꾸준히 증가해서 2010년 경엔 2천6백억kg이 되었다. 1960년에 평균적인 미국인은 1년에 플라스틱 제품 약 14kg을 소비했는데 현재는 140kg 이상을 소비한다.

빗은 셀룰로이드[3]로 만든 첫 번째 상품이자 가장 주요한 상품이었다. 셀룰로이드 이래로 빗은 모두 플라스틱으로 만들어지게 된다. 플라스틱은 사회계층 간의 경계도 허물었다. 다루기 쉽고 용도가 많은 플라스틱이 생기면서 생산자들은 새롭고 진기한 물건들을 대량으로 선보일 수 있게 되었고, 소득이 많지 않은 사람도 소비자가 될 수 있는 기회가 열렸다. 플라스틱은 물질적, 문화적 민주주의라는 새로운 희망이었다(수전 프라인켈, 2012: 29).

플라스틱이 인류에게 희망이며 대안인 때가 있었다. 이른바 생태에 도움이 된 일이 있었다는 말이다. 1867년에 〈뉴욕타임스〉는 상아에 대한 인간들의 그칠 줄 모르는 수요 때문에 코끼리가 "멸종 위기의 지경에 처했다"고 보도했다. 당시 상아는 단추에서부터 상자, 피아노 건반, 빗에 이르기까지 온갖 물건에 사용되고 있었지만,

---

3 1869년 미국의 발명가 존 웨즐리 하이야트가 질산셀룰로오스와 장뇌의 균일한 콜로이드 분산액으로부터 개발한 최초의 합성 플라스틱 물질이다. 플라스틱은 '셀룰로이드'라는 이름으로 세상에 처음 등장했다.

그중에서도 특히 중요한 사용처는 당구공이었다. 당구는 유럽뿐 아니라 미국에서도 상류층의 인기 스포츠로 자리 잡은 상태였기에, 모든 영지와 모든 저택에는 당구대가 있었고 1800년대 중반쯤에는 그 당구대들에 올릴 공을 만들 코끼리가 남아나지 않을지도 모른다는 우려가 커지고 있었다. 코끼리 급감 문제는 최고급 당구공용 상아를 조달하던 실론(스리랑카의 옛 이름)에서 가장 심각했다. 뉴욕타임스에 따르면, 실론 북부에서는 "원주민들이 당국자가 제공한 마리당 몇 실링의 보수를 받고서 3년도 채 안 되는 동안에 코끼리를 3천5백 마리나 잡았다." 뉴욕타임스는 매년 적어도 45만kg의 상아가 소비되면서 상아 부족에 대한 공포를 촉발했다고 보도했다. 그러고 이렇게 덧붙였다. "코끼리가 더 이상 존재하지 않게 되고 매머드가 인간의 사용으로 다 없어져 버리기 전에 적절한 대체재가 발견되기를 희망한다."(수전 프라인켈, 2012: 31). 이후 플라스틱이 당구공으로 활용되는 과정까지 이런저런 과정이 있었지만 결국 상아는 더 이상 쓰이지 않게 되었다. 이런 측면에서 보면 플라스틱은 대단히 유용한 쓰임새가 있었던 것이다.

당시로서는 동물보호라는 매우 긍정적인 성과를 낳는 중요한 소재였던 플라스틱이다. 동물도 보호하고 편리성도 향상되는 소재인 플라스틱은 이후 폭발적으로 사용처와 사용량이 증가했다. 이에 따라 미국에서 쓰레기 생성량이 1960년 1인당 1.2kg에서 2000년 2.0kg으로 증가했다. 1960년 미국 도시의 고형 폐기물 총계는 8,800만 톤이었다. 2008년에는 2억 5,000만 톤이 됐다. 이 가운데 환경보호국이 보고한 재활용률은 30%에 불과하다. 플라스틱의 재활용률은 지역에 따라 격차가 크지만 평균 13.2% 정도다. 플라스틱은 포장재 중에서 가장 재활용이 안 되는 물질인 것이다. 재활용률이 가장 높은 것은 종이와 마분지(65.5%)이고 그 다음은 강철과 알루미늄(50% 이상), 유리(31.3%) 순이다. 1960년에 플라스틱은 무게로 따질 때 전체 쓰레기 중 0.5% 미만이었지만, 1980년에는 4.5%까지 올랐고 2008년에는 12%를 차지했다(찰스 무어·커샌드라 필립스 지음, 이지연 옮김, 2013: 166).

플라스틱의 번성은 곧 우리나라에도 영향을 미치게 된다. 1945년 해방 즈음 안경테와 만년필이 등장한 것을 시작으로, 1946년엔 자, 필통, 책받침이 나타났고, 1950년대에는 대야, 양동이, 바가지, 식기류, 젓가락 등의 주방용품과 빗, 비눗갑, 칫솔, 파리채, 바구니, 신발 등의 생활용품이 등장했다. 1954년에는 비닐시트와 필름이, 1956년에는 PVC파이프, 1957년에는 비닐장판, 비닐우산, 비닐하우스가, 1959년에는 의자, 소파, 침대, 완구 등이 등장했다. 1960년대 초 전선, 라디오, 선풍기, 조화, 그릇이, 1960년대 후반 앨범, 가방 원단, 포장재 등이, 1970년대 초 마대자루, 상자, 일회용 포장용기, 차광막, 텐트 등, 1970년대 후반 창틀, 일회용 주사기, 온돌 파이프가, 1980년대 이후에 쓰레기봉투, 페트병, 가구 등이 등장했다. 점점 그 용처가 늘어났음을 확인할 수 있다(이동학, 2020: 27).

플라스틱의 종류

우리가 일반적으로 통칭하여 플라스틱이라 부르지만 사실 그 종류는 다양하다. 이해를 위해 간단히 정리해 보자(수전 프라인켈, 2012:

339-343).

* **폴리에틸렌(PE)**: 중합체 가운데 가장 많이 사용되는 물질로, 전세계에서 생산, 판매되는 모든 플라스틱의 3분의 1 이상이 여기에 속한다. 단단하고 유연하고 습기를 막아 주며 가공 처리가 쉬워서 포장재에 많이 쓰인다. 폴리에틸렌에도 여러 종류가 있다. 비닐봉지와 포장지, 수축 포장 랩, 쥐어짜는 병, 우유 팩 코팅, 음료수 컵 등에 쓰이는 저밀도 폴리에틸렌(LDPE), 이 보다 더 신축성이 강한 선형저밀도 폴리에틸렌(LLDPE), 좀 더 단단하여 우유병, 세제 병, 주스 병 등에 쓰이는 고밀도 폴리에틸렌(HDPE) 등이 그것이다.

* **폴리프로필렌(PP)**: 폴리에틸렌보다 더 높은 온도와 더 험한 취급 과정을 견딜 수 있어서 단단한 포장재로 사용된다. 녹는점이 높아서 남은 음식 보관용의 재사용 가능 용기에도 쓰이며, 뜨거운 내용물을 담는 용기, 요구르트를 만드는 용기, 테이크아웃 음식을 담는 용기 등에도 많이 사용된다. 자동차 범퍼, 기판, 카펫 등에도 사용되며, 직물 형태로 만들면 습기를 내보내 내부를 건조하게 유지해 주기 때문에 일회용 기저귀, 발열 조끼, 우주복에도 사용된다.

* **폴리염화비닐(PVC)**: 가장 용도가 많고, 가장 논쟁적인 플라스틱이다. PVC는 다른 화학물질과 섞기 쉬워 단단하게도, 유연하게도, 부드럽게도, 가죽 질감이 나게도 다양하게 가공할 수 있다.

창문 사이딩, 벽, 바닥, 천정을 덮는 등에도 사용되며, 전선 절연용, 가짜 가죽으로 된 옷과 가구에도 쓰이고, 파이프, 의료 장비용 유연 플라스틱에도 사용된다.

* **폴리스티렌(PS):** 가장 널리 알려진 것은 발포 폴리스티렌(스티로폼)으로 단열 기능이 뛰어나다. 가정용 단열재의 재료, 뜨거운 커피 등의 테이크아웃용 용기, 부서지기 쉬운 물건을 배송할 때 사용하는 완충제, 자전거 헬멧 등에 사용된다. 단단한 형태로 가공할 경우 CD케이스, 비디오카세트 카트리지, 일회용 면도날, 날붙이 등에도 사용된다. 내충격성 폴리스티렌은 코트 걸이, 화재경보기 덮개, 자동차 번호판 테두리, 아스피린 병, 시험관, 배양 접시, 조립식 장난감 등에 사용된다.

* **폴리우레탄:** 2차 대전 중에 고무 대용으로 사용됐다. 1954년에 폼 형태의 폴리우레탄이 나왔고, 오늘날 가장 많이 쓰이는 것도 이 형태이다. 부드럽고 유연한 폼 형태는 가구 쿠션이나 자동차 쿠션, 운동화 등에 사용되며, 단단한 형태는 냉장고나 건물의 단열재에 사용되고, 중간 정도의 강도를 가진 것은 대시보드의 패팅으로 사용된다. 탄성이 매우 강해 섬유가 되면 스판덱스나 라이크라로, 얇은 필름으로 압출하면 무(無)라텍스 콘돔이 된다.

* **폴리에틸렌 테레프탈레이트(PET):** 가장 널리 쓰이는 형태는 포장 용기 분야다. 페트 용기는 유리 같은 투명함을 가지고 있지만 공기를 막아 주는 기능이 유리보다 훨씬 뛰어나서 내용물이 산

소 때문에 상하는 것을 막아 주고 탄산이 빠져 나가는 것도 막아 준다. 그래서 거의 모든 종류의 탄산음료가 페트병에 담겨 나온다. 페트는 사진이나 엑스레이 필름, 오디오나 비디오의 테이프 등에도 사용된다.

* 아크릴로니트릴 부타디엔 스티렌(ABS): 아크릴로니트릴 부타디엔 스티렌은 1940년대에 인조 고무를 개발하는 과정에서 생겨났다. 세 가지의 시작 원료로 이뤄진 이 중합체는 전혀 고무같지 않지만 단단하고 매끄럽고 충격을 잘 흡수해서 레고 장난감, 리코더나 플라스틱 클라리넷 같은 악기, 골프채 머리, 부엌 용품이나 전화 겉면 케이스, 자동차 부품 그리고 가볍고 견고한 주형 제품에 쓰인다.

* 페놀 수지: 이 중합체 족은 완전히 인조 합성된 최초의 플라스틱 베이클라이트의 후손으로 일반적인 플라스틱과 달리 녹여서 새로 주물할 수 없다. 강하고, 단단하고, 전기를 절연할 수 있어 전기 관련 용품, 스위치, 포마이카, 날붙이 류의 손잡이 등에 사용된다. 베이클라이트는 가장 잘 알려진 페놀 수지인데 과거엔 삶의 모든 구석에서 볼 수 있었으나 이제는 체스나 체키의 말, 도미노, 마작 타일 등의 게임 관련 용품에 쓰이는 정도다.

* 나일론: 듀폰의 상표명으로, 다양한 종류의 플라스틱을 포함한다. 여성 스타킹을 혁명화한 특성인 강하고, 내구성 있고, 신축성 있는 덕에 다른 용도에도 많이 사용된다. 섬유 형태의 나일론

은 직물, 면사포, 악기 줄, 카펫, 찍찍이 단추, 밧줄 등에 사용된다. 단단한 형태로 가공된 나일론은 나사, 톱니바퀴, 보트 프로펠러, 빗, 스케이트보드 바퀴, 연료관, 연료 탱크, 칫솔의 솔, 솔빗의 솔 등에 사용된다.

* **폴리카보네이트**: 폴리카보네이트는 주형으로 만드는 금속과 경쟁하기 위해 개발되었다. 단단하면서도 투명해서 기계 부품, CD, DVD, 광 저장 매체, 안경알, 실험실 장비, 전동 공구 등에 많이 사용된다.

* **아크릴**: 유리처럼 투명하지만 아주 단단한 아크릴은 험한 날씨에도 잘 견디고 총알까지 막아서 2차 대전 중에 항공 포병을 보호하는 용도로 많이 쓰였다. 요즘은 대통령 전용차, 교황 전용차, 드라이브스루 은행 창구의 창문 등에 쓰인다. 평범한 사용처로는 비행기 창, 잠수함 문, 옥외 간판, 자동차 미등, 상업용이나 주거용 어항, 백내장 환자 안구이식용 인공 수정체, 샤워 부스 등이 있다.

플라스틱이 위험하다

편리함의 대가로 인류에게는 새로운 위험이 다가왔다. 플라스틱이 인체와 자연에 유해하다는 사실을 깨달은 것이다. 특히 우리의 눈에 보이거나 보이지 않으면서 크게 악영향을 끼치는 단계인 미세

플라스틱이 매우 위험하다는 사실을 분명하게 깨달았다. 그래서 플라스틱 제품의 다른 이름이 '조용한 암살자'다. 그만큼 위험하다는 의미다.

2019년 세계자연기금과 호주 뉴캐슬대학교의 연구에 따르면, 성인 1명이 매주 먹는 미세플라스틱의 양은 신용카드 한 장 분량이다. 인류가 플라스틱을 제대로 활용하기 시작한 역사가 100년 남짓인데 인간의 몸은 이를 배출하도록 디자인되어있지 않아 결국 몸에 쌓이게 된다. 현재는 그 폐해를 구체적으로 밝혀가는 과정이며 이제 대책을 세워가는 과정이다. 수전 프라인켈은 플라스틱이 인체에 잔류할 수 있음을 보여주는 연구가 1950년대에도 있었으며, 대양에 버려진 플라스틱 폐기물에 대한 최초의 보고는 1960년대에 나왔다고 전한다(수전 프라인켈, 2012: 24).

2006년에 '미국 독극물학 프로그램'에 모인 전문가 패널은 DEHP[4] 노출이 1세 미만 남아의 생식계 발달에 끼칠 수 있는 영향이 '우려'할 만한 정도라고 결론 내린 바 있다. 특히 위험에 노출된 집단은 신생아 중환자실에서 치료를 받는 신생아들이다. 연구에 따르면, 링거백과 튜브에 몇 주씩이나 엮여 있어야 하는 아기들은 보통 사람보다 DEHP를 1백-1천 배나 더 흡수할 가능성이 있다. 심지어 심폐 기계에 연결되면 어마어마한 양의 DEHP를 전달하는 기구가 된다. 중환자인 신생아가 이런 종류의 집중 치료를 받으면 인간에게 무해하다고 여겨지는 최대치보다 20배나 높은 수준의 DEHP

---

4   합성 고무를 부드럽게 만들거나 가공하기 쉽게 하기 위하여 사용하는 무색의 액체 물질. 이를 이용하여 만든 그릇, 튜브, 포장용 필름 따위는 고온에 잘 견디고 광택을 띠며 재질이 부드럽다.

에 노출될 수 있다. 신생아들은 아직 신체 조직이 완성되기 전이라 이 화학 물질이 호르몬을 더 쉽게 교란할 수 있다(수전 프라인켈, 2012: 149). 한 연구에 따르면, 인간과 유사한 기관을 가진 열대어의 경우 초미세 플라스틱(나노 플라스틱)이 미세하게 미토콘드리아를 손상시키는 것을 확인한 일도 있다. 미토콘드리아 손상은 다른 독성이 있는 물질과 함께 있을 경우 복합적으로 작용해 급격한 독성을 유발한다는 것이 증명됐다. 이 연구는 미세 플라스틱이 우리 몸 속에 축적될 경우 잠재적인 심각한 독성을 유발할 수 있다는 것을 보여 준다.

현재까지 알려진 가장 심각한 물질은 비스페놀A와 프탈산이다. 폴리카보네이트로 만든 많은 제품에 들어있는 비스페놀A는 혈액지질과 포도당의 대사를 방해하는 것으로 알려져 있다. 칫솔, 물통, 젖꼭지 등에 사용된 플라스틱에 비스페놀A가 들어 있으니 산화 스트레스가 증가하고 심장질환의 원인이 될 수도 있다는 것이다. 비스페놀A는 췌장의 기능을 저하시키고 인슐린 불내성을 초래한다. 이것이 당뇨병 발생 증가에 주요한 원인이 된다. 세계보건기구(WHO)에 따르면 2014년 세계 당뇨병 인구는 4억 2200만 명에 달한다.

비스페놀A는 아세톤과 2개의 페놀이 합성된 화학물질로 폴리카보네이트(PC)의 원료다. 폴리카보네이트는 투명하게 만들 수 있는 특성에 따라 활용도가 매우 높다. 음료수 캔 내부 코팅제, 유아용 플라스틱 젖병, 생수통, 접착체, 페인트, 감열지 영수증 등에 이용된다. 영수증의 경우 열처리가 되어 만지기만 해도 노출된다. 국가과학기술정보센터에 따르면, 서비스직 종사자 가운데 종이 영수증을 만지는 이들을 대상으로 비스페놀A가 소변에 검출되는 실험을 한 결과, 장갑을 낀 사람들의 노출 정도는 8.8%였던 반면, 그렇지 않은 사람들은 91.2%였다. 손 세정제나 핸드크림을 바르고 종이 영수증을 만졌을 경우, 비스페놀A의 흡수량이 10배나 높았다.

비스페놀A는 여성 성장호르몬으로 알려진 에스트로겐과 구조가 비슷하기에 유사 작용을 하여 에스트로겐 활성이 있고, 유방암 세포의 분열 증식을 유도한다. 비스페놀A는 DNA와 결합하여 싸이토크롬 P450과의 상호 작용을 따라 세포독성이 발생하기도 한다. 세포독성으로 인해 세포 손상 및 세포 기능 손실과 같은 변화가 발생하고, 암세포로 변이될 수 있다. 비스페놀A가 발암 물질이라는 말이다. 또한 성기능 감소 및 성 변화, 생식 능력 약화 및 생식기관의 기형 유발을 일으킬 수도 있다. 더 큰 문제는 비스페놀의 축적이 다음 세대로 전달이 가능하다는 점이다. 쥐 실험에서는 탯줄과 모유를 통해 다음 세대로 전달 가능성이 있음을 확인했다. 이외에도 아직 밝혀지지 않은 비스페놀A의 인체 내 악영향은 더 많을 수 있다.

환경호르몬에 대한 연구는 질병과의 인과관계를 밝히기가 매우 어렵다. 따라서 현재까지의 연구로 밝히지 못한 질환들도 있을 가능성이 높고, 밝혀진 사실보다 더 높은 위험이 있을 수도 있다. '환경호르몬'은 환경에서 배출된 화학 물질이 호르몬처럼 작용한다고 하여 불리는 용어다. 내분비계 교란물질(내분비장애물질)이라고도 하는 환경호르몬은 인간과 동물의 내분비 기능을 저해하고 생식, 행동, 신경계의 비정상적인 기능을 초래한다. 내분비계 교란 화합물은 거의 모든 사람들이 거의 모든 일상에서 만날 정도로 다양하게 존재한다.

비스페놀A는 태아의 발달에 큰 영향을 준다. 그래서 문제다. 내분비계 교란 화합물은 '성별 왜곡자'라고도 불리는데, 그 이유는 이 화합물이 에스트로겐성을 띠고 남성을 여성화하는 경향이 있기 때문이다. 내분비계 교란 화합물은 건강과 관련하여 생물학적 체계 전체에 영향을 줄 수 있는 것으로 알려졌다. 내분비계 교란 화합물과 관련되었을 것으로 추측되는 질병만 해도 비만, 제2형 당뇨, 자폐증, 주의력 결핍 및 과잉 행동 장애, 갑상선 기능 이상, 천식 및 기타 자가 면역 질환, 소아암, 유방암, 불임, 조산, 유산 등이 있다(찰스 무어·커샌드라 필립스 지음, 이지연 옮김, 2013: 424). 동물 실험에서 내분비계 교란 화합물이 건강에 해롭다는 것은 알려졌지만 이를 파악하기 위해 인간을 대상으로 연구하기는 현실적으로 쉽지 않다. 내분비계 교란 화합물에는 할로겐 화합물뿐만 아니라 살균제, 항균제, 여러 종류의 살충제, 수은, 카드뮴, 납, 콩, 비스페놀A를 포함한 수많은 공업용 탄화수소 화합물, 마일드 에스트로겐, 남성 호르몬인 안드로겐을 차단하는 프탈산 등이 있다. 벌레들을 죽이게끔 설계된 화학 물질이 더 고차원 동물에게도 피해를 주리라는 것은 짐작이 가능한 일이지만, 합성 중합체와 결합하여 촉매 작용을 하거나 경화, 연화, 강화 작용을 하거나, 난연, 방수 작용을 하거나, 색상을 주거나 기타 성능을 향상시키는 화학 물질들이 생물에 영향을 주며, 심지어 영구적으로 생물의 본성을 바꿔놓을 수도 있다는 사실은 매우 놀랍고 두려운 일이다.

미국 국립보건원 생명과학 분야 온라인서비스에서 '비스페놀A'를 검색하면 2962개의 개별 연구가 나타난다. 이 곳에 보고된 내용 일부만 봐도 놀라운 내용이 많다. 몇 가지 살펴 보자. ①성적으로 성숙하기 전에 비스페놀A에 노출된 암컷 쥐는 성적 성숙이 빨리 찾아오고 생식 능력이 손상된다. 또 다른 쥐 연구에서는 비스페놀A가 유선 조직 및 유액을 변화시켰다. ②평균적 미국인 수준에 맞게 비스페놀A를 투여한 붉은털원숭이들은 암으로 발전할 유방 조직을 가진 암컷 새끼를 낳았다. ③출생 시기 경에 비스페놀A를 투여한 수컷 쥐는 고환 기능이 손상되었고 낮은 테스토스테론 수준을 나타냈다. 즉, 비스페놀A는 정자의 양과 이동성을 감소시켰다. ④단기간 비스페놀A를 투여한 성체 수컷 쥐는 살이 찌는 경향이 발달했다(찰스 무어·커샌드라 필립스 지음, 이지연 옮김, 2013: 425).

프탈산도 무시할 수 없는 위험성을 갖고 있다. 이를 가장 잘 알려주는 연구가 2005년 〈환경 건강 전망〉에 게재된 로체스터대학교의 연구자 셰너 스완의 연구다. 이 연구는 134명의 남아와 그들의 어머니를 연구 대상으로 설정했다. 어머니의 프탈산 수치는 출산 전에 측정했다. 남아들이 2개월에서 36개월 사이가 되었을 때 스완의 연구팀은 측경기를 사용해 남아의 음경 아랫부분과 항문 사이의 거리를 측정했다. 거리가 짧은 것은 여성화를 의미했다. 프탈산 수치가 높은 어머니와 여성화된 생식 기관을 가진 남아 사이에는 통계적으로 중요한 상관성이 발견되었다. 게다가 스완은 이 데이터로부터 미국 어머니 중 25%가 아들을 여성화하기에 충분한 프탈산 수치를 갖고 있다고 추정했다(찰스 무어·커샌드라 필립스 지음, 이지연 옮김, 2013: 429).

아일랜드 트리니티대 공동연구팀은 플라스틱 유아용 젖병에 분유를 탈 때 나오는 미세플라스틱의 수를 분석하고 한국을 비롯한 48개 국가에서 유아가 이를 통해 실제로 미세플라스틱에 얼마나 노출되는지를 분석해 국제학술지 '네이처 푸드'에 발표했다. 연구팀은 전 세계에서 판매량이 가장 많은 10대 유아용 폴리프로필렌 젖병으로 분유를 만드는 과정에서 방출되는 미세플라스틱을 정량화한 것이다. 연구팀은 세계보건기구(WHO)가 제시한 유아용 분유 준비 지침[5]을 따르고 이 과정에서 나오는 미세플라스틱의 수를 센 결과, 물 온도가 70도일 때 1리터당 130만 개에서 최대 1,620만 개의 폴리프로필렌 미세플라스틱이 나오는 것으로 나타났다. 물 온도가 95도로 올라가면 5,500만 개까지 나왔다. 온도가 높을수록 미세플라스틱이 많이 나오는 것이다. 25도의 물에 노출됐을 때도 1리터당 60만 개의 미세플라스틱이 만들어졌다. 젖병은 21일간 시험을 진행하는 동안 계속 미세플라스틱을 방출했다.

연구팀은 분석 결과를 토대로 각 국가의 유아들이 젖병을 물고 분유를 먹음으로써 하루에 얼마나 폴리프로필렌 미세플라스틱에 노출될지도 시뮬레이션했다. 각 젖병의 미세플라스틱 방출률과 젖병의 국가별 시장 점유율, 유아의 모유 수유율 등을 종합해 48개국에서 12개월 나이 영아의 노출 정도를 추정했다. 그 결과 전 세계에서 영아 1인당 하루에 158만 개의 미세플라스틱을 섭취하는 것으로 나타났다. 오세아니아와 북미, 유럽 등 폴리프로필렌 젖병을 주로 쓰는 국가들은 200만 개 이상을 섭취하는 것으로 나타난 반면 아프리카나 아시아 등 폴리프로필렌 젖병을 잘 쓰지 않고 모유 수유율이 높은 국가는 섭취량이 적었다. 한국 영아의 일일 미세플라스틱

---

5   '아기에게 줄 분유를 준비하기 위해 젖병을 씻고 끓는 물에 5분간 담가 소독할 것, 70도 이상의 물에 분유를 탄 후 60초간 흔들고 이를 상온으로 식혀 아이에게 줄 것' 등

섭취량은 약 130만 개로 세계 평균에 근접했다.[6]

　　대중적으로 가장 많이 사용되는 일회용 종이컵의 심각성도 알아 보자. 인도 카라그루프 공과대학(IIT)의 수다 고엘 교수 연구팀은 "뜨거운 차를 일회용 종이컵에 마시면 2만5,000개의 작은 미세플라스틱 입자를 섭취하게 된다"는 연구결과를 내놨다. 연구진이 일회용 종이컵 다섯 종류에 85~90도의 뜨거운 물을 붓고 15분 동안 그 모습을 형광 현미경으로 살펴봤더니 미세플라스틱이 물 속에서 나오더라는 것이다. 세어보니 미세플라스틱 입자가 100ml의 액체에 약 2만5,000개가 들어 있었다. 게다가 종이컵 속의 시료를 주사형 전자 현미경으로 관찰한 결과 서브 마이크론 사이즈의 미세 플라스틱이 약 102억개가 들어있는 것을 확인했다. 종이컵에 묻어있는 플라스틱 필름이 뜨거운 물에 노출되면서 녹아내려 액체에 섞어 들어간 것이다. 해당 플라스틱을 섭취하게 되면 건강에 악영향을 줄 수 있다. 종이컵은 대부분 폴리에틸렌으로 만들어진 소수성 필름의 얇은 층으로 덮여 있는데, 뜨거운 물에 이 필름이 녹아내리면서 불화물, 염화물, 질산염, 황산염 등의 이온이 음료에 흘러든다는 게 연구진의 설명이다. 우리가 편리함을 위해 일회용 종이컵으로 빠르게 교체해 왔지만 친환경 제품으로 대체하지 않으면 위험하다는 사실을 확인한 것이다.[7]

6　'플라스틱 젖병, 5,500만 개 미세플라스틱 나온다…한국선 하루 130만 개 노출'
조승한, 〈동아사이언스〉 2020.10.20. http://dongascience.donga.com/news.php?idx=40735

7　'인도 교수 "일회용 종이컵에 뜨거운 물 마시면 미세 플라스틱도

플라스틱 쓰레기들은 통상 소각, 매립, 재활용 등의 방식으로 처리된다. 소각의 경우 플라스틱이나 비닐봉지 등을 태울 때 죽음의 물질이라는 다이옥신이 발생한다. 문제는 다이옥신의 맹독성이다. 인간이 만든 모든 물질 중에서 가장 독성이 높은 것 가운데 하나다. 다이옥신의 독성은 청산가리보다 1만 배나 강하다. 얼마나 치명적인가 하면 1g으로 몸무게 50kg인 사람 2만 명을 죽일 수 있을 정도다. 게다가 한번 생성된 다이옥신은 잘 분해되지 않는다. 결국 토양이나 침전물로 축적되는데, 수십 년에서 수백 년까지도 존재할 수 있다. 쓰레기 소각장이나 화학공장 주변의 목초지가 다이옥신에 오염되면 그 풀을 먹은 소나 닭, 돼지 등의 체내에 흡수된 뒤, 이 고기와 가공식품을 먹은 사람의 몸으로 들어온다. 인체에 축적되면 쉽게 분해되지 않기에 모유를 통해 2세에까지 유입된다.[8] 매립도 난감하기는 마찬가지다. 이미 매립지는 포화 상태이며 새로운 매립지를 찾아야만 하는 단계에 와있다. 후보지의 반대 등으로 신설이 쉽지 않은 장기적이고 매우 중요한 과제로 남아있다. 플라스틱이 매립된다 하더라도 분해되는 과정에서 유해가스가 배출되기에 주

섭취"'
손성원, 〈한국일보〉 2020.12.22. https://www.hankookilbo.com/News/Read/A2020122118300005448?did=DA

8   세계보건기구는 성인이 체중 1kg을 기준으로 하루에 1~4피코그램(1pg은 1조분의 1g), 일본과 캐나다 등은 5pg, 미국은 1pg 이상을 섭취할 수 없도록 규제하고 있다. 정리하자면, 세계보건기구 기준으로 체중 60kg인 성인은 하루에 240pg 이상을 섭취하면 인체에 유해하다는 것이다.

변 환경에 악영향을 끼친다는 사실은 누구나 안다. 남은 방법은 재활용 뿐인데 앞에서 언급했듯이 재활용 비율이 그리 높지 않다.

플라스틱의 희생자들

플라스틱이 인체에만 해로운 영향을 주는 것이 아니다. 각종 동물들에게 미치는 해악이 상당하다는 것은 이미 많은 사례들을 통해 알려져 있다.

알바트로스 수백 마리의 사체를 부검한 미국의 야생 동식물학자 존 클래비터는 병뚜껑, 펜뚜껑, 장난감, 낚싯줄, 굴 양식에 사용된 플라스틱 튜브, 라이터 등을 일상적으로 발견했다. 알바트로스가 오징어나 날치알 같은 먹이를 삼킬 때 딸려 들어온 것들이다. 그 외에도 원래 무엇이었는지 알아보기 힘든 작은 플라스틱 조각들도 있었다. 과거의 알바트로스에게 가장 큰 위협은 깃털을 노린 사냥꾼들이었지만 지금은 플라스틱이다. 보통 어미 새는 바다에서 삼킨 오징어와 생선알 등을 다시 역류시켜 새끼의 입에 넣어 주는데 이때 의도치 않게 플라스틱을 먹이게 되는 것이다(수전 프라인켈, 2012: 175). 알바트로스만의 문제가 아니다. 펭귄, 바다소, 해달, 갑각류 등이 플라스틱 쓰레기를 삼키거나 플라스틱 쓰레기에 엉켜서 사망에 이른 사례가 많이 보고됐다. 정확한 통계는 없지만, 플라스틱 쓰레기는 267개 생물 종의 사망과 부상에 원인을 제공한 적이 있는 것으로 나타났다. 바다거북 종 중 86%, 바다새 종의 44%, 해양 포유동물 종의 43% 등이 포함돼 있다. 북해에서 먹이를 찾는 바닷새 풀

마갈매기에서부터 남극 근처에 사는 남방 물개에 이르기까지, 플라스틱을 삼킨 동물은 지구 전역에서 발견된다. 공룡이 멸종할 때도 살아남았던 장수거북도 위험에 처해 있는데, 비닐봉지를 해파리인 줄 알고 삼키는 것이 원인 중 하나다(수전 프라인켈, 2012: 196).

앨버트로스를 포함한 수십 종의 다른 바닷새들을 포함한 전체 바닷새의 44%의 플라스틱 섭식에 관한 최초의 연구는 1963년에 나왔다. 이 연구에서 북서 하와이 제도의 또 다른 환초들인 펄 환초와 헤르메스 환초의 레이산앨버트로스 중 73%가 플라스틱을 삼킨 것을 발견했다. 하지만 당시는 플라스틱 소비자 제품의 초창기였고 연구자들이 새에서 발견한 가장 많은 수의 플라스틱 입자가 8개였다. 앨버트로스에 대한 또 다른 연구는 1983년에 나왔는데, 죽은 레이산앨버트로스 새끼 중 90%에서 플라스틱이 관찰되었고 삼킨 플라스틱의 평균 무게도 1963년의 1.87g에서 76.7g으로 늘어났다. 1997년에 나온 연구에서는 표본이 된 새끼의 97.6%에서 플라스틱이 발견되었다. 북바닷새의 위 내용물은 이미 해양 오염의 척도가 되었다(찰스 무어·커샌드라 필립스 지음, 이지연 옮김, 2013: 276-277).

플라스틱 쓰레기는 전 세계에서 배출되는 쓰레기 중 10%에 불과하지만 다른 쓰레기들과 달리 오래 잔류한다. 세계 각지의 해변 조사에서 수거된 쓰레기 가운데 플라스틱 쓰레기가 60~80%를 차지한다. 해양보전센터가 매년 주관하는 '국제 해변 청소의 날'에 참여하는 1백 개 이상의 나라에서 수거된 쓰레기의 목록에 따르면, 플라스틱 병, 수저, 접시, 컵, 빨대, 젓는 막대, 패스트푸드 랩, 포장 등이 공통적으로 나온다. 지역이 달라도 수거된 쓰레기의 내용물이 비슷하다는 말이다. 이는 플라스틱의 편리함에 익숙해진 인류의 모습을 그대로 보여준다(수전 프라인켈, 2012: 190).

2009년에 실시된 '국제 해변 청소의 날' 자료에 따르면, 전 세계 108개국과 미국 45개 주의 거의 50만 명에 이르는 자원봉사자들이 2만 7,000km 이상의 해변에서 총 3,400톤이라는 엄청난 양의 쓰레기를 수거했으며 그물에 엉켜있는 새와 물고기, 거북이, 포유류 300마리 이상을 구조했다. 해안에서 발견된 쓰레기 상위 10개 항목에 오르는 물건들은 해마다 거의 비슷한데 대개가 해변에 들른 사람들이 버린 쓰레기다. 1위는 담배꽁초인데 218만 9252개였다. 2위는 비닐봉지로 112만 9774개였으며, 음식 포장재와 용기 94만 3233개, 뚜껑류 91만 2246개, 접시, 컵, 수저 등 51만 2516개 순이었다. 상위 10개 항목의 대부분은 플라스틱이다. 더 놀라운 것은 포르투갈의 카밀로 해변의 경우다. 사람들의 방문이 거의 없는 그곳에서 발견된 쓰레기 가운데 가장 많은 것은 플라스틱 뚜껑으로 30%를 차지하며, 다른 곳과 달리 담배꽁초보다 부탄 라이터가 더 많이 발견된다. 항목에 들어 있지 않은 플라스틱 알갱이는 모래보다 많을 정도다(찰스 무어·커샌드라 필립스 지음, 이지연 옮김, 2013: 354). 해류에 따라 다른 곳에서 그리로 흘러 들어간 것이다. 남태평양의 무인도인 헨더슨 섬에서 380억 개의 플라스틱 조각이 발견되었다는 사실과 연결되는 대목이다(윌 맥컬럼 지음, 하인해 옮김, 2019: 55).

플라스틱 쓰레기 문제가 해변만의 문제일까. 아니다. 바다도 심각한 상태에 놓여 있다.

1997년 북태평양을 항해하던 찰스 무어 선장은 지구상에서 가장 큰 쓰레기장을 발견한다. 우연히 발견한 아름다운 수면 아래 있는 엄청난 플라스틱 조각들을 본 것이다. 이곳에 존재하는 미세 플라스틱의 양은 무게로 따질 때 해양 먹이사슬의 기초를 이루는 동물성 플랑크톤보다 여섯 배나 많았다. 이후 그곳은 무어 선장에 의해 '태평양 거대 쓰레기 지대(Great Pacific Garbage Patch)'라고 불린다. 무어 선장은 이후 꾸준한 연구를 통해 플라스틱의 속성과 위험에 대해 고발하고 알리기 시작한다. 그의 이야기는 LA타임스에 실렸고, 이 기사는 2007년 퓰리처상 수상작이 됐다. 우유통, 병뚜껑, 인간의 피부에 침투할 수 있는 미세 분자 등의 플라스틱은 단지 환경을 더럽히는 물질인 것이 아니라 해양 생물과 그 서식지를 위협하는 물질이라는 것이다. 그는 연구에서 플라스틱이 바다에 녹아 있는 독성 물질을 흡수하고 있으며, 바닷속 물고기들이 플라스틱을 먹잇감으로 오인하여 섭식하고 있다는 사실을 밝혔다. 그는 "나는 일주일 연속으로 플라스틱 쓰레기를 보았고 이것은 거리로 따지면 1,800km가 넘었다. 나는 이 수프가 지름이 1,600km인 원에 해당하는 지역을 뒤덮을 수도 있음을 알았다. $100m^2$ 안에 약 230g의 플라스틱이 있다고 계산하면 이 지역 바닷속 플라스틱은 당시 로스앤젤레스 지역 전체를 담당하던 미국 최대의 쓰레기 매립지 푸엔테힐스에 2년간 버려지는 쓰레기 양과 맞먹었다. 670만 톤이라는 어마어마한 양이었다"고 고백한다(찰스 무어·커샌드라 필립스 지음, 이지연 옮김, 2013: 24). 북태평양의 쓰레기 지대의 면적은 155만km^2로 그 양은 7만9,000톤에 달한다. 한반도 면적 7배[9]에 달하는 이곳은 떠내려온 온갖 쓰레기가 모여들어 만들어졌다. 연구진이 18개 선박으로 총 100만 개가 넘는 쓰레기를 바다에서 건져 올려 갑판에서 분

---

9 현재는 남한 면적의 15배 이상일 것으로 추정한다.

석했더니 99%가 플라스틱이었다. 그 플라스틱인 1조9,000억개의 쓰레기 조각의 무게는 무려 8만 톤에 이른다. 초대형 여객기 500대와 맞먹는 무게다.

　북태평양 소용돌이 말고도 플라스틱 쓰레기가 모이는 지역이 또 있다. 환류와 고기압 소용돌이는 대양의 자연스런 특성이다. 이런 환류는 적어도 다섯 개가 있는데, 모두 남북위 30도 부근에 모여 있다. 환류 중 하나는 북대서양 버뮤다 동쪽에 있다. 1980년대부터 이곳에서 플라스틱 쓰레기가 발견됐으며 2010년에는 6주간에 걸친 연구에서 4만 8천 조각의 플라스틱이 발견되기도 했다. 다른 환류들은 아프리카 동쪽 인도양과 남대서양에 있다. 가장 큰 환류는 남태평양에 있는데, 선원들이 바람의 힘을 빌지 못해서 노를 저어야 했던 곳이다. 이 해류들은 인류 역사 내내 인간이 만들어 낸 부유물과 쓰레기를 나르고 축적해 왔을테지만 플라스틱의 시대 이전에는 대체로 해양 미생물이 빠르게 분해할 수 있는 쓰레기들이었다. 이제는 작게 부서지기만 할 뿐 분해되지는 않는 조각들이 모이게 된 것이다. 이런 조각들은 자연이 씹어 없애기에는 너무 강하다(수전 프라인켈, 2012: 194-195).

　1975년 미국과학아카데미는 매년 선박으로부터 바다에 버려지는 쓰레기의 양이 640만 톤에 이른다고 추산했다. 그리고 그중에 3분의 1은 미국 선박이 버린 것이다. 6,000명의 선원을 태운 항공모함이 6개월간 바다에서 만들어 내는 쓰레기는 1,300톤이 넘었다. 1980년대 해군의 자체 보고서에 의하면 선상에서 만들어지는 폐기물 중 12%는 플라스틱이었다. 이 말은 달리 해석하면 배 한 대가 한 번의 여행에서 버린 플라스틱이 140톤 이상이었다는 의미다. 스스로 인정하듯이 해군은 전 세계 바다에 2,000톤 이상의 플라스틱을 버렸다. 1982년 〈해양 오염 회보〉에 실린 한 연구의 추산 결과에 따르면, 매일 상선에서 바다로 버려지는 플라스틱 용기의 개수는 63만 9,000개에 이른다(찰스 무어·커샌드라 필립스 지음, 이지연 옮김, 2013: 93).

해양 오염 실태가 심각한 단계임을 안 인류는 2017년에 이르러서야 첫 번째 유엔 해양보호회의를 열었다. 193개 회원국의 모든 대표가 이 회의에서 플라스틱 쓰레기를 억제하기로 결의하고 서명한 것은 플라스틱 쓰레기 문제가 얼마나 심각하고 시급한지를 보여주는 장면이지만, 이 결의안에는 추가 조치를 위한 로드맵이 없었다. 심각함을 공히 인정하는 것 말고는 할 수 있는 게 없는 무력한 유엔의 모습을 보여준다(한네 튀겔 지음, 배명자 옮김, 2020: 135).

걸프뉴스닷컴에 따르면 중앙수의학연구실험실의 과학책임자인 울리히 베르너리는 2007년 죽은 낙타와 가축을 버린다고 알려진 외딴 계곡을 조사하다가 죽은 동물 30마리를 발견했다. 부검을 해보니 낙타들의 위에서 석회화된 비닐봉지 뭉치와 밧줄이 나왔다. 그중 하나는 45kg이 넘는 무게였다. 비닐봉지와 1회용 플라스틱 용기 등을 먹은 낙타는 배가 불러 더 이상의 먹이를 찾지 않게 됐고 결국 굶어 죽은 것이다. 그는 현재 아랍에미리트의 낙타 세 마리 중 한 마리가 플라스틱 섭식으로 죽는다고 생각한다. 연구진은 낙타 배에서 나온 플라스틱 덩어리에 '고분자 위석(polybezoar)'이라는 이름을 붙였다. 위석은 자연 상태에서 식물이나 머리카락 등이 소화되지 않고 단단하게 뭉쳐진 결석을 의미하는데, 연구진은 고분자 물질인 플라스틱에 의한 위석이라는 의미에서 이렇게 이름 붙인 것이다. 평균적으로 두바이 사람들은 1인당 연간 1톤 이상의 쓰레기를 만들고 있어서 세계에서 1인당 쓰레기 비율이 가장 높다. 쓰레기 처리 시스템 개발보다 소비량이 훨씬 앞서가니 위협이 될 수밖에 없다. 아랍에미리트에서 플라스틱 섭식으로 인한 희생양은 낙타만이 아니다. 양, 염소, 가젤 등도 희생되고 있다(찰스 무어·커샌드라 필립스 지음, 이지연 옮김, 2013: 291).

세계에서 세 번째로 많은 플라스틱을 소비하는 인도의 우타르 프라데시 주에서는 매일 100마리의 소가 비닐봉지 섭식으로 죽는 것으로 추정된다. 인도에서는 소들을 젖 짜는 시간 외에는 소들이 길에서 음식을 찾도록 풀어주기에, 소들이 쓰레기 더미에서 먹이를 찾다가 봉지에 든 음식 찌꺼기 냄새를 맡고 먹게 된다. 소 구조대원들은 희생된 소의 전형적 사례가 위가 부풀어 있으면서 마른 것이라고 말한다. 죽은 소의 뱃속에서 35kg의 플라스틱 뭉치가 발견된 일도 있을 정도다. 여물을 아끼려는 시도가 만들어 낸 끔찍한 현실이다(찰스 무어·커샌드라 필립스 지음, 이지연 옮김, 2013: 292-293).

인류가 편리함을 위해 만들고 사용한 플라스틱 제품들이 함부로 버려지고, 그것이 파도 등에 의해 잘게 부서진 후 물고기가 먹게 된다. 플라스틱 입자를 먹은 물고기를 인간이 섭취하게 된다. 인류가 버린 플라스틱이 생태계를 거치면서 다시 인간에게로 돌아오는 악순환이 이어지는 것이다. 그 위험함이 서로에게 피해를 주는 상황인 것이다. 플라스틱 수프[10]는 어디에나 있다. 오늘날 플라스틱이 없는 곳은 지구 어디에도 없다. 플라스틱 조각은 바다뿐만 아니

---

10 유엔은 2050년까지 바다는 물반 미세플라스틱반의 '미세플라스틱 수프'로 변하고 있다고 경고한 바 있다.

라 강과 운하에도 있다. 물속에도, 땅 위에도, 심지어 공기 중에도 있다. 주변 환경에 쌓이고 조각조각 부서지고 있는 플라스틱은 이제는 장점보다 단점이 더 보이기 시작했다. 1000종이 넘는 동물이 어떤 형태로든 플라스틱에 영향을 받는다. 동물들은 플라스틱을 삼키고, 플라스틱 때문에 다치거나 질식한다. 모든 플라스틱 쓰레기는 인간에게도 해가 될 수밖에 없다. 불편한 진실이지만 플라스틱 수프로 인해 인간도 병들고 있다. 플라스틱이 건강에 해롭다는 증거는 쌓여만 가고 있다(미힐 로스캄 아빙 지음, 김연옥 옮김, 2020: 9).

진짜 문제는 미세 플라스틱

"바다에 있는 미세 플라스틱은 현재 우리 은하에 있는 별보다 많다. 만약 현재 동향이 계속된다면, 2050년까지 우리 바다는 물고기보다 플라스틱이 더 많게 될 것이다" 이 말은 2018년 세계 환경의 날 기념 연설에서 안토니우 구테흐스 유엔 사무총장이 한 말이다.

　　미세 플라스틱은 일반적으로 5mm 미만 크기의 플라스틱 조각을 말한다. 미세 플라스틱이라는 말이 학계에 처음 등장한 2004년 이후 2010년대 들어 오염 실태와 생태계 영향, 인체 영향 관련 연구가 이뤄지기 시작했다. 그 심각성이 알려지기 시작하면서 유엔환경계획(UNEP)은 2014년 미세 플라스틱 오염을 전 세계 10대 환경 문제 중 하나로 발표한 바 있다. 과학자들은 대체로 미세 플라스틱을 '크기가 100nm(나노미터) 이상, 5mm 미만인 플라스틱'으로 정의한다. '크기 5mm 미만의 플라스틱 쓰레기'라는 미세 플라스틱의 정의에 대한 합의가 이뤄진 것은 2008년으로, 많은 학자들이 나노 플라스틱(초미세 플라스틱)의 정의가 1nm(나노미터) 이상, 100nm 미만이라는 것에 동의하게 되면서 자연스럽게 미세 플라스틱의 하한이 100nm가 됐다. 100nm는 머리카락 굵기의 500분의 1 정도 길이다.[11] '죽음의 알갱이'라 불리는 '미세 플라스틱'은 크기가 워낙 작고 구, 조각, 섬유 등 다양한 형태로 존재한다. 치약이나 화장품에 사용되는 경우와 각종 플라스틱 제품이 부서지면서 생긴다. 직경이 작을수록 그 숫자가 기하급수적으로 늘어나는데, 1차 생산된 플라스틱은 풍화 등을 통해 더 작은 2차 플라스틱을 생성한다. 자연에 존재하는 미세 플라스틱 대부분은 2차 미세플라스틱이다. 이러한 미세 플라스틱은 이제 사람의 발길이 닿지 않는 남극에서까지 발견되고 있으며, 전 세계 소금 90%에서도 미세 플라스틱이 검출됐다. 극지방에 내리는 눈, 미국의 국립공원 지역에 내리는 비에도 미세플라스틱이 포함돼 있으며, 지하수와 수돗물, 생수에서도 미세플라스틱이 검출된다. 어패류를 포함한 다양한 해양생물뿐 아니라 닭, 꿀, 맥주, 천일염, 생수, 의약품 등에서도 미세플라스틱이 확인됐다. 이 음식을 먹고 마시는 인간이 배설한 대변에서도 미세플라스틱이 검출됐다. 인체 내 미세플라스틱 연구는 2018년 10월 오스트리아 과학자들에 의해 진행됐다. 오스트리아, 핀란드, 네덜란드, 영국, 이탈리아, 폴란드, 러시아, 일본에 사는 피실험자 8명은 일주일 동안

---

11 '우린 '미세플라스틱' 피해자이자 가해자'
     김기범·조해람, 〈경향신문〉 2021.1.22. http://m.khan.co.kr/view
     .html?art_id=202101220600035

먹고 마신 것을 기록하고 대변 검사를 받았다. 모두의 대변에서 모래 알갱이만한(50~500㎛) 미세 플라스틱 입자가 나왔는데, 10g당 평균 20개씩이었다. 어떤 경로로 이런 합성 물질이 체내에 들어왔는지는 아직 명확히 밝혀지지 않았지만 피실험자들이 먹은 생선과 해산물을 의심한다(한네 튀겔 지음, 배명자 옮김, 2020, 132).

　　2차 미세 플라스틱에서 가장 많은 비중을 차지하는 형태는 미세섬유다. 해양 심층수에서 가장 많이 발견되는 미세 플라스틱 역시 미세섬유다. 북극의 한대수역 심해에서 채취한 시료에서도 미세 플라스틱의 대부분(약 95%)은 미세섬유였다. 관련 연구에 따르면, 유럽 해양에서 발견된 미세 플라스틱의 60~80%가 미세섬유다. 합성섬유로 만든 의류제품 한 벌을 세탁할 때마다 약 1,900개 이상의 미세섬유 조각이 방출되며 그중 일부는 세탁기에서 여과되기에는 너무 작아 배수구로 배출된다. 미세 플라스틱에는 주변의 독을 자석처럼 끌어당기는 독특한 특징이 있다. 미세 플라스틱은 바다를 떠돌다가 작은 바다 생물 플랑크톤에게 먹히고, 그 플랑크톤은 물고기에게 먹히는 식으로 모든 먹이사슬을 거쳐 결국 마트에 도달하게 된다. 따라서 인체로 미세 플라스틱이 들어오는 것은 불가피하다. 2020년 미국 캘리포니아대 샌타바버라 연구팀이 발표한 논문에 따르면, 지난 10년간 의류 생산, 세탁 과정에서 미세 합성섬유 560만 톤이 환경에 배출됐고, 이 중 290만 톤이 바다 등에 들어간 것으로 추산한다. 타이어 분진도 주요한 미세 플라스틱 가운데 하나다. 인간이 만든 플라스틱 가운데 연간 1,270만 톤의 플라스틱이 바다로 유입된다. 1분당 트럭 1대 분량이다. 그린피스 등 환경단체들은 바다에 5조 개 이상의 플라스틱이 있을 것으로 추정한다. 유엔환경계획(UNEP)에 따르면, 해양쓰레기 중 약 80%는 육지에서 발생하고 나머지 20%는 선박에서 버리는 쓰레기다. 식품의약품안전평가원 자료에 따르면 2012년 지구에서 1년에 생산되는 플라스틱은 2.8억 톤을 넘어서 계속 증가하고 있다. 현 추세대로 플라스틱 사용이 늘어난다면 2050년까지 폐기되는 플라스틱 규모가 120억 톤에 이를 것으로 예상하고 있다.

국제 환경단체 그린피스의 2016년도 보고서에 따르면 홍합, 굴, 대서양 참다랑어, 바닷가재 등 사람들이 즐겨 먹는 170여 종의 해산물에서 마이크로비즈가 검출되었다. 마이크로비즈를 삼킨 해양 생물들은 장폐색, 산화 스트레스, 섭식 행동 장애, 에너지 감소, 성장 및 번식 장애 등 다양한 이상을 겪는다. 그린피스의 2018년 10월 자료[12]에 따르면, 세계 16개 나라 28개 지역의 바닷물로 생산한 소금 표본 가운데 단 두 곳을 제외한 26개 지역의 소금 표본에서 미세 플라스틱이 나왔다.[13] 유엔환경계획(UNEP)는 해양쓰레기의 독성물질이 인체에 유입돼 암 또는 불임을 유발할 수 있다고 경고한 바 있다. UNEP의 해양쓰레기 보고서에 따르면, 해양 생물 267종이 인간이 버린 쓰레기로 피해를 입었다. 또 과학자들은 플라스틱의 악영향을 받는 해양 생물이 약 700종에 이를 것으로 추정한다. 바닷새 10마리 중 9마리, 바다거북 3마리 중 1마리, 고래와 돌고래

---

12 『환경 과학과 기술(*Environmental Science & Technology*)』에 게재된 것.

13 "플라스틱 뱅크'와 '알디'는 왜 플라스틱을 모았을까?"
송소연, *LIFEIN* 2019.8.2. http://www.lifein.news/news/articleView.html?idxno=4456

의 50%는 플라스틱을 먹은 것으로 집계됐다. 국제 환경보호단체 그린피스는 해마다 바닷새 100만 마리와 바다거북 10만 마리가 플라스틱 조각을 먹고 죽는 것으로 추정한다. 바다거북의 경우 플라스틱을 한번 삼키면 토해낼 수 없는 소화기관 구조여서 특히 피해가 크다.[14] 부경대 연구팀이 2019년 국립환경과학원에 제출한 '담수 어류 중 미세플라스틱 실태조사' 보고서에 따르면 낙동강에서도 미세플라스틱이 나온 것을 알 수 있다. 강물에서는 m^3당 112~152개가 발견됐고, 물고기에서는 누치 한 마리당 4.3개, 밀자개는 3.5개, 메기 1.7개, 붕어에서는 0.9개가 검출됐다. 미세플라스틱 입자가 작을수록 농도가 높게 나타났고, 다른 물고기는 위장에서 많이 검출됐지만, 붕어는 아가미에서 많이 검출됐다.[15] 자연계의 미세플라스틱은 먹이사슬을 따라 올라가며 농축된다. 미세플라스틱은 어패류, 천일염, 생수를 통해서도 식탁에 오른다. 미세플라스틱은 생태계 건강을 해치는 위협 요인으로 지적된다. 게다가 유해 화학물질이나 세균, 바이러스 등 병원체를 묻혀 옮기는 역할을 할 수도 있다. 미국 플로리다 애틀랜틱 대학과 우즈홀 해양연구소 연구팀이 발표한 논문에 따르면, 전 세계 해양 플라스틱 표면의 면적은 2만 5,000km^2(남한 면적 25%)이고, 여기에 붙은 세균 숫자는 30해(垓)에

---

14   '인류 위협하는 마이크로비즈'
   노진섭, 〈시사저널〉 2018.8.7. http://www.sisajournal.com/news/articleView.html?idxno=176817

15   '해양 플라스틱 쓰레기에 붙은 엄청난 세균이 건강 위협한다'
   강찬수, 〈중앙일보〉 2020.10.27. https://news.joins.com/article/23904235

이른다(강찬수, 앞의 글).

　상황이 이 정도로 심각해지자 세계가 나설 수밖에 없었다. 2017년 G20 정상회담에서 미세플라스틱 문제 해결을 위해 'G20 해양쓰레기 실행계획'을 채택했다. UNEP(유엔환경계획)에서도 각국 정부에 해양오염과 생태계 파괴의 주범인 미세플라스틱에 대한 규제를 도입할 것을 권고했다. 이에 따라 캐나다는 2016년부터 유해 물질 목록에 5mm 이하의 플라스틱을 추가했고, 2018년부터 미세 플라스틱을 포함한 화장품 등의 제조 및 수입을 금지했으며, 영국은 2018년 해양오염 방지 차원에서 미세 플라스틱 함유 화장품의 생산 및 판매를 금지했다. 미국은 마이크로비즈 함유 제품에 대한 제조 및 유통을 금하고 있다. 이후로는 섬유 등에서 배출되는 미세 섬유도 규제할 예정이다.

　미세 플라스틱이 인체에 미치는 영향에 대한 연구는 아직 많이 이루어지지 않았지만, 미세 플라스틱이 생태계에 미치는 영향을 통해 짐작 가능하다. 인간이 먹이사슬에서 미세 플라스틱에 오염된 해양생물들을 먹는 '최종 포식자'이기 때문이다. 미세 플라스틱의 생태계 영향 연구는 크게 두 범주로 나눈다. 하나는 미세플라스틱 입자 자체가 미치는 물리적 영향이다. 대표적인 것은 미세 플라스틱 섭취로 인한 영양 감소, 내부 장기 손상, 염증 반응 등이다. 플라스틱 입자가 작을수록 더 위험하다. 입자가 작을수록 생체조직의 장벽을 통과해 혈관이나 모세혈관에 침투할 수 있기 때문이다. 다른 하나는, 미세 플라스틱의 화학적 영향이다. 미세 플라스틱에 포함된 첨가제가 침출되면서 생물에 악영향을 미치는 것이다. 플라스틱에 포함된 첨가제 중 프탈레이트, 비스페놀A 등은 대표적인 내분비계교란물질(환경호르몬)이다. 뿐만 아니다. 미세 플라스틱은 다른 유해 물질을 옮기는 매개체가 되기도 한다. 미세 플라스틱에는 니켈, 납, 카드뮴 같은 중금속도 흡착된다. 납은 어린이에 대한 인지능력, 신경행동학적 이상 및 발달장애를 유발하며, 수은은 신장독성과 신경독성을 가지고 있다. 카드뮴은 폐암과 기관지암을 유발하며, 크롬은 만성 노출 시 폐암, 호흡기 천공이나 위축증, 피부궤양을 유발한다. 2019년 호주 연구진은 미세 플라스틱이 지구상의 산소 중 10%가량을 공급하는 박테리아인 프로클로로코쿠스(Prochlorococcus)의 성장과 광합성, 산소 생성을 방해한다는 연구 결과를 발표했다. 연구진이 우려한 것처럼 플로클로로코쿠스가 산소 생성 기능을 이전처럼 활발하게 하지 못하게 될 경우 지구상의 산소 농도 자체가 달라질 수 있고, 이는 생태계와 인간에 예상하기 힘든 피해를 줄 수 있다. UNEP는 2016년 5월 보고서 '해양 플라스틱 쓰레기와 미세플라스틱'에서 "나노 크기의 미세플라스틱은 태반과 뇌를 포함한 모든 기관 속으로 침투할 수도 있다"는 연구 결과를 소개한 바 있다. 또 스위스 프리부르대학 연구진은 2019년 폴리스티렌 기반의 초미세 플라스틱을 다양한 인간세포에 처리하여 분석한 결과 면역 시스템에 영향을 주는 것으로 나타났다고 발표했다. 초미세플라스틱이 세포 소기관인 미토콘드리아까지 침투해 세포 활성을 저하시키고 다른 물질에 의한 독성을 증폭하는 역할을 할 수 있다는 보고도 있다(김기범·조해람, 위의 글).

플라스틱과 기후 위기

『플라스틱 없는 삶』의 저자 위 맥컬럼은 독자들의 이해를 돕기 위해 '숫자로 보는 플라스틱 실태'(윌 맥컬럼 지음, 하인해 옮김, 2019: 55)라는 부분을 마련했다. 그가 정리한 내용을 살펴 보자.

* 코카콜라는 매년 1,200억 개의 플라스틱 병을 만든다.
* 남태평양에 있는 헨더슨 섬은 아무도 살지 않는 무인도인데도 380억 개의 플라스틱 조각이 발견되었다.
* 해마다 3억 3,000만 톤의 플라스틱이 생산된다.
* 매년 1,270만 톤의 플라스틱이 바다로 흘러 들어간다.
* 영국 맨체스터에 위치한 강에는 1제곱미터당 50만 개의 플라스틱 조각이 있는 것으로 밝혀졌다. 이제까지 조사된 지역 중 가장 높은 비율이다.
* 바다로 흘러들어산 플라스틱 병이 분해되기까지 450년이 걸린다.
* 플라스틱은 111년 전에 처음 발명되었다.
* 바닷새 중 90%가 소화기관에 플라스틱이 존재한다.
* 해양 플라스틱 중 80%는 육지에서 왔다.
* 비닐봉지는 53년 전에 처음 생산되었다.
* 1분마다 쓰레기차 한 대 분량의 플라스틱이 바다로 흘러들어간다.

『랩걸』이라는 책으로 널리 알려진 호프 자런은 그의 책 『나는 풍요로웠고 지구는 달라졌다』에서 1969년 이후 전 세계적으로 변화된 것들에 대해 정리한 바 있다. 그 내용은 다음과 같다(호프 자런 지음, 김은령 옮김, 2020: 253-255).

* 인구는 두 배가 되었고

* 아동 사망률은 절반으로 줄어들었으며

* 평균 기대 수명은 12년 늘어났고

* 47개 도시가 1,000만 명 넘는 인구를 자랑하게 되었고

* 곡물 생산량이 세 배로 증가했고

* 제곱미터당 곡물 수확량이 두 배 이상으로 늘어났으며

* 농사를 지을 수 있도록 경작한 토지 면적이 10% 늘어났고,

* 육류 생산량이 세 배 늘었고

* 연간 도살되는 가축의 수가 돼지는 세 배, 닭은 여섯 배, 소는 50% 이상 증가했으며

* 해산물 소비는 세 배가 늘었고

* 바다로부터 잡아들이는 물고기의 수는 두 배가 되었고

* 물고기 양식을 고안해냄으로써 오늘날 먹는 모든 해산물의 절반이 여기에서 나오고 있고

* 해초 생산량은 열 배 증가했는데 그 절반은 하이드로콜로이드 식품 첨가제 형태로 먹고 있으며

* 정백당 소비량은 세 배 증가했고,

* 인간이 매일 만들어내는 폐기물은 두 배 이상 늘어났고

* 버려지는 음식 쓰레기가 크게 늘어나 지구상 영양 부족 상태에 놓인 사람들에게 필요한 식량의 양에 맞먹는 상태이고

* 사람들이 매일 사용하는 에너지의 양은 세 배 늘었고 사람들

이 매일 사용하는 전력의 양은 네 배 증가했으며

* 지구상 인구 20%가 전 세계에서 생산되는 전력의 절반 이상을 사용하게 되었고

* 전기의 도움을 받지 못하고 사는 전 세계 인구가 10억 명에 이르며

* 비행기 승객은 열 배가 늘어난 데 비해 철도 여행자의 전체 이동 거리는 줄어들었고

* 자동차로 여행하는 거리는 두 배 이상 늘어났고

* 지구상에는 10억 대가 넘는 차량이 존재하며

* 전 세계 화석연료 사용량은 세 배 정도 늘었고

* 석탄과 원유 사용량은 두 배, 천연가스 사용량은 세 배가 늘었으며

* 바이오 연료 발명으로 전 세계 곡류 생산량의 20%는 이를 생산하는 데 사용되고

* 플라스틱 생산량은 열 배 늘어났고

* 새로운 플라스틱이 만들어져 매년 화석연료의 10%를 잡아먹고 있으며

* 수력발전으로 만들어지는 전기의 비중은 역대 가장 낮은 수준인 전체 전력의 15% 미만으로 떨어졌고

* 원자력발전으로 만들어지는 전기의 비중은 가장 높은 수준인 6%

* 풍력과 태양력 발전에 의한 전기는 매년 만들어지는 전기의 5% 수준으로 상승했으며

* 화석연료 사용으로 인해 매년 1조 톤의 이산화탄소가 대기 중으로 방출되고

* 지구 표면의 평균 온도는 화씨 1도가량 상승했으며

* 평균 해수면이 10cm 가량 상승했는데, 그 절반 정도는 산맥과
  극지방의 빙하가 녹아내리며 발생한 것이고

* 모든 양서류 및 새와 나비 종의 절반 이상에서, 모든 어류와
  식물 종의 4분의 1에서 개체 수 감소가 일어나고 있다.

여기서 가장 눈에 띄는 것은 '플라스틱 생산량이 열 배 늘어났으며, 새로운 플라스틱을 만들기 위해 매년 화석연료의 10%를 소비하고 있다'는 부분이다. 화석연료를 사용함에 따라오는 결과는 지구온난화다. 지구가 따뜻해지고 있다는 말이다. 아니 뜨거워지고 있다는 것이 정확한 표현이다. 그렇게 뜨거워지면서 해수면이 상승하고, 산호초가 붕괴되며, 이상기후가 나타나고, 전 지구적 사막화가 진행되며, 태풍이 빈발한다. 더 두었다간 지구적 위기가 온다는 문제의식에서 세계는 이산화탄소 줄이기에 나설 수밖에 없다. 플라스틱이 토양과 해양 환경을 오염시키는 원인으로 지목된지는 오래지만, 플라스틱이 막대한 온실가스를 배출하여 기후변화를 일으키는 주범 가운데 하나라는 사실은 그간 잘 인식하지 않았던 사실이다.

우리나라 산업에서 이산화탄소를 가장 많이 배출하는 산업부문은 1위가 제철산업, 2위가 시멘트산업, 3위가 석유화학산업, 4위가 플라스틱 제조업이다. 5위는 제지산업, 6위는 알루미늄산업으로, 1위에서 6위까지의 산업에서 배출하는 이산화탄소 양이 산업부문 전체의 67%에 해당한다(박재용 지음, 2019: 75-96). 플라스틱은 해양을 오염시키는 주범이면서 동시에 이산화탄소 증가에도 큰 몫을 차지한다. 현재 산업부문에서 플라스틱 제조업의 이산화탄소 배

출 비율은 12%로, 전반적인 이산화탄소 배출량에서 차지하는 비중은 3.8%다. 문제는 플라스틱 제조업의 성장 속도가 대단히 빠르다는 점이다. 2010년에서 2015년까지 6년간 플라스틱 생산 증가율은 연 4%에 이른다(박재용 지음, 2019: 88). 세계 플라스틱 생산은 1950년 200만t에서 2015년 4억여t으로 200배 늘어났다. 연평균 증가율이 8.4%에 이른다. 2015년 현재 플라스틱 폐기물의 58%는 버려지거나 매몰되고 18%만이 재활용되고 있다. 플라스틱 유래 온실가스는 수지 생산 단계에서 61%, 가공 단계에서 30%, 소각 등 영구폐기 과정에서 9%가 배출된다.[16] 생산 단계에서의 발생량을 줄이는 것이 매우 중요한 이유다. 석유를 정제해 나프타를 생산하고, 이를 가지고 석유화학 업체에서 폴리에틸렌 등의 원재료로 변환하는 모든 과정에서 지속적으로 이산화탄소가 방출된다. 이른바 탄소발자국[17]을 남기게 되는 것이다.

플라스틱은 탄소 집약적인 생애주기를 갖고 있다. 플라스틱 생산량의 99%가 천연 화석연료를 원료로 한다. 따라서 플라스틱 생산은 석유나 가스를 채굴, 운반하고, 정유 공정을 거치는 과정에서

---

16 '플라스틱 이대로면 2050년께 온난화 주범 된다'
이근영, 〈한겨레〉, 2019.4.17. http://www.hani.co.kr/arti/science/science_general/890370.html

17 탄소발자국(Carbon Footprint): 어떤 것의 생산에서 소비에 이르기까지 직·간접적으로 발생되는 온실가스가 환경에 미치는 전체 영향을 의미한다. 이산화탄소를 만들어 내는 양을 수치화 한 것이다. 온실가스는 여러 종류가 있지만 이산화탄소를 기준으로 그 영향을 환산해 CO2e를 단위로 삼아 표시한다.

발생하는 모든 영향을 수반한다. 엘렌맥아더재단(Ellen MacArthur Foundation)은 세계 석유 소비량의 약 6%가 포장재를 비롯한 플라스틱 원료의 추출 및 생산에 쓰인다고 추정한다. 이는 전 세계 항공 부문 석유 소비량과 맞먹는 양이다. 플라스틱 포장재 생산과 폐기 과정에서 발생하는 환경 영향은 포장재에 담긴 일용소비재 제품의 환경 영향을 크게 증폭시킨다. 영국의 추정치에 따르면, 전체 청량 음료 부문 탄소발자국의 약 24%를 페트병이 차지한다. 유통 과정보다 그 영향이 크다. 최근 보고에 따르면, 플라스틱은 분해되면서 메탄 같은 강력한 온실가스를 환경에 배출한다. 이전에 감안하지 않았던 새로운 온실가스 배출원인 셈이다(그린피스 동아시아 서울사무소, 2019).

미국 샌타바버라 캘리포니아주립대 연구팀은 10개의 전형적인 플라스틱과 5개의 바이오 기반 플라스틱에 대한 자료를 수집하고 다양한 절감 전략에 의한 온실가스 배출의 추세를 분석했다. 전 세계의 플라스틱 유래 온실가스 전체 배출량을 계산하기도 처음이고, 플라스틱 유래 온실가스 배출을 줄이기 위한 전략을 전 지구적 차원에서 분석하기도 처음이라는 이 연구를 통해 플라스틱 유래의 온실가스 배출량이 2015년 1.8기가이산화탄소톤($GtCO_2$)에서 2050년에는 $6.5GtCO_2$으로 증가할 것으로 추정하며, 2015년 플라스틱 온실가스 배출량의 비중은 전체의 3.8%이지만, 플라스틱 생산 증가 추세가 지속된다면 2050년께는 세계 잔여탄소배출허용총량(carbon budget)[18]의 15%까지 늘어난다고 밝혔다(이근영, 위의 글). 최근 6년

---

18 '잔여탄소배출허용총량'은 지구 온도가 산업화 이전 대비 1.5도 상

간(2010-2015년) 플라스틱 생산량은 연평균 4%씩 증가해, 2015년에 4억700만t에 이른 것을 기반으로 한 연구로, 플라스틱이 기후변화에 미치는 영향이 대단히 강력하다는 것을 알려준다.

플라스틱 유래 온실가스 배출을 줄이는 방법은 없을까. 있다. 가장 손쉬운 방법은 재활용하는 것이다. 샌타바버라 캘리포니아주립대의 산업생태학자 로런드 가이어 계산에 따르면 2018년 현재 세계 플라스틱의 90.5%는 재활용되지 않고 있기에 재활용을 한다면 그만큼 온실가스 배출을 줄일 수 있는 것이다. 두 번째 방법은 바이오 기반 플라스틱(친환경 플라스틱)의 비중을 높이는 것이다. 친환경 플라스틱 재료가 되는 작물은 성장 과정에 이산화탄소를 흡수한다. 친환경 플라스틱을 퇴비화할 경우 다시 이산화탄소가 대기 중으로 배출되지만, 친환경 플라스틱은 전반적으로 탄소 중립적인 소재이다. 세 번째는 플라스틱 수요의 증가를 제한하는 것이다. 다만 어려운 작업이라는 문제가 있다. 저렴하고 다용도인 플라스틱의 장점을 대체할 소재가 아직 나오지 않았기에 쉽지 않은 문제라는 것이다. 어쩌면 플라스틱 유래 온실가스 배출을 획기적으로 줄일 유일한 방안은 연구팀이 밝힌 바와 같이 재생에너지 도입과 재활용, 수요관리 정책을 동시에 적극적으로 펼치는 것만이 방법일지 모른다. 동시적인 노력이 펼쳐질 경우에만 '2050년 온실가스 배출량을 2015년 수준으로 동결할 수 있다'고 하니 말이다.

승에 그치도록 하기 위해 허용되는 탄소배출량의 최대치를 의미한다.

우리의 현황

2016년 통계청의 자료에 따르면 우리나라의 1인당 플라스틱 연간 사용량은 98.2kg으로 세계 1위다. 환경부에 따르면 우리나라의 1회용 비닐봉지 연간 사용량은 211억 개에 달하고, 1회용 빨대와 1회용 플라스틱 컵 사용량은 각각 100억 개, 257억 개에 이른다. 참 다양한 분야에서 세계 1위를 기록하고 있지만 플라스틱 연간 사용량까지 1위라니. 이런 불명예는 기록하지 않았으면 하는 마음이다.

환경부에 따르면 2020년 상반기 생활 폐기물은 5천349t이다. 전년 동기 대비 11.2% 증가했다. 그 중 플라스틱류는 734t에서 848t으로 15.6% 늘었다. 사용이 제한됐던 일회용품 사용을 코로나 사태 이후 일시적으로 풀어줬기 때문이다. 그 불가피성을 이해하면서도 폭발적 증가를 보는 마음은 편하지 않다. 그간 우리 국민들은 나름 상당한 수고와 노력을 마다하지 않으며 재활용을 위한 각종 노력을 경주해 왔다. 하지만 그 노력이 얼마나 가치있는 결과를 가져왔는지를 돌아보면 평가가 조금 애매해진다.

환경부의 '생활쓰레기 연도별 선별 수량 대비 재활용률 현황' 자료에 따르면, 폴리에틸렌(PE), 폴리프로필렌(PP) 등 플라스틱 제품 선별량 대비 재활용률은 2015년 58%에서 2019년 41%로 감소하는 추세다. 선별량이란 재활용 선별장에 반입된 후 절차를 거쳐 재활용 대상으로 선별된 수량을 의미한다. 반면 플라스틱 제품 발생량은 나날이 느는 추세다. 2015년 43만3,686t이었던 폴리에틸렌(PE), 폴리프로필렌(PP) 선별량은 2019년 57만7,478t으로 늘었지만, 같은 기간 재활용되는 수량은 25만1,451t에서 23만4,629t으로 줄었다. 2019년 기준 34만여t이 그냥 버려진 것이다. 비닐류도 2015년 선별 재활용률이 77%에 달했지만 2019년엔 54%로 떨어졌다. 플라스틱 쓰레기 발생, 선별 등 재활용 전 단계에서 더 적극적인 감축 정책이 필요함을 알려주는 통계다. 그런데 업계에선 실질 재활용률이 떨어지는 이유를 '현실을 제대로 반영 못하는 통계'에서 찾는다. 재활용은 크게 분리배출과 수거-선별-처리의 3단계로 이뤄진다. 각 가정에서 폐기물을 분리, 배출하면 수거업체에서 재활용센터 등 선별장으로 운반하여, 선별업체가 재활용할 가치가 있거나 돈이 되는 품목만을 골라내고 나머지는 소각하거나 매립한다. 재활용률 통계는 1단계인 분리배출을 통해 재활용센터 등으로 운반되는 비율을 의미하는데, 분리배출 단계에선 이물질이 많은 폐기물을 걸러내는 별도 선별 작업이 포함되지 않기 때문에 표면적으론 재활용률이 높을 수밖에 없다는 것이다. 심지어 소각, 매립 등 처리단계에서의 통계는 아예 관리조차 하지 않고 있다.[19]

한국은 분리수거가 잘 이무어지고 있는 국가 중 하나로, 국내에서 하루 평균 발생하는 1인당 생활 폐기물 약 930g 중 재활용가능자원의 분리 배출율은 69.1%다(환경부, 2017). 2017년 환경부가 발표한 '제5차 전국폐기물통계조사'에 따르면 배출량은 경제협력개발기구(OECD) 국가 평균(1,425g)의 절반 수준이고, 재활용률은 독일에 이어 세계 2위였다. 우리나라 소비자들은 플라스틱을 많이 쓰

---

19 '분리수거된 플라스틱 1년 57만 톤…34만 톤은 그냥 버려져' 차창희, 〈매일경제〉 2020.11.1. https://www.mk.co.kr/news/society/view/2020/11/1119956/

는 만큼 잘 버리려고 노력한 것이다. 하지만 기억해야 할 것은 우리가 분리 배출한 플라스틱이 모두 재활용되는 것은 아니라는 점이다. 재활용가능자원의 시설 반입량을 기준으로 측정한 2016년도 국내의 재활용률은 58.5%이지만, 재활용제품 생산량을 기준으로 산정한 실질 재활용률은 20.8%이다(국립환경과학원, 2018).

유럽 플라스틱고무산업 제조자협회(EUROMAP)가 발표한 '세계 63개국의 포장용 플라스틱 생산량 및 소비량 조사 보고서'(2016)에 따르면 한국은 2015년 기준 1인당 연간 플라스틱 소비량이 132.7kg이다. 벨기에(170.9kg)와 대만(141.9kg)에 이어 3번째로 많은 플라스틱 소비량을 보이고 있다. 참고로 미국은 93.8kg, 일본 65.8kg, 프랑스 65.0kg 등이다(EUROMAP, 2016). 플라스틱을 많이 사용하다 보면 당연히 쓰레기도 많을 수밖에 없다. 2016년 기준 국내 플라스틱(합성수지, 합성섬유, 합성고무를 모두 플라스틱 범위에 포함) 원료 생산량은 2,100만 톤, 수요량은 1,100만 톤, 플라스틱 폐기물 발생량은 1,010만 톤이다(한국환경산업기술원, 2018). 그야말로 천문학적인 규모다.

환경운동연합에 따르면 우리나라의 플라스틱 사용량은 2018년 기준 632만 톤으로 500ml 페트병 4,517억개를 쌓아놓은 무게와 같다. 국내 플라스틱 사용량은 지난 2011년 534만 톤에서 해마다 늘어나 지난 2017년에 660만 톤으로 정점을 이룬 후 다행히 줄어들어 2018년에는 632만 톤을 기록하고 있다. 이는 "500ml 페트병으로 우리 나라 국토를 다섯 번이나 뒤덮을 만한 양"이라고 환경운동연합은 분석하고 있다. 한국 그린피스의 2019년 "플라스틱 대한민국-플라스틱의 유혹" 조사에 따르면, 한국에서 배출되는 플라스틱 페트병, 컵, 비닐봉투 쓰레기는 연간 약 58만 톤, 1인당 약 11.5kg

이다. 페트병 49억 개(71,400톤), 플라스틱 컵 33억 개(45,900톤), 비닐봉투 235억개(469,200톤 종량제 봉투 20L로 한반도의 70%를 덮는 면적)이다. 정리하자면, 국민 1인 당 1년에 페트병 65개, 플라스틱 컵 65개, 비닐봉투 460개를 버리는 셈이다. 이 많은 플라스틱 분해되려면 얼마나 걸릴까? 연구 결과 500ml 플라스틱 한 개가 분해되는데 통상 500년이 걸린다고 하지만 500년도 추측일 뿐이다. 정확히는 아무도 모른다. 매우 긴 세월이 필요하다는 사실만 분명하다. 1973년에 발명된 페트병이 다양한 분야에서 사용되고 있지만, 어떤 페트병도 아직 완전히 썩지 않았다.

　　해마다 플라스틱 사용량이 느는 것은 1회용품 사용 증가와 함께 택배 수요의 영향이 크다. 소셜커머스 대중화, 로켓배송, 총알배송 등의 이름으로 불리는 택배수요 급증으로 인한 택배 포장 쓰레기 물량은 실로 엄청나다. 재활용도 그다지 많이 하는 상황이 아니다. 생산자책임재활용제도(EPR, Extended Producer Responsibility)[20] 포장재의 경우 독일 98%, 네덜란드 95%, 노르웨이 93%, 스웨덴 90% 수준의 재활용률을 보이고 있는 반면 우리나라는 70%에 불과하다. 국내 1인당 택배 건수는 2017년 44.8건으로 세계 1위다. 같은 기간 미국 34.6건이나 일본 29.8건, 중국 29.1건 보다 더 많으며, 2000년 2.4건 대비 19배나 증가한 수치다(이정임·정혜윤, 2019: 9). 이러한 택배포장에 사용되는 스티로폼, 은박보냉백, 에어백, 포장비닐

---

[20]　재활용이 가능한 폐기물의 일정량 이상을 재활용하도록 생산자에 의무를 부여하는 제도로, 2003년부터 본격 시행되었다. 재활용의 물량을 이행하지 못하는 생산자는 폐기물의 회수 및 재활용 비용의 최고 1.3배에 달하는 재활용 부과금을 부담해야 한다.

등이 과도하게 사용된다는 문제가 있다.

우리나라는 해안쓰레기 모니터링을 통해 해양쓰레기의 발생 종류 등을 파악하고 있다. 2개월에 한 번씩 동, 서, 남해 연안 40곳을 대상으로 하는 정기조사를 실시하고 있는데, 이에 따르면 국내 해안쓰레기는 2017년 기준 9,793kg이 발생됐다. 이는 2015년 16,710kg, 2016년 11,835kg 보다 줄어든 결과다. 이 가운데 플라스틱류 쓰레기가 58%를 차지하며 다음으로는 스티로폼 13%, 목재 7%, 유리 5%, 흡연/불꽃놀이 4% 순이다. 해안쓰레기 가운데 플라스틱류 쓰레기 발생량은 2013년 2,602kg 이후 2016년에는 4,574kg까지 계속 증가하는 추세였다가 2017년 3,835kg으로 감소했다(이정임·정혜윤, 2019: 13). 전체 지역이 아닌 표본을 통한 것이니 전체 발생량을 파악할 수는 없으나, 이 가운데 플라스틱류 쓰레기가 58%이며 스티로폼 13%까지 더하면 71%나 된다는 것이 중요하다.

경기연구원이 2019년 경기도민 1,000명을 대상으로 모바일 설문조사를 실시한 결과[21]에 따르면, 응답자의 94% 이상이 플라스틱 폐기물이 환경에 미치는 영향이 '심각하다'고 응답하여 대부분 심각하다고 인식하고 있었다. 세부적으로는 '매우 심각하다' 56%, '심각하다' 38%, '보통이다' 5.3%, '영향이 미미하다' 0.4%, '영향을 미치지 않는다' 0.3% 순이다. 플라스틱 폐기물로 인해 발생되는 가장 큰 문제로는 환경오염 46.8%, 환경호르몬 22.1%, 미세플라스틱 21.9%, 처리비용 6.6%, 자원낭비 2.6% 순으로 답변했다.

---

21 경기도민 1,000명을 대상으로 2019년 4월 9~10일 플라스틱폐기물에 대한 인식조사 실시(모바일 설문조사, 95% 신뢰수준, 오차범위 ±3.10P).

미세플라스틱 문제가 '심각하다'고 응답한 비율은 전체 96%로, 세부적으로 보면 '매우 심각하다' 59.9%, '심각하다' 36.2%, '보통이다' 3.6%, '별로 심각하지 않다' 0.2%, '전혀 심각하지 않다' 0.1% 순이었다. 플라스틱 제품의 사용이 미세플라스틱 발생에 미치는 영향에 대한 설문에서는 93%가 영향이 큰 것으로 인식하고 있었다. 세부적으로는 '매우 크다' 54.2%, '크다' 38.5%, '보통이다' 6.1%, '영향이 미미하다' 0.9%, '영향을 미치지 않는다' 0.3% 순이다.

또한 대부분의 응답자(93%)는 플라스틱 폐기물이 현재 환경적으로 '안전하게 처리되고 있지 않다'고 생각하고 있었다. 또한 플라스틱 제품 사용이 증가하는 주 원인으로는 '상품포장 용기의 플라스틱 사용량 증가(46.7%)', '간편화된 라이프 스타일로 변화(38.1%)'를 각각 꼽았다. 플라스틱 제품의 환경영향을 줄이기 위해 과반수(56%)는 '대체물질의 개발 및 사용'이 필요하다고 응답했으며, 응답자의 70%는 추가적인 비용이 들더라도 플라스틱 사용제품 대신 친환경소재 제품을 사용하겠다고 응답했다.

이 설문조사의 결과를 보면, 경기도민 대부분은 플라스틱으로 인한 환경오염 문제에 대해 충분히 인지하고 있으며 그것의 발생 원인과 대안 등에 대해서도 명확한 인식을 하고 있다. 다른 지역을 대상으로 조사를 해도 마찬가지 결과가 나올 가능성이 커보인다. 문제의 심각성에 대한 인식은 일반적이라 해도 무방해 보인다. 진짜 문제는 인식에서 그쳐서는 안된다는 점이다. 구체적인 변화를 모색해야 하며 그것은 당장 실현되어야 한다는 것을 생각해야 한다.

주목해야 할 것은 추가 비용이 들더라도 플라스틱 제품이 아닌 친환경소재 제품을 사용하겠다는 응답이 70%라는 점이다. 그렇지 않겠다고 응답한 비율은 6.1%에 불과하다. 게다가 친환경소재 제품에 지불 가능한 추가비용의 범위 질문에 60%의 응답자가 기존제품 대비 10~20%의 추가 비용을 지불할 의사가 있다고 밝혔다. 21.4%의 응답자는 20~40% 추가 비용을 지불할 의사가 있는 것으로 나타났다. 이는 생산 단계에서부터 플라스틱 폐기물을 저감하거나 회수하는 기업의 노력이 있다면 극복 가능한 방향이라는 사실을 말해주는 대목이다.

플라스틱 문제 해결 방안은 없을까?

『사이언스 어드밴스 저널』에 게재된 논문 「플라스틱의 생산과 이용, 운명」에 따르면 1950년부터 65년 동안 인류는 플라스틱을 약 83억 톤 사용했다. 그 중 단 9%만이 재활용되었는데, 나머지 91% 중 79%는 매립되거나 쓰레기로 방치됐고, 12%는 소각 처리됐다.[22] 500년 이상 썩지 않는다는 플라스틱을 이대로 방치할 수는 없다. 이제 우리는 91%의 플라스틱 문제에 어떻게 대처해야 할까? 플라스틱 생산량은 1950년 연간 2백만 톤에서 2015년 407백만 톤으로 65년 동안 2백 배 이상 증가했으며, 현재의 추세대로라면 2050년이 되면 플라스틱 생산량은 1,503백만 톤이 될 전망이다.[23] 플라스틱

---

22 ''9%', '91%' 플라스틱 – 숫자로 보는 플라스틱 재활용'
송소연, *LIFEIN* 2019.10.5. http://www.lifein.news/news/articleView.html?idxno=4854

23 '플라스틱 쓰레기 문제 어떻게 해결해야 하나'

사용량을 줄여야 한다는 당위적인 인식은 늘어가지만, 플라스틱 생산량은 앞으로도 크게 증가할 것으로 보이기에 문제의 심각성이 깊어진다. 고민없이 대안을 생각할 수 없고, 대안을 떠올리면 실천으로 이어져야 할텐데 편리함과 경제적 이익에 충실해 온 인류가 충실하게 그 방향으로 나갈 수 있을지에 대해선 회의적이다.

환경부 분리배출 표시지침은 플라스틱과 비닐의 재질 구분을 고밀도폴리에틸렌(HDPE), 저밀도폴리에틸렌(LDPE), 폴리프로필렌(PP), 폴리에틸렌(PE), 폴리스티렌(PS), 기타(OTHER) 등 6가지로 한다. 문제는 이런 분류에 대해 일반인들이 충분한 인식을 하기가 쉽지 않다는데 있다. 나름 재활용을 위해 분리 배출을 열심히 했지만 재활용 되지 않는 경우가 많다는 말이다. 즉석밥의 대명사인 햇반 용기는 재활용이 불가능하다. 전자레인지에서 밥을 데워야 하는 특성상 플라스틱에 산소차단 물질을 넣어야 해서 '플라스틱 OTH-ER'로 분류되기 때문이다. 각종 라면봉지와 과자봉지도 '플라스틱 OTHER'다. 복합 재질 플라스틱은 다른 플라스틱 제품으로의 물질 재활용이 어렵다. 갈색이나 초록색인 맥주 페트병은 재활용할 수는 있지만 쉽지 않다. 색깔이 들어가 있고, 나일론을 겹쳐 만들기 때문에 쓰임새가 제한적이기 때문이다. 신선도를 유지하기 위해 여러 재질을 감싸서 분리하기도 어렵다. 환경을 생각한다면 캔으로 마시는 게 더 낫다. 편의점에서 파는 커피컵이나 요구르트컵은 어떨까. 뚜껑을 분리하지 않는 한 재활용은 어렵다. 알루미늄 같은 금속 성질의 뚜껑을 분리하지 않고 그냥 버리니 재활용이 어려운 것이다.

이진백, *LIFEIN* 2019.7.23. http://www.lifein.news/news/articleView.html?idxno=4320

재활용 마크가 붙어 있다고 해서 다 재활용 되는 게 아니라는 말이다. 소비자들은 그 마크를 보고 믿는다. 그래서 불편에도 불구하고 성의껏 분리하여 배출한다. 하지만 그 노력에 부응하지 못하여 실제로는 재활용되지 않는다는 사실을 알면 누가 재활용을 위한 분리 배출을 하겠는가. 이는 복합 재질을 사용하는 생산자의 잘못이기도 하고, 정책 당국자의 인식 부족 때문이기도 하다.

한국포장재재활용사업공제조합에 따르면 국내 생산된 페트병 중 재활용이 쉬운 제품은 2015년도 기준으로 전체의 1.8%에 불과하다. 반면, 일본은 분리 배출된 폐플라스틱 중 80%가 재활용이 가능하다. 단일재질에 투명한 데다 상태도 깨끗해 처리 비용이 적게 든다. 그래서 업체들의 선호도가 높은 일본 폐플라스틱은 2019년 상반기에 약 3만 5천 톤이 수입됐다. 2017년 전국폐기물 발생 및 처리현황에 따르면 전국 폐플라스틱 발생량은 5년간 지속적으로 증가해 2017년도 발생량은 연간 약 8백만 톤이었다. 폐플라스틱의 구성비는 사업장시설계 폐기물이 54%, 가정생활폐기물이 27%, 사업장생활계 폐기물이 10%, 건설폐기물이 8%였다. 플라스틱 폐기물의 70% 이상이 사업장에서 발생하고 있는 셈이다. 정부는 2018년 5월, 2022년까지 일회용컵과 비닐봉지 사용량을 35% 줄이고 추후 플라스틱 폐기물 발생량을 50% 감소시키기 위한 '재활용 폐기물 관리종합 대책'을 발표한 바 있다. 발표로 그쳐서는 안될 심각한 상황에 와 있음을 당국자와 소비자는 모두 깨달아야 할 것이다. "페트병이 재활용된다는 믿음이 죄책감 지우개 역할을 한다"는 말은 『플라스틱 사회』의 저자 수전 프라인켈의 말이다.

문제가 심각하므로 대책을 세워야만 한다. 가장 좋은 건 플라스틱을 사용하지 않는 것이지만 이미 편리함에 익숙해 있는 인류에게 쉽게 권할 수 있는 방법이 아니다. 그렇다면 어떻게 해야 할까. 더 합리적이고 더 안전한 방법을 찾아가는 수밖에 없다. 없앨 수 없다면 잘 사용하고, 잘 재생하며, 줄이는 방법 말고는 다른 대안이 없다. 그래서 제안되는 방법이 보증금제도, 플라스틱 생산 및 포장방식 변경, 혼합플라스틱 재활용 기술 개발 등이다. 하나씩 살펴 보자.

① 보증금 제도 활성화

한 번 사용된 플라스틱 제품들을 재사용이 가능하려면 제대로 수거해야 한다. 재활용되지 못하고 폐기되는 플라스틱이 없도록 제대로 수거하고 관리하는 과정이 절실한 것이다. 재활용 수거 비율을 높이는 강력한 유인책 가운데 하나가 보증금제도다. 지구를 살리자거나 환경을 생각하여 재활용을 잘 하자는 당위적인 캠페인만으로는 안된다는 말이다. 유럽연합(EU) 가입국 중 플라스틱 포장재 배출량 1위인 독일이 이 보증금제도를 시행해서 높은 재활용률을 기록하고 있음은 알려진 일이다. 독일은 지난 2003년부터 보증금제도를 운영하며 포장재 재활용을 위해 노력해왔다. 소비자는 음료를 구입할 때 용기에 대한 보증금을 지불하고, 반환 시 용기 재질에 따라 0.08~0.25유로(한화 약 103~320원)의 보증금을 돌려받는 방식이다. 재활용에 동참하며 즉각적인 보상을 받을 수 있으며, 거의 모든 마트에서 빈 병 반환이 가능하도록 환경이 조성되어 접근성도 높다. 소비자 입장에서는 동참하지 않을 이유가 없는 것이다. 독일이 95%에 달하는 높은 공병 재활용률을 기록할 수 있는 이유다.[24]

---

24 '플라스틱 문제 해법, 관점 바꾸니 보인다'

우리나라에도 보증금제도가 존재한다. 1985년 공병보증금제도가 도입되어 소주병과 맥주병을 마트에 가져가면 각각 100원, 130원을 돌려준다. 그러나 유리병과 같이 재활용이 가능한 페트병이나 금속캔은 보증금제도의 대상이 아니라는 점이 한계로 지적된다. 2002년 도입됐던 일회용 컵 보증금 제도는 2008년 폐지됐다. 취지는 분명 좋지만 독일같이 보증금제도가 잘 정착된 사례와 비교하면 미흡해 보인다. 하지만 보증금제도는 소비자에게 강력한 보상에 따라 재활용에 동참하도록 이끈다는 점에서 더 장려되고 확대될 필요가 분명하다.

② 재활용하기 쉽게 만들기

경제협력개발기구(OECD)의 통계에 따르면, 한국은 2013년 기준으로 독일(65%)에 이어 2번째로 높은 재활용률(59%)을 나타내고 있다. 매우 긍정적인 모습이지만 더 들어가 보면 재활용제품 생산량을 기준으로 한 실질 재활용률은 현저하게 떨어진다. 잘 모아서 대충 버린다는 말이 그른 것이 아닌 현실이다. 잘 모아도 잘 활용하지 못하는 이유가 뭘까. 결국 소재의 단일화가 이루어지지 않았기 때문이다. 복합재질은 재사용이 쉽지 않은 게 현실이다. 시민들이 힘겹게 잘 모아온 폐플라스틱을 재사용하지 않으면 결국 그 수고는 아무 의미가 없는 게 아닌가. 그렇기에 재활용이 가능하도록 포장방식을 바꾸고 제품의 소재를 단일화 할 필요가 절실한 것이다.

통상 플라스틱이라 불리는 물질은 폴리에틸렌(PE), 폴리프로필

노윤정, *LIFEIN* 2020.11.14. http://www.lifein.news/news/articleView.html?idxno=5229

렌(PP), 폴리스티렌(PS), 폴리비닐클로라이드(PVC), 폴리에틸렌테레 프탈레이트(PET), ABS(Acrylonitrile Butadiene Styrene, 아크릴로니트릴 부타디엔 스타이렌) 등 다양한 재질과 형태를 갖고 있다. 우리 눈에는 다 같은 플라스틱으로 보이겠지만 소재에 따라 공정도 결과물도 달라진다. 서로 다른 재질을 결합하여 사용한 경우 어디에도 속하지 못해 폐기하고 마는 경우가 허다한 것이다. 그래서 독일, 영국, 프랑스는 플라스틱 포장재 중에서 PE, PP 단일재질과 몸체에 사용하는 용기만 허용하고 있으며 PE, PP 이외의 재질과 복합재질은 사용을 금지하고 있다. 독일에서는 검정색 플라스틱 포장재도 사용하지 못한다.[25]

포장 방식은 또 어떤가. 플라스틱을 가장 많이 사용하는 부문이 포장재(44.8%, 2002~2014 기준, OECD)인데, 플라스틱 재질은 다양하고 2가지 이상의 재질이 섞여 있을 경우 재활용 원료의 품질이 떨어지고 선별하는 데 인력과 비용이 든다. 그래서 그 좋은 재생자료를 갖고도 실질적으로는 사용하지 못하는 경우가 발생하는 것이다. 우리가 일상에서 많이 사용하는 세제나 샴푸 용기, 음료수병을 보라. 몸체와 뚜껑, 라벨의 재질이 모두 다른 경우가 많다. 라벨의 경우 접착제가 제거되지 않으면 재활용이 안 된다. 제품의 디자인 단계부터 재활용을 고려해야 하는 이유다. 재활용을 하고자 해도 섞인 재질로 인해 폐기하고 만다면 눈 앞의 자원을 낭비하는 것이 된다. 결국 단일 소재로 만들고, 과대포장을 줄이며, 포장재 사용 자체를 줄이는 것이 해답일 수밖에 없는 것이다. 다행히 우리나라에서

---

25 『포장검사 기준 및 포장제도 개선 방안 연구 최종보고서』, 2018. *LIFEIN* 2020.11.14.에서 재인용.

도 나름 새로운 시도를 하며 극복을 위한 노력을 기울이는 모습이 보인다. 묶음으로 파는 생수의 경우 라벨을 아예 제거한 상태로 판매한다거나 하는 일 말이다. 그럼에도 아직 멀었다는 평가는 불가피하다.

③ 혼합플라스틱 재활용 기술 개발

폐플라스틱 선별 과정을 줄여 실질 재활용률을 높이기 위해 혼합 플라스틱 재활용 기술을 키울 필요가 있다. 혼합되어 있는 폐플라스틱을 그 상태 그대로 재가공하고 재사용하자는 말이다. 재질이 다른 플라스틱을 분류해 각 재질별로 공정하는 기술은 이미 있다. 다만 품질 좋은 재활용 원료로 만들기 위한 선별 과정에 들어가는 인력과 시간, 비용이 장벽이기에, 많은 폐플라스틱이 재활용되지 못하고 버려지고 있는 것이다. 폐기되는 플라스틱 양을 줄이기 위해 최근 종류별로 분리하지 않은 혼합 플라스틱을 적절한 품질을 가진 재활용 제품으로 탄생시키는 기술이 개발되고 있지만 아직은 양질의 물질재활용이 가능한 수준까지 도달하지는 못했기에 아쉬움이 있을 뿐이다. 기술개발이 진보하기 전까지는 혼합 플라스틱의 양을 줄이는 것 말고는 다른 방법이 없다.

④ 인식 개선

결국은 플라스틱에 대한 인식의 개선이 가장 중요한 것이다. 폐플라스틱의 양이 증가함에 따라 폐기 문제에 대한 고민도 늘고, 그것이 갖는 위험성에 대한 고민도 늘었지만 여전히 플라스틱 쓰레기를 대하는 일반의 입장은 정부 정책 및 기업의 사회적 책임이라는 인식이 팽배했던 것이 사실이다. 내 일이라는 생각보다는 정책당국자의 책임이라는 논리가 더 크게 작용했다는 말이다. 편리함에 길들여지면서 이전에는 사용하지 않던 분야까지도 플라스틱으로 대체하는 일이 증가함에 따라 무한정한 자원이 아니며, 게다가 철저한 대책도 없는 상태에서 지나치게 많이 사용한 소비자의 탓도 상당하다는 인식이 필요하다는 말이다. 모양을 좋게 하기 위해, 또는 더 그럴듯해 보이도록 하기 위한 과시적 포장재의 과다 사용에 대해 문제의식 없이 동조하고 지낸 시간의 길이만큼 지구는 더 심각한 후유증으로 내몰리고 있는 것이다. 그야말로 꼭 필요한 곳이 아니면 사용하지 않겠다는 다짐이 지구촌 모든 이에게 있어야만 미래를 기약할 수 있다는 말이기도 하다. 인식이 바뀌지 않으면 길은 없다. 소비자의 인식 개선만이 답은 아니다. 만들고 유통하고 사용하는 모든 주체의 각성이 절실하다. 과잉 생산을 자제하고, 재활용이 쉽도록 제작하며, 포장재를 줄이고, 자원순환 체계를 만들기 위한 당국자의 노력이 동시에 모두 이루어져야만 하는 것이다. 결국 모든 사용자의 각성이 필요한 일이라는 말이다. 아주 과격해 보이는 주장을 하자면 플라스틱 없는 삶을 살 각오가 없으면 지금의 위기를 타개하는 일은 요원한 일일 수밖에 없다.

심지어 지금은 코로나 시대가 아니던가. 이전에 조심하던 습관과 행동과 노력마저 부정할 수밖에 없을 만큼 대량으로 발생시키는 중이 아니냐는 말이다. 적어도 몇 년은 더 빨리 소진하고 있으며, 더 빨리 악화시키고 있는 인류에게 남은 과제는 더 지독하게 노력하는 것 말고는 방법이 없다.

플라스틱 세상을 넘기 위한 시도들

플라스틱 뱅크는 2013년 데이비드 카츠가 만든 캐나다의 사회적기업이다. 데이비드는 해양 플라스틱의 80%는 재활용 인프라가 없는 개발 도상국에서 생산된다는 점을 주목했다. 플라스틱 뱅크는 플라스틱 쓰레기로 해양 오염이 심각한 저개발국가의 빈곤층이 바다에 버려진 플라스틱을 수거해오면, 그 양만큼 디지털 토큰으로 보상해 주는 사업을 진행하고 있다. 현재 아이티, 필리핀, 인도네시아에 플라스틱 뱅크 지점이 있다. 지점에서는 폐 플라스틱과 바꾼 디지털 토큰으로 생필품과 음식, 학비, 취사용 연료 등 필요한 모든 것을 교환하여 살 수 있다. 이 과정에서 필리핀 마닐라 만 근처 도로, 강, 해변에 버려진 많은 양의 플라스틱을 제거할 수 있었다. 수집된 플라스틱은 재활용되어 소셜 플라스틱(Social Plastic®)이라는 이름으로 국제적으로 판매 된다. 2014년 처음 화장품 브랜드 러쉬(LUSH)가 소셜 플라스틱을 사용했고, 2017년부터 글로벌 기업인 헨켈(Henkel)은 매년 1억kg의 소셜 플라스틱을 사용하고 있다(송소연 2019.8.2.).

네덜란드의 데이브 하켄스는 '소중한 플라스틱'이라는 해결책을 내놓았다. 그는 누구라도 세계 어디에서나 자신만의 미니 재활용회사를 시작할 수 있다고 생각한다. 하켄스는 간단한 기계를 만들었다. 하나는 플라스틱 쓰레기를 작게 자르고 다른 기계는 플라스틱 조각을 녹인다. 녹인 다음에는 두 가지 방법이 있다. 녹은 플라스틱을 틀에 넣어 쓸모 있는 물건을 만들거나 3D 프린터에 사용하는 필라멘트로 만들 수 있다. 그가 만든 장치는 설계도를 온라인에서 구할 수 있고 조립하기도 쉽다. 이렇게 해서 플라스틱 쓰레기로 새로운 물건을 만들어 팔고 싶은 사람들에게 사업 진입 문턱을 낮췄다. 그의 아이디어는 현재 세계 곳곳에서 사용되고 있다(미힐 로스캄 아빙 지음, 김연옥 옮김, 2020: 97).

같은 맥락에서 서울환경연합에서는 '플라스틱 방앗간'이라는 프로젝트를 진행하고 있다. 재활용 과정에서 사용되지 못하고 버려지는 작은 플라스틱을 모아 새로운 업사이클링[26] 제품을 만드는 것이다. 플라스틱은 사용하지 않는 게 가장 나은 방법이지만 불가피하게 이미 사용된 것이라면 재활용이 낫다는 생각에 진행되는 프로젝트다. 폴리프로필렌(PP)과 고밀도폴리에틸렌(HDPE)으로 만들어진 병뚜껑이나 병목걸이, 스팸뚜껑이나 제습제뚜껑, 치약뚜껑 등 크기가 작은 플라스틱을 모아 분쇄하고 녹이고 재가공하여 치약짜개를 만든다. 일회용품을 다회용품으로 변신시키는 것이다. 물론 이것이 플라스틱 문제의 근본 해결책은 아니지만 이런 노력과 시도조차 없다면 플라스틱 문제 해결의 방향은 잡히기 어렵지 않겠는가.

보얀 슬랫이라는 네덜란드의 청년이 고등학생 시절 그리스의 바닷가로 피서를 갔다가 바닷 속 쓰레기에 놀라 시작된 비영리단체가 '오션클린업'이다. 보얀 슬랫은 지난 몇 년간 해양쓰레기를 없앨 아이디어를 온라인에 소개하고 동참을 호소한 결과 400억이 넘는 금액이 펀딩되었고, 함께 모여든 80명 이상의 직원들이 바다 정화 프로젝트를 실행에 옮기고 있다. 프로젝트는 크게 두 개로 나뉘

---

26 업사이클링(up-cycling): 재활용품에 디자인 또는 활용도를 더해 그 가치를 높인 제품으로 재탄생시키는 것.

는데, 하나는 동남아시아, 중남미의 나라들에서 바다로 나가는 강줄기로부터 쓰레기를 가로채는 프로젝트이고, 다른 하나는 태평양, 일명 GPGP에서 쓰레기를 치우는 프로젝트다. 대개 해양쓰레기는 개발도상국의 강줄기를 통해 유입되기 때문에 그 원인 지역을 사수하며, 광범위하게 형성되어 있는 태평양의 쓰레기를 제거하기 위한 것이다. 이들은 지난 3년 동안 태평양에 있는 쓰레기섬을 정밀 조사하여, 총 5년이라는 기간을 목표로 쓰레기 제거에 나섰다. '인터셉터'는 이 프로젝트를 위해 개발한 해양청소기로, 600m의 기다란 원통 튜브를 띄우고 그 아래에 그물을 달아 배가 끌고 나가면 낙하산 모양이 되어 해수면에 떠 있는 플라스틱 쓰레기를 쓸어 담는 원리다(이동학, 2020: 76-77). 이들에 따르면 전 세계 해양쓰레기의 80%가 지구촌 1,000여 개의 강으로부터 비롯된다.[27] 그래서 가능한 모든 강의 하구에 인터셉터를 배치하여 2025년까지 바다로 유입되는 쓰레기를 건져내는 것이 목표다.

개인의 노력이라는 측면에서 보면 대단히 놀라운 한 경우를 보게 된다. 오스트리아의 산드라 크라우트바슐이라는 한 시민은 다큐멘터리 영화 '플라스틱 행성(Plastic Planet)'에서 지구를 뒤덮어버린 플라스틱의 적나라한 영향과 폐해를 목격하고, 더 이상 이전과 똑

---

[27] 매년 바다로 유입되는 쓰레기는 800만 톤 이상으로 추정된다. 이의 90% 이상은 지구촌 곳곳의 10여 개 강에서 비롯된다. 그 중 8개는 아시아에 있는데 그 중 6개는 중국에 있다. 나머지 2개는 아프리카에 있다. 참고로 중국, 인도네시아, 필리핀, 베트남, 스리랑카, 태국, 말레이시아, 방글라데시 등 아시아 국가들이 10대 쓰레기 배출국에 이름을 올렸다.

같은 인간으로 살아갈 수 없다는 생각에 이르러 엄청난 수고와 고생을 마다하지 않은 노력을 기울이게 된다. 그의 복잡하고 힘겨운 여정은 그의 책 〈우리는 플라스틱 없이 살기로 했다〉에 그대로 기록됐다. 한 달 정도를 예정한 그 시작이 길게 이어져 그는 플라스틱 없이 살기 위해 엄청난 에너지를 쏟아 붓는다. 죄충우돌 실험을 하면서 주위의 도움과 격려도 많이 받지만 벽에 부딪히는 어려움도 자주 만난다. 그 모든 과정을 이겨내며 지켜간 그의 원칙이 상당한 결과를 얻었다는 것은 그의 헌신이 얼마나 대단했는지를 보여준다. 생활 속에서 만나는 너무도 많은 플라스틱 앞에서 절망하고, 대안을 찾아가는 과정은 정말이지 초인적인 의지없이는 가능하지 않은 여정임을 그의 책은 보여준다. 외부로 알려지며 주위의 도움도 많이 받게 되지만, 중요한 대목은 우리가 사는 세상이 플라스틱 없이 살기 위한 세상이 아니라는 점이다. 너무도 편향적으로 플라스틱에 의존하는 수많은 형태의 현실은 그를 좌절하게 만들지만 결국 완벽하게는 아닐지언정 포기하지 않고 다른 삶을 살아가게 된다. 이 과정에서 환경운동가로 거듭난 그는 이후 지방의회 의원 선출되었고, 현재 주 의회 보건위원장으로 활동하고 있다(산드라 크라우트바슐 지음, 류동수 옮김, 2016). 그의 헌신은 『쓰레기 거절하기』(산드라 크라우트바슐 지음, 박종대 옮김, 2020)로 계속 이어진다. 실험이 삶으로 이어진 10년 동안 세 아이와의 토론과 동의와 거절 사이에서 이루어진 수많은 이야기들은 우리에게 많은 시사점을 던져준다.

　　문제는 플라스틱을 넘어서기 위한 시도가 개인에게만 맡겨도 되느냐는 것이다. 개인의 수고와 헌신이 없이는 지금의 단계에서 벗어나기 힘든 것은 분명하지만, 더 근본적으로 살펴보면 플라스틱의 생산자와 정부 당국자의 영역이 훨씬 더 큰데도 불구하고 개인의 수고와 헌신에만 기대는 이 방식이 바람직한지를 묻는 것이다. 개인은 편리를 위해 구매하고 사용하지만 그 책임이 개인에게만 있느냐고 묻는다면 이는 아니라는 답변밖에 받을 것이 없다. 개인을 위한 서비스로 이 생산이 이루어졌다 하더라도 생산자와 당국자의 판단과 결정에 따라 훨씬 큰 변화가 이루어질 수 있는데 이 점을 외면한 채 개인에게 책임을 넘기는 것은 무책임한 것이라는 말이다. 개인은 편리함을 얻었지만 생산자는 이익을 얻었다. 그 이익의 결과 지구는 심각한 단계에 와 있고, 편리함의 댓가로 인간과 자연은 병들고 있는 현실 앞에서 말이다. 병든 지구가 지속될 수 있을까. 그 끝이 어디인지 정확히 추산하기는 어렵지만 이런 구조로 계속 간다면 미래가 암담하다고 하는 사실은 모두 인정하지 않느냐는 말이다. 이 점을 인정한다면 다른 방향을 찾아야만 하는 게 당연하다. 그래서 정부가 있고 정부의 의지에 따른 생산자의 수긍이 이어질 수 있는 것이다. 이윤을 얻기 위한 생산자의 양식을 제어하고 방향을 돌릴 수 있는 것은 각 정부이며, 연합한 세계일 수 있다. 이제 이들의 역할이 매우 중요한 시점인 것은 분명하다. 이들의 책임감 있는 수고가 이어지지 않는다면 편리함을 향유하던 모든 세력들이 피해 앞에서 망연자실하게 되는 날이 멀지 않다. 이를 어찌할 것인가.

독일은 2019년 1월 1일부터 기존 포장재법과 생산자 책임 재활용제도(EPR: Extended Producer Responsibility)를 강화한 신포장재법(VerpackG, Verpackungsgesetz/German Packaging Act 2019)을 실시하고 있다. 포장재를 제조 및 유통하는 주체들이 폐기처분과 재활용까지 책임지도록 하는 것이다. 이에 따라, 각 유통업체와 제조사는 이 법에 따라 먼저 자사에서 쓰는 모든 포장재 관련 정보를 데이터 뱅크인 LUCID에 등록해야 한다. 포장재 재질, 수량, 생산 및 폐기 장소 등의 데이터를 의무적으로 등록해야 한다. 이어 듀얼 시스템에 속한 민간 재활용 업체와 계약을 맺고, 자사의 포장재 폐기 및 재활용을 관리한다. 연방 중앙기관에 이 내용이 담긴 보고서를 제출하면서 완전성 선언을 하게 된다. 그리고 이렇게 데이터 뱅크에 등록된 자료 및 보고서는 누구나 볼 수 있다. 이 법에서 주목할 것은 등록 시스템을 따라야 하는 주체가 제조사, 유통사, 수입사, 온라인 유통사라는 점이다. 온라인 유통사가 명시됨에 따라 이베이나 아마존 같은 다국적 온라인 기업에도 일부 책임을 물을 수 있게 됐다. 또한 독일에 진출한 한국 기업은 수입회사로 분류되어 독일 현지 재활용 업체와 직접 계약을 해야만 통관과 판매를 할 수 있다. 기업에게 포장재는 판매를 위한 부수적인 요인이지만 신포장재법에 따라 주요 요인이 된 것이다. 미등록 포장재를 쓴 상품은 아예 판매할 수 없고, 위법 시 최대 20만 유로(한화 약 2억7천만 원)의 벌금이 부과된다. '폐기물 책임제'의 정착에 큰 역할을 하는 법이다.[28]

2020년 12월 24일 대한민국 정부는 국정현안점검조정회의에서 '생활폐기물 탈(脫)플라스틱 대책'을 확정 발표했다. 플라스틱 생산을 원천적으로 줄이고, 플라스틱 생활 폐기물을 감축하며, 재활용률을 높이겠다는 의지를 확고히 한 것이다. 먼저 전체 용기류 중 플라스틱 비율을 현재의 47% 수준에서 2025년까지 38%로 줄이는

---

28 '플라스틱 폐기물 줄이기…정치적 결단해야 할 때'
    손어진, 하리타, 〈일다〉 2021.1.27. http://www.ildaro.com/8951

것을 목표로 재사용과 재활용이 용이한 유리병 생산을 늘리기로 했다. 생수병의 90% 이상이 플라스틱인 현실에서 보자면 진일보한 방안이다. 음식 배달용 플라스틱 용기는 음식 종류와 크기에 따라 두께를 제한할 계획이다. 감자탕이나 해물탕 배달 용기의 두께가 현재는 0.8mm~1.2mm인데 이걸 1mm로 제한하면 평균 20% 정도의 감량효과가 있다. 1회용 비닐봉투 사용 금지제도는 2030년 상업활동을 하는 모든 업종으로 확대 적용한다. 편의점, 빵집 등의 1회용 비닐봉투 유상 제공을 없애고 종량제 봉투나 장바구니를 사용하도록 강제한다는 의미다. 재활용이 가능한 투명 페트병 의무사용을 음료와 생수병에서 주류, 화장품, 세제 등으로 확대하여 플라스틱 폐기물을 20% 줄이며, 포장 용기류 중에서 재활용이 어려운 포장재 비율을 현재의 34%에서 15% 이하로 줄일 계획이다. 여기에 더해 석유계 플라스틱을 친환경 바이오 플라스틱으로 전환할 방침이다. 2021년부터는 묶음 포장에 대한 규제를 강화하며, 1회용컵 보증금제를 2022년 6월부터 도입하고, 플라스틱 폐기물 수입은 2022년부터 전면 금지할 방침이다. 이러한 탈(脫)플라스틱 대책을 통해 2025년까지 플라스틱 폐기물을 20% 줄이고, 폐플라스틱 재활용 비율을 현재 54%에서 2025년까지 70%로 올릴 계획이다.

위의 사례들은 시대적으로 중요한 과제를 개인에게만 떠넘기지 않고, 정책당국이 책임있는 실천을 하겠다는 의지가 보여 의미있다. 나름 상당히 구체적이고 실현 가능한 방안을 찾고자 하는 시도임은 분명하다. 이러한 긍정적 요소에도 불구하고 더 빠른, 더 구체적인 대책이 필요하다는 생각을 지울 수 없다. 생각보다 더 심각한 상황이기에 하는 말이다.

2018년 1월 1일부터 세계의 쓰레기 집하장 구실을 하던 중국이 쓰레기를 거부했다. 중국은 유럽에서 나온 폐플라스틱을 더는 받지 않겠다고 선언했으며, 캐나다에서 나온 섬유 쓰레기도 받지 않았고, 미국과 호주의 고철도 거부했다. 중국은 2017년 7월 세계무역기구에서 "양라지(洋垃圾, 외국 쓰레기) 수입 금지!"를 공포했다. 양라지[29]는 공식적으로는 쓰레기가 아니다. 화물선에 실려 항구로 들어오는 양라지는 쓰레기가 아니라 재활용 원료 및 경제 화물로 문서에 기록하고 거래했다. 그러나 그 물건들에 문제가 많고 건강에 해롭다는 사실을 모두가 알고 있었다. 과거 서구 산업 국가가 1년에 760만 t씩, 곧 전 세계 플라스틱 쓰레기의 절반 이상을 중국에 수출한 것이다. 유럽의 플라스틱 쓰레기 5분의 4 이상이 중국으로 갔었다(한네 튀켈 지음, 배명자 옮김, 2020: 139). 급박한 상황이 되어서야 각 나라들은 대책을 세우느라 분주했다. 눈에 보이지 않게, 자국 영토를 떠나보내는 것으로 마음의 위안을 얻었던 나라들의 발등에 불이 떨어진 것이다.

우리나라 역시 2017년까지는 주로 중국으로 폐플라스틱을 수출했다. 하지만 중국이 자국 내 환경오염을 이유로 플라스틱 폐기물 수입을 거부하면서 문제가 발생했다. 쓰레기 집하장으로 중국을 이용하긴 우리도 마찬가지였던 것이다. 수출이 막히자 처리할 곳이

---

29 서양에서 수거된 생활 쓰레기, 전자제품 쓰레기 등 선진국의 폐기물을 지칭하는 말이다.

없는 폐플라스틱을 쌓아두면서 전국 곳곳에 쓰레기 산이 생겨났다. 대안으로 필리핀 등 동남아시아로 폐플라스틱을 수출하려 했지만 해당 국가들이 처치 곤란을 이유로 수입을 거부하면서 처리 방법이 요원해졌다.[30] 정식 절차를 밟지 않고 재활용품이라 속여 수출했다가 필리핀 민다나오에 엄청 큰 피해를 발생시키기도 했다. 제주에 쓰레기가 넘치자 업체에 처리를 위탁했더니 이 업체가 재활용이라며 6388톤을 컨테이너에 실어 필리핀으로 보낸 것이다. 악취와 침출수, 화재 등의 피해가 발생하자 현지에서는 반송을 시켰고 이에 따라 일부는 돌아와서 소각되었지만 아직도 상당량이 현지에 남아있다.[31] 플라스틱 적체가 심해지자 폐플라스틱 가격이 하락하게 되고 이에 따라 업체가 수거를 거부하는 악순환이 지속됐다. 다른 여러 나라들과 마찬가지로 우리나라 역시 급히 대책을 세워야만 했다. 결국 플라스틱 폐기물 발생량을 줄이기 위해 애써야만 했다. 그래서 나온 게 2018년 4월의 '플라스틱 관리 및 규제 강화 방안'이다.

---

[30] 필리핀 환경단체는 지난 2019년 4월 기자회견을 통해 한국발 컨테이너에 대량의 유해 폐기물이 있다는 것을 고발했고, 국제 외교 문제로까지 비화되었다. 한국은 쓰레기 국가라는 오명을 쓰고 이를 평택항으로 되가져와야 했다. 그러나 아직도 민다나오 등에는 한국발 플라스틱 쓰레기가 5천톤 이상 남아 있다(이동학, 2020: 27, 113-115).

[31] '제주도에 쌓인 의문의 상자들.. 섬이 위험하다'
최병성, 〈오마이뉴스〉 2021.2.9. https://news.v.daum.net/v/20210209141502434?fbclid=IwAR1U7ANwWH7OwoNSzmuwvraZbzD0fhPnswA0zHD0_k_sOW4YqofkWEarGOM

플라스틱 폐기물 발생량을 2030년까지 50% 감축하고, 재활용률을 70%까지 올리겠다는 방안이 그것이다. 그 후속 대책이 2020년 12월 24일의 '생활폐기물 탈(脫)플라스틱 대책'이었던 것이고.

정말 급한 일이 생기지 않고서는 급격한 대책을 세우기가 쉽지 않다. 위험에 대한 인식이 생기면서도 자꾸 미루는 것이 익숙해진 당국자들의 태도와 눈에 보이지 않으면 안심이 되는 우리의 인식이 결합하며 대책 세우기를 미뤄온 세월 동안 지구는 아주 많이 망가지고 있었다. 결국은 정말 대단한 결심을 하고 마음가짐과 자세와 습관을 모두 바꾸는 총체적 결단이 필요한 시점인데, 눈 앞의 이윤에 목을 매는 기업들이 잘 따라올 수 있을지 걱정이 크다. 이 때 필요한 게 정부의 의지와 관리 능력이다. 정부와 기업, 그리고 국민이 다 같이 나서도 회복되기까지 얼마나 긴 기간이 필요할지 정확히 추산하기 쉽지 않은 그 일에 바로 지금 모두 나서야만 하는 것이다.

일상에서 만나는 너무도 많은 플라스틱에 익숙해 있는 이들에게 생활 방식을 바꿔야 한다는 부담은 매우 크게 다가온다. 편리함이라는 장점을 맘껏 누려온 이들에게 그 편리함을 버리라는 것은 삶의 방식을 모두 바꾸라는 것과 다르지 않다. 하지만 어려운 일이라고 해서 위험하다는 것을 알면서도 그대로 지금처럼 지내야만 하는걸까. 당연히 '아니'라는 답을 할 수밖에 없다. 여기에 딜레마가 있다. 분명 어려운 길이고, 적응하는데 오래 걸릴 일이다. 하지만 작건 크건 시도를 하지 않고서는 달라질 가능성이 없다. 그래서 뭐라도 시작해야 하는 것이다. 개인이건, 집단이건, 정부건 마찬가지다. 쉽지 않아 포기한다면 어두운 미래만 남을 뿐이다. 후손에게 좋은 것은 못 물려줄지언정 피폐해진 지구만을 남겨서는 곤란하지 않은가.

플라스틱의 편리함 이면에 있는 매우 많은 위험한 요소들을 이제 제거해야 할 때다. 이미 늦었지만 그럼에도 불구하고 신발끈 동여매고 뛰어야 하는 것이다. 익숙함에서 벗어나려는 인식의 전환없이는 아무 것도 이룰 수 없다. 다짐하고 시도하고 기울여야 할 노력이 여러 가지다. 가장 크게는 석유화학 제품인 플라스틱을 대체할 방법이 나와야 한다. 그리고 생산자 단계에서의 철저한 노력없이는 과잉 제공되는 플라스틱의 위해성을 이겨낼 재간이 없다. 그리고 소비자들의 현명한 소비가 따라야 할 것이다. 비중상 어느 것이 책임이 큰지에 대한 논쟁보다는 모두의 일치된 노력이 필요하다. 미루다가는 기후 위기로 인한 고통과, 순환되어 들어올 플라스틱으로 인해 인류는 깊이 병들어 갈 것이다. 장밋빛 미래는 없고 잿빛 하늘만 남을 것이다. 100년의 편리함 이후 아주 긴 고통의 시간만 남는다는 말이다. 이제 전적으로 모두의 결단에 달렸다. 지금이 그 때다.

참고문헌

국립환경과학원, 2018,『생활 폐기물의 물질흐름 분석을 통한 실질 재활용률 산정 및 온실가스 저감 효과 분석』.

그린피스 동아시아 서울사무소, 2019.12.『플라스틱 대한민국』.

미힐 로스캄 아빙 지음, 김연옥 옮김, 2020,『플라스틱 수프 – 해양 오염의 현 주소』, 양철북.

박재용, 2019,『1.5도, 생존을 위한 멈춤』, 뿌리와이파리.

산드라 크라우트바슐 지음, 류동수 옮김, 2016,『우리는 플라스틱 없이 살기로 했다』, 양철북.

산드라 크라우트바슐 지음, 박종대 옮김, 2020,『쓰레기 거절하기』, 양철북.

수전 프라인켈, 2012,『플라스틱 사회』, 을유문화사.

윌 맥컬럼 지음, 하인해 옮김, 2019,『플라스틱 없는 삶』, 북하이브.

이동학, 2020,『쓰레기 책, 왜 지구의 절반은 쓰레기로 뒤덮이는가』, 오도스.

이정임 · 정혜윤, 2019.05,『폐플라스틱 관리정책의 한계와 시사점』, 경기연구원 보고서.

찰스 무어 · 커샌드라 필립스 지음, 이지연 옮김, 2013,『플라스틱 바다』, 미지북스.

한국환경산업기술원, 2018,『국내외 플라스틱 폐기물 문제 현황 및 해결 방안』.

한네 튀겔 지음, 배명자 옮김, 2020,『우리는 얼마나 깨끗한가』, 반니.

호프 자런 지음, 김은령 옮김, 2020,『나는 풍요로웠고 지구는 달라졌다』, 김영사.

환경부, 2017,『제5차 전국폐기물통계조사』.

EUROMAP, 2016, *Plastics Resin Production and Consumptionin 63 Countries Worldwide.*

‘ 회복 불가능한 위험 ’

10년 후면 우리나라 전체 면적의 5%가 물에 잠길지도 모른다. 아니 그렇게 될 것이다.

해양수산부 국립해양조사원은 해마다 조위관측소 자료를 분석하여 공개한다. 이 자료에 따르면 1990년부터 2019년까지 30년간 한반도 연안의 평균 해수면이 매년 평균 3.12mm씩 높아졌다. 2019년에 발표한 1989년부터 2018년까지의 연평균 상승률인 2.97mm보다 더 높은 수치다. 해수면 상승 속도에 가속도가 붙은 것이다. 해역별 평균 해수면 상승률은 제주 부근이 연 4.20mm로 가장 높았고,[1] 동해안(연 3.83mm)과 남해안(연 2.65mm), 서해안(연 2.57mm) 순이다. 관측지점별로 보면 울릉도가 연 5.84mm로 가장 높았다. 해수면이 지속적으로 상승하는 이유는 그린란드와 남극대륙 빙상의 녹는 속도가 기후 모델들이 예측했던 것보다 훨씬 빠르기 때문이다. 지구온난화 영향으로 빙하가 급속히 녹으면서 한반도 연안 해수면 상승 속도가 가팔라진 것이다. 최근 10년의 상승률은 매년 3.68mm

---

1 2019년 제주조위관측소의 평균 해수면 높이(164.8cm)는 55년 전과 비교했을 때 23.4cm 높아졌다. 해마다 약 4~5mm씩 해수면 높이가 상승하고 있다. 제주도 해안지역에는 국가지정 문화재 보물 1187호 불탑사 오층석탑, 천연기념물 439호 우도 홍조단괴 해빈, 천연기념물 526호 용머리해안 등 많은 문화재들이 있으나 해수면이 상승하면서 자취를 감출 것으로 보인다.
'기후위기 '최전선' 제주도가 사라진다…해수면 23cm 상승'
김성우·박이담, 〈헤럴드경제〉 2020.12.10. http://news.heraldcorp.com/view.php?ud=20201208001140

로 과거 30년간 평균 상승률의 약 1.18배 수준이다. 국제 환경단체 그린피스 서울사무소는 지구온난화에 따른 해수면 상승 및 이상 기후 현상으로 2030년 한반도의 5% 이상이 물에 잠기고, 332만 명이 직접적인 침수 피해를 입을 수 있다고 경고했다. 지구온난화로 해안과 하천의 홍수가 잦아지면 수조 원을 들인 국가 기간 시설의 기능이 마비되고 이에 따른 사회경제적 비용이 기하급수적으로 늘어날 것이라는 말이다.[2]

유엔은 인류가 2030년까지 신속한 조치를 취하지 않는다면 돌이킬 수 없는 결과를 초래할 것이라고 경고한다. "1.5도 온난화에서는 곤충의 6%, 식물의 8%, 척추동물의 4%만이 서식지 절반을 잃지만, 2.0도에서는 비율이 각각 18%, 16%, 8%로 두 배 이상 늘어난다. 툰드라가 관목지대로 변하는 등[3] 다른 유형의 생태계로 전환될 위험에 놓이는 면적도 2.0도 온난화 때 두 배가 많아진다. 중위도 극한 폭염 기온이 1.5도 온난화에서는 3도 상승에 그치지만 2.0도에서는 4.5도까지 치솟는다."(유엔의 1.5도 특별보고서) 안토니우 구테흐

2　'한반도 해수면 9cm 상승..10년후 전체면적 5% 잠길 우려'
　　양연호, 〈매일경제〉 2020.12.14. https://news.v.daum.net/v/2020
　　1214175719551

3　이제 툰드라지방에서도 키 큰 식물이 쉽게 관찰된다. 대표적인 게 볏과 다년생 풀인 향기풀이다. 키 큰 식물이 늘어나면 땅속 온실가스가 배출돼 지구온난화를 부추길 수 있다는 것이 큰 문제다. 다년생 식물이 자라면 쌓인 눈이 잘 녹지 않게 되고, 눈은 단열재 역할을 하기 때문에 땅이 어는 것을 막는다. 영구동토층이 녹으면 땅속에 저장된 메탄 같은 온실가스가 대량으로 배출된다. 북극지방 영구 동토층에는 전 세계 땅속 탄소의 30~50%가 저장된 것으로 추정된다.

스 유엔 사무총장은 기후 위기로 인해 "다시 돌아오지 못할 지점(환경 복원이 불가능한 수준)이 더는 지평선 너머에 있지 않으며 가시권에서 우리를 향해 세차게 다가오고 있다"고 경고한다.[4] 2019년 11월 세계 153개국 과학자 1만1,258명도 "기후 위기는 대부분의 과학자들이 예상했던 것보다 더 빠르게 진전되고 있다"며, "이는 예상보다 심각해 인류의 운명을 위협하고 있다"고 말했다. 이어 "특히 우려되는 것은 지구가 회복할 수 없는 기후의 분기점에 다다르는 것"이고, "더는 통제할 기회를 잃는다는 것이 바로 재앙"이라고 경고했다.[5] 기후 위기가 전쟁에 비유된다는 얘기는 결코 과장이 아니다.

세계기상기구(WMO)가 5개의 국제기후관측자료를 분석하여 내놓은 자료에 따르면, 2011~2020년이 역사상 가장 뜨거운 10년이었으며, 특히 2015년 이후 6년은 역대 가장 '따뜻한 해' 6위에 모두 들었다고 분석했다. 2020년 연평균기온은 산업화 이전(1850~1900년) 대비 1.2도(±0.1도) 높아 2016년, 2019년과 함께 상위 3위를 기록했다. 세계기상기구는 또한 "2020년은 2016년, 2019년과 함께 역대 '가장 따뜻한 해' 3개 해에 들었다"며 전 지구 연평균기온이 오

---

4 '유엔 총장 "인류, 자연과의 전쟁 반드시 그만둬야"'
　장재은, 〈연합뉴스〉 2019.12.1. https://www.yna.co.kr/view/AKR
　20191201057100009?input=1179m

5 유엔 산하 국제기구인 기후변화에 관한 정부 간 협의체(IPCC)는 지구의 평균 기온이 산업화 이전보다 섭씨 1.5도 이상 오르지 않도록 하고 2050년까지 탄소중립(배출·흡수를 맞춘 실질 배출량 0 달성)을 이루며 2030년까지 온실가스를 2010년 대비 45% 감축하라고 권고하고 있다.

는 2024년까지 파리기후협정에서 목표로 제시한 1.5도를 넘을 확률이 20%에 이를 것으로 추산한다. 세계기상기구는 또 영국 기상청의 전망을 인용해 지난해 하반기에 시작한 라니냐가 일시적인 기온 하강을 일으킴에도 올해에도 '가장 따뜻한 해' 행렬이 계속될 것이라고 예상했다. 한국 기상청은 "2020년 우리나라 연평균기온이 13.2도로, 1973년 이래 다섯번째로 높았다"고 밝혔다. 한국은 최근 2014, 2015, 2016, 2019, 2020년이 상위 5위로 기록되는 등 온난화 경향이 계속되고 있다.[6]

한국의 이산화탄소 농도는 평균 415.2PPM으로 지구 평균보다도 74PPM이 높다. 한반도 평균 기온도 지난 10년 단위로 평균 0.18도씩 올랐으니 100년 동안 1.8도 올랐다는 얘기가 된다. 특히 미세먼지와 이산화탄소 배출 모두에 막대한 영향을 미치는 한국의 1인당 석탄 소비량은 1.73 TOE[7]로 세계에서 호주(1.77 TOE)에 이어 두 번째다. 석탄 대국인 중국(1.35 TOE)보다도 높다. 독립 평가기관인 저먼워치, 뉴클라이밋연구소, 기후행동네트워크(CAN)가 해마다 발표하는 '기후변화대응지수(CCPI)'는 2019에 57위, 2020에 58위, 2021에는 전체 61위 중 53위다. 우리의 기후변화 대응 수준이 '매우 미흡'하여 최하위권이라는 말이다. 한국 사회는 미세먼지뿐 아니라 기후위기에 직접적으로 직면할 개연성이 다른 어떤 나라들보

---

6 '올해도 '가장 뜨거운 해' 행렬은 계속된다'
이근영, 〈한겨레〉 2021.1.15.

7 석유 1t을 연소시킬 때 발생하는 에너지로 환산한 단위. 모든 에너지원을 석유 발열량으로 환산한 가상 단위로, 1TOE는 1,000만kcal에 해당한다.

다 높다는 의미이기도 하다(김병권, 2020: 45).

　우리나라의 2020년은 날씨에 있어서 역대급 기록이 쏟아진 해다. 1월은 평균 기온이 2.8도, 최고 7.7도, 최저 -1.1도로 역대 1월 중 가장 따뜻했다. 한파 일수는 0일이었다. 6월은 전국 평균 기온이 22.8도로 1973년 이후 '역대 가장 더운 6월'이었고, 최고기온(28도, 평년 26.5도)과 폭염일수(2.0일, 평년 0.6일)도 각각 역대 1위 기록이다. 통상 6월보다 더운 7월은 오히려 평균 22.7도로 0.1도 낮아 사상 처음으로 7월 기온이 낮은 역전 현상을 보였다. 6월 24일부터 8월 16일까지 역대 최장기간인 장마는 54일이었다. 당시 전국 평균 강수량은 686.9mm로 1973년 이후 2위에 해당하는 강수량으로, 평년의 두 배 수준이었다. 장마가 지나자 태풍 8호 바비, 9호 마이삭, 10호 하이선이 연달아 한반도를 덮쳤다. 2021년은 시작부터 요란했다. 1월 전국 평균 눈 내린 일수는 7.2일로 평년보다 3.1일이 많다. 1973년 관측 시작 이후 1위에 해당한다. 한파도 이어졌다. 1월 8일 서울은 최대 -20도 아래로 떨어지면서 2002년 이후 19년 만에 최저 기온을 기록했다.[8] 이 모든 기상 이변은 지구온난화가 그 원인이다. 외신에 종종 나오는 기록적인 폭우나 폭설, 그리고 고온, 한파 등의 원인을 전문가들은 모두 지구온난화로부터 기인한 것이라 판단한다. 빈도와 강도가 점점 높아지는 기상이변은 이제 '이변'이 아닌 '일상'으로 변했다. 그리고 이제 큰 '재앙'이 다가오고 있다.

8　'대한민국은 어쩌다 '세계 4대 기후악당'이 됐나?'
정재민, 〈뉴스1〉 2021.1.24. https://news.v.daum.net/v/20210124
070406243?x_trkm=t&fbclid=IwAR0sPYdfAZpQt7tdiBLKc42hT
w957VfzqZErFjtZxXW6GojABARvUT7V80w

지구온난화, 온실가스, 이산화탄소

각종 기상 이변 또는 기후 재난의 원인을 지구온난화에서 찾는다. 도대체 지구온난화라는 게 뭐길래 그렇게 많이 회자될까. 아주 간단히 정리하면 지구 표면의 평균 기온이 상승하는 현상이다. 지구의 기온은 아주 오랜 세월 동안 오르내림을 반복하면서 적절히 유지되었지만, 최근 100년간 급격히 상승했다. 지구 평균 기온은 18세기 산업혁명 이후 1도 상승했고, 최근에는 10년마다 0.17도씩 상승하는 추세다. 이렇게 되면 오는 2040년이면 지구 기온이 산업혁명 전보다 1.5도 상승할 것이다. 이런 심각한 문제를 안고 있는 지구온난화는 이산화탄소와 메탄이라는 주요 온실가스 때문에 발생한다. 지구의 대기는 질소 78%, 산소 21%, 아르곤 0.9%로, 세 기체가 총 99.9%를 차지하고 이산화탄소는 0.03%에 불과하다. 하지만 질소와 산소, 아르곤은 지표에서 우주로 나가는 적외선 영역의 전자기파를 거의 흡수하지 못한다. 적외선을 흡수하는 기체는 전체에서 얼마 되지 않는 이산화탄소와 수증기다. 이들이 달과 다른 따뜻한 지구를 만든 것이다. 이산화탄소는 산소와 탄소라는 원소가 결합한 분자로, 그중 탄소는 전 지구적 순환을 통해 각 영역에서 일정하게 유지된다. 대기 중의 탄소는 대부분 이산화탄소 기체로 존재하는데, 이 이산화탄소가 나타나는 요인은 생물들의 호흡, 화산 폭발이나 분출, 토양의 유기물 분해, 지각이 융기하는 과정에서 지표로 노출된 유기탄소, 해저화산 등에서 이산화탄소가 배출된다. 여기에 더해 우리 인간이 연소시킨 화석연료에서 이산화탄소가 배출된다(박제용, 2018: 17).

이산화탄소(CO2)는 탄소 원자(C) 한 개가 산소 원자(O) 두 개와 만나서 만들어진다. 지구 역사를 전체적으로 봤을 때, 대기 중 이산화탄소 농도가 높을수록 기온이 높아지는 패턴이 뚜렷하다. 인간이 아무것도 하지 않아도 자연은 매년 600억 톤 이상의 이산화탄소를 만들어낸다. 나무와 풀은 이산화탄소를 흡수하고 산소를 내보낸다. 과학자들이 지난 42만 년 동안의 탄소 순환 과정을 조사한 결과, 지구의 이산화탄소 양이 더 늘어나지는 않았다. 그런데 현재 공기 중 이산화탄소의 수치는 그동안의 평균치인 250PPM에서 380~400PPM으로 증가했다.[9] 이것은 200만 년 만에 처음이다. 수억 년 동안 지하에 매장되어 있던 탄소(석탄, 석유, 천연가스)가 산업화 이후 너무 빨리 배출되었기 때문이다. 지금처럼 온난화가 급격히 진행되면 자연이 탄소를 흡수할 수 있는 양을 초과하게 된다.

2005년 이후 인간은 매년 300억 톤 이상의 이산화탄소를 대기 중에 방출하고 있는데, 이 가운데 바다와 숲, 초원이 흡수하는 이산화탄소의 양은 매년 60억 톤 정도다. 나머지 240억 톤의 이산화탄소는 대기 중에 쌓인다. 이걸 '온실가스'라고 부른다. 햇빛이 지구로 내려오면 우주로 반사되어 나가는데, 온실가스 때문에 햇빛이 나가지 못하고 지구에 갇혀버린다. 그래서 지구가 점점 뜨거워지는 것이다. 이렇게 해서 일본에 떨어진 원자폭탄 4,000개에 맞먹는 에너지가 매일 지구에 갇히게 된다. 이산화탄소가 대기에 축적되면서 폭염, 사나워진 폭풍, 변덕스러운 강우 같은 이상 기후 현상이 나타난다. 이 추세로 가다가 대기 속 이산화탄소 양이 200~600PPM 정

9　2013년 5월 300만 년 만에 처음으로 대기 중의 이산화탄소 농도가 400PPM을 넘어섰다.

도만 더 증가하면 더 끔찍하고 강력한 기후 변화 양상이 나타날 것이라고 기상학자들은 경고한다. 인류는 매년 300억 톤 넘게 이산화탄소를 발생시키고 있고, 자연이 흡수할 수 있는 이산화탄소 양이 60억 톤이라고 할 때, 인류는 지금보다 이산화탄소를 80% 줄여야만 한다(오기출, 2017: 182-183).

이산화탄소는 대기 중에 흔한 게 아니다. 지구온난화가 심각하다는 지금도 공기 분자 100만 개당 겨우 380개에 불과하다. 과학자들은 이를 380PPM[10]이라 부른다. 이 적은 양이 그토록 큰 차이를 만들어낸다. 수십만 년 동안 지구는 여러 번의 빙하기와 간빙기를 지나왔다. 빙하기에는 대기 중 이산화탄소 농도가 대략 180PPM이었고, 간빙기에는 280PPM이었다. 지구가 평범한 간빙기를 지나던 200년 전에 산업혁명이 시작됐다. 많은 석탄을 태웠고 이어 석유와 천연가스를 태우기 시작했다. 석탄은 대부분 탄소 성분이고, 석유와 천연가스는 탄소와 수소로 이뤄져 있다. 석탄, 석유, 천연가스를 태우면 탄소(C)가 대기 중의 산소(O)와 만나서 이산화탄소(CO_2)가 된다. 이런 과정을 통해 이산화탄소가 대기 중으로 나오는 것을 '이산화탄소 배출'이라고 한다. 이렇게 배출된 이산화탄소 중 일부는 지상의 식물과 바다의 생명체들이 흡수한다. 식물은 자신의 몸체를 구성하는 탄수화물을 만드는 재료로 이산화탄소를 사용하고, 바다의 생명체들은 성장하고 껍질을 만들기 위해 이산화탄소를 재료로 사용한다. 이들이 죽으면 그 사체와 껍질이 해저로 가라앉는

---

10 parts per million, ppm, 百萬分率. 100만분의 1을 나타내는 단위. 1g의 시료 중에 100만분의 1g, 물 1t 중의 1g, 공기 $1m^3$ 중의 1cc가 1PPM이다.

데 그 덕에 탄소가 해저에 갇힌다. 이처럼 이산화탄소가 대기로부터 식물과 바다로 빠져나가는 과정을 '탄소 흡수'라고 부른다(조녀선 닐 지음, 김종환 옮김, 2019: 30-31). 현재 기준으로 인류는 매년 대기 중에 3.5PPM의 이산화탄소를 배출하는데, 이 가운데 탄소 흡수를 통해 1.4PPM이 흡수되고 약 2.1PPM이 대기에 남는다. 문제는 이산화탄소의 분자 구조가 매우 안정적이어서 쉽게 부서지거나 사라지지 않는다는 점이다. 잘 사라지지 않는 잔존 2.1PPM은 대기 중에 100~200년 동안 머물게 된다. 이산화탄소의 약 25%는 1,000년 이후에도 영향을 미치고, 10%는 10만 년 이후에도 대기 중에 남는다. 시카고 대학의 지리학과 교수인 데이비드 아처 박사는 탄소가 핵폐기물보다 더 오래 잔존해 지구와 인류에게 영향을 미친다는 점을 지적했다(클라이브 해밀턴 지음, 홍상현 옮김, 2013: 33).

메탄(CH_4)은 두 번째로 중요한 온실가스로 탄소 원자(C) 한 개와 수소 원자(H) 네 개로 구성된다. 메탄의 대기 중 농도는 이산화탄소보다 훨씬 낮다. 이산화딘소가 메탄보다 200배나 더 많다. 메탄은 화학적으로 불안정해서 오존을 만나면 바로 파괴된다. 그 결과 메탄은 대기 중에 12년 정도밖에 머무르지 못한다. 100~200년 머무르는 이산화탄소와 비교하면 매우 짧다. 이처럼 농도가 낮고 수명이 짧은데도 메탄이 문제가 되는 이유는, 이산화탄소보다 온실효과가 훨씬 강하기 때문이다. 메탄 분자 한 개는 대기에서 사라지기 전까지 이산화탄소 스무 개와 맞먹는 온실효과를 낸다. 심지어 첫 10년 동안은 이산화탄소보다 100배나 더 큰 온실효과를 낸다. 하지만 이산화탄소가 대기 중에 머무르는 시간이 훨씬 길어 전체적으로는 이산화탄소가 메탄보다 더 큰 온실효과를 일으킨다. 정리하면, 장기적으로 이산화탄소가 가장 큰 문제라는 말이다. 현재의 지구온난화는 이산화탄소에서 기인한 것이 70%, 메탄이 13%다. 그러나 단기적으로 메탄 배출량을 줄이면 당장 큰 효과를 볼 수 있기도 하다. 또한 갑작스러운 지구온난화 문제와 관련해서는 메탄이 특히 중요하다. 기후변화 소국면의 결과로 다량의 메탄이 배출되면, 그것이 다시 기후변화 원인 물질로 작용해서 기후가 매우 빠르고 급격하게 변할 것이기 때문이다. 이를 '되먹임 현상'이라고 한다.

1800년과 비교했을 때, 대기 중 메탄의 농도는 갑절로 늘었다. 한 가지 다행인 것은 메탄의 배출이 지금은 조금씩 줄어들고 있다는 것이다. 메탄이 배출되는 경로는 주로 두 가지다. 하나는 대부분 메탄으로 이루어진 천연가스로 탄광, 유전, 가스전, 가스관, 발전소에서 새어 나온다. 다른 하나는 생물체의 부패 과정이다. 탄화수소로 이루어진 풀과 나무, 동물이 죽어 사체가 부패할 때 공기와 만나면 몸체를 구성하던 탄소(C)가 산소(O)와 만나서 이산화탄소(CO2)가 되고, 공기가 없는 곳에서 부패하면 탄소(C)가 수소(H)와 결합해 메탄(CH4)이 만들어진다. 이런 일은 쓰레기 매립지에 묻힌 음식 쓰레기나 늪, 호수 바닥, 침수된 논에서 많이 일어난다. 또한 음식을 천천히 소화시키는 동물의 위장, 특히 소처럼 되새김질을 하는 반추동물로부터도 메탄이 많이 배출된다(조너선 닐 지음, 김종환 옮김, 2019: 32-33). 2009년 월드워치 보고서는, 지구온난화의 주범으로 축산업(51%)을 꼽았다. 교통은 13%로 보고됐다. UN보고서상에도 수치에 조금 차이가 있지만 지구온난화의 주범을 축산업으로 제시한다. 축산업이 지구온난화 주범으로 직접 지목되는 이유 중 하나는 식용가축들이 소화과정에서 배출하는 메탄가스 때문이다. 식용가축 개체 수가 많아지면 많아질수록 메탄가스는 더 많이 배출된다. 공장식 축산업이든 축산업이든 심각한 메탄배출원임은 부인할 수 없다. 소 한 마리는 한국인 1명의 1년 치 쌀소비량 무게에 맞먹는 63~68kg의 풀을 하루에 먹고, 130L의 물을 마신다. 목장을 운영하려면 거대 규모의 목초지가 필요하다. 막대한 용량의 물도 필요하다. 대기오염과 수질오염(배설물)이 불가피하다.[11] 지구온난화를 넘어서기 위해서는 이 부분에 대한 성찰도 꼭 필요하다.

세계 각국의 탄소 배출량을 추적하는 국제과학자그룹 '글로벌 카본프로젝트'(GCP)가 공개한 자료에 따르면, 한국은 2019년 화석연료와 시멘트 생산 과정 등에서 6억1,100만t 가량의 이산화탄소를 배출한 세계 9위 이산화탄소 배출국이다. 이는 2018년 6억3,500만t(8위)에서 2400만t 감소한 것이다. 세계 최대 온실가스 배출국으로 알려진 중국이 101억7,500만t으로 세계 1위, 미국이 2위(52억8,500만t), 3위는 인도(26억1,600만t)였다. 일본은 11억700만t을 배출해 5위에 올랐다. 전 세계 배출량은 364억4,100만t으로 2018년에 비해 오히려 2,100만t 늘었다.[12]

---

11 '지구 온난화 주범이 이것? 환경단체가 숨기고 있는 비밀'
이인미, 〈오마이뉴스〉 2021.1.22. https://movie.v.daum.net/
v/20210122101503965

12 '주요국 '기후변화 대응 주도권' 경쟁…CO_2 배출은 늘어'
김민제, 신기섭, 〈한겨레〉 2020.12.13.
http://www.hani.co.kr/arti/society/environment/973982.html
#csidxd0e2bad3cf94c67bff99b56cd3635c2

지구가 뜨거워지면 생기는 일

이산화탄소와 메탄이라는 온실가스로 인해 지구온난화가 심각해지고 있다는 것은 이제 확실히 알았다. 그렇다면 지구온난화로 지구가 점점 더 뜨거워진다면 어떤 결과가 일어날 것인가.

첫째, 해수면이 상승한다.

해수면은 바닷물의 양이 늘거나, 수온이 올라 물의 부피가 커지면 상승하게 된다. 바닷물의 양이 늘어나는 이유는 얼음이 녹아서 바닷물에 더해지기 때문이다. 지표의 물은 해수가 97%고 나머지가 육지의 물인 담수다. 담수의 20.7%는 지하수로 흐르고, 강이나 호수 등 우리에 익숙한 형태는 0.1%에 불과하며, 79.2%가 얼어붙은 빙하다. 그러니까 지표 전체의 물 가운데 2% 정도가 빙하인 셈이다. 지구상에 존재하는 빙하의 86%는 남극에 있고, 그린란드가 11.5%, 고산지대의 빙하가 2.5%다. 북극해의 얼음은 고려 대상이 아닌데, 바다에 떠 있는 얼음이라 물에 담겨진 만큼의 부피가 이미 바닷물에 반영되어 있기에 녹아도 해수면을 높이지 않는다. 반면 그린란드와 남극대륙의 얼음은 육지에 있기 때문에 현재 바닷물의 부피에 반영되어 있지 않다. 그런데 이 얼음이 녹고 있어 문제가 된다. 그린란드 빙하가 지표 전체 물에서 차지하는 비율은 약 0.2%이며, 남극의 빙하가 차지하는 비율은 1.6% 조금 넘는다. 결코 낮은 비율이라 방심해서는 안될 양이다. 전 세계 바다는 평균 수심이 3km 이상인데, 그린란드의 빙하가 다 녹을 경우 그 비율을 수치로 계산하면 수면이 6m 가량 높아지며, 남극의 빙하가 다 녹으면 50m

가까이 높아진다. 물론 단기간에 이 모든 빙하가 다 녹지는 않겠지만 연구에 따르면, 그린란드와 남극의 빙하가 녹는 속도가 빨라지고 있으며 2100년까지 세계의 해수면이 2m 정도 상승할 것이라 예상한다(박제용, 2018: 29-30). 이전의 상승 예측치보다 속도가 빨라지고 있는 것이다.[13]

해수면이 1m 상승한다는 것은 엄청난 일이다. 몇몇 나라는 전체 또는 대부분이 물에 잠길 수 있다. 몰디브와 나우루, 투발루, 피지, 키리바시, 사모아, 통가 등 섬나라들과 네덜란드, 방글라데시와 같이 국토 전체가 해수면과 비슷한 고도인 나라들이 위험해지는 것이다. 뿐만 아니라 강물이 바다와 만나는 곳에 형성되는 삼각주 지역도 심각해진다. 삼각주 지역은 대부분 고도가 해수면과 비슷하고 대부분 곡식이 많이 나는 곡창지대다. 해수면이 상승하면 식량 생산에 막대한 피해가 발생한다. 이집트의 나일강 삼각주, 미국의 미시시피강 삼각주, 브라질의 아마존강 삼각주, 중국의 황하와 양쯔강 삼각주 등과 우리나라의 경우 낙동강과 영산강 하구가 큰 영향을 받고, 부산과 김해시, 전라남도 영암군, 무안군, 고흥군 등이 문제가 된다. 해수면이 2m 이상 상승하게 된다면 문제는 더욱 심각해진다. 지도를 다시 그려야 할 정도의 변화가 온다. 유럽의 브뤼셀, 런던, 바르셀로나, 리스본, 미국의 마이애미, 뉴올리언스, 휴스턴, 샌프란시스코, 중국 동부 및 일본과 대만 해안 지역 대부분의 도시와, 베트남과 캄보디아의 해안 도시, 우리나라 부산의 해안 지역, 김

---

13 IPCC가 2013년 평가 보고서를 냈을 때는 2100년까지 52~98cm 정도 상승할 거라고 예측했었다.

해, 군산, 장항 등이 수몰될 가능성이 높다(박제용, 2018: 31-32).

해수면 상승으로 살던 지역이 수몰되면 이주 말고는 대안이 없다. 문제는 이주에도 불가피하게 차별이 따를 수밖에 없다는 점이다. 장기적인 계획과 추진이 있으면 무난히 그 곳을 피할 수는 있지만 생계의 문제가 생길 수밖에 없다. 더 높은 지대로 옮겨가야 하는 상황에서 부자와 빈자의 차이는 극명해지게 된다. 네덜란드 같이 방파제와 방조제를 건설하는 방법도 있지만 가난한 나라들은 그 막대한 비용을 감당할 수 없을 뿐 아니라 해수면 상승이 계속되면 그 곳도 수몰될 수 있고, 무엇보다 해양생태계의 파괴가 심각해진다. 인공섬을 구상하기도 하지만 비용이나 안전성이라는 측면에서 보면 대단히 어려운 일이다(박제용, 2018: 32-33).

둘째, 산호초의 붕괴

해양생태계는 광합성을 하는 식물성 플랑크톤을 기반으로 한다. 식물성 플랑크톤이 존재할 수 있는 조건은 햇빛과 무기염류다. 광합성의 필수 요소는 햇빛인데 햇빛이 닿을 수 있는 최대 깊이가 200m에 불과하기에 바다의 대부분을 차지하는 심해에는 식물성 플랑크톤이 살 수 없다. 육지의 식물이 흙으로부터 영양분을 공급받아야 살 수 있듯이 플랑크톤에게는 무기염류가 꼭 필요하다. 바닷속 무기염류는 대부분 육지에서 흘러 들어가는 강물을 통해 공급되기에 식물성 플랑크톤이 살기에 적합한 곳은 해안가다. 이외에 우리나라 독도나 남아메리카 칠레 부근 해역처럼 바다 밑에서부터 무기염류가 풍부한 해류가 용승하는 지역도 있다. 이런 지역은 식물성 플랑크톤이 풍부해서 다양한 어류가 모이는 좋은 어장이 된다.

　산호는 폴립이라는 촉수덩어리 동물이 모여 있는 군체로 몸속에 서식하는 조류와 공생한다. 폴립은 조류에게 서식지의 안전을 보장하며, 호흡 과정에서 나오는 이산화탄소와 질소화합물을 공급해주는 대신 조류는 광합성을 통해 산소와 유기영양분을 폴립에게 제공한다. 폴립은 몸 주변을 탄산칼슘으로 만든 껍데기로 감싸는데, 이 작은 폴립 수십억 마리가 모여 산호가 된다. 그 탄산칼슘이 퇴적되어 형성된 지형과 산호 군단을 산호초라 부른다. 산호는 얕은 바다에서부터 만들어지지지만, 해저화산이 분출하면서 항상 작은 섬들(해산)이 생기며 그 주변에 형성되기도 한다. 해산은 시간이 지나면서 풍화와 침식에 따라 다시 가라앉지만, 그 주변의 산호는 지속적으로 커진다. 이렇게 만들어진 산호초는 해양생태계의 보고가 된다(박제용, 2018: 35-36). 그런데 그 산호초가 인간의 행동에 의한 지구온난화로 사라질 위기에 놓여 있다.

　IPCC에서 발간한 「지구 온난화 1.5도」 특별 보고서에 따르면, 지구의 평균 온도가 1.5도 상승할 경우 전 세계 해양 산호초의 70~90%가 사라진다. 또한 유엔 생물다양성 과학기구 IPBES 총회에서 채택한 보고서에 따르면, 지금도 전 세계 산호초의 33%가 멸종 위기에 처해 있다. 세계에서 가장 큰 산호초인 호주 그레이트 배리어 리프는 이미 절반 정도가 사라졌다.[14] 산호초가 사라지는 이유는 대기 중 이산화탄소 농도가 증가하고 수온이 높아지기 때문이다. 이산화탄소 농도가 증가하면 바다에 함유된 탄산이온의 농

14　'산호초 멸종 막을 '슈퍼 산호' 발견'
　　이성규, 〈사이언스타임즈〉 2019.6.7.

도도 증가하는데, 이 탄산이 산호초의 탄산칼슘을 분해한다. 여기에 수온이 높아지면서 산호의 백화 현상[15]이 더욱 빠르게 진행된다. 산호초가 차지하는 면적은 해저의 1%도 안되지만, 전체 해양생물의 약 25%를 지탱할 만큼 해양생태계에서 절대적인 역할을 수행하고 있다. 따라서 산호초가 사라진다는 것은 이를 서식지로 삼고 있는 해양생물의 생존에도 큰 위기가 찾아온다는 것을 의미한다. 우리가 살아 있는 동안 전 세계 바다에서 산호가 다 없어질 가능성이 아주 높다.

셋째, 이상 기후

이상 기후의 대표적 현상으로 꼽히는 것이 엘니뇨와 라니냐다. 밀도차에 의한 해류의 순환인 열염순환[16]과도 관계가 있지만, 열대 지역의 주기적 변화와 관계가 더 깊다. 열대 지역 바다에선 무역풍에 의해 동에서 서로 적도해류가 흐른다. 무역풍이 약해지면 그 흐름도 약해지기 마련이다. 이렇게 되면 태평양의 동쪽 남미 서해안에는 따뜻한 바닷물이 잔뜩 남아, 심층해류가 올라오지 못하게 되면서 그 부근의 기온이 올라간다. 따뜻한 바닷물이 증발하면서 구름도 많아지고 비도 많이 오면서 홍수가 심해진다. 반대로 태평양 서쪽 인도차이나반도와 말레이제도 등에선 원래 적도 해류에 따라

---

15 폴립 내부에 살고 있는 조류가 빠져나가면서 산호가 하얗게 변하는 현상.

16 해수의 순환은 발생 원인에 따라 크게 풍성순환과 열염순환의 두 가지로 분류한다. 풍성순환이란 바람에 의해 발생하는 순환으로, 표층해류가 여기에 해당한다. 열염순환이란 해수의 밀도차에 발생하는 순환으로 심층해류가 여기에 해당한다.

들어와야 할 따뜻한 바닷물이 적게 오니 그만큼 기온도 낮아지며 비도 예년보다 적어진다. 이럴 때 인도네시아나 말레이시아 등에서 산불이 자주 발생하게 되는데, 이런 현상을 '엘니뇨'라고 한다. 반대로 '라니냐'는 무역풍이 예년보다 강해지는 현상이다. 이렇게 되면 평소보다 적도해류의 흐름이 빨라지면서 엘니뇨와는 반대로 남미 서해안 쪽 기온이 내려가고 가뭄이 든다. 반면 말레이시아나 인도네시아 부근은 수온이 올라가게 되고, 이에 따라 적도의 해수면이 따뜻해지면서 평소보다 태풍이 더 잦아지고 그 위력도 세진다(박제용, 2018: 38-39).

엘니뇨와 라니냐는 보통 5년 주기로 발생했는데 지구온난화는 이 주기와 강도에도 변화를 가져왔다. 호주와 중국, 미국, 영국, 프랑스와 페루 등의 국제 공동연구팀은 1990년 이전 100년(규준실험)과 1991년 이후 100년(기후변화 실험)에 대한 기후 예측 모형을 비교하며, 지구온난화와 엘니뇨 및 라니냐 발생 수를 조사했다. 이 모형에서는 상위 5%의 강력한 엘니뇨와 라니냐가 두 배 이상 더 많이 발생할 것으로 예측되었다. 1990년 이전에 그런 강력한 엘니뇨가 발생하는 주기는 약 20년에 한 번 꼴, 라니냐는 23년에 한 번 꼴이었는데, 앞으로는 10년에 한 번 꼴로 발생한다는 의미다. 게다가 강력한 라니냐의 75%는 강력한 엘니뇨 다음 해에 이어서 발생할 것으로 나타났다. 엄청난 홍수가 난 다음 해에 지독한 가뭄이 드는 식의 암울한 일이 10년에 한 번 꼴로 나타날거라는 의미다.[17]

----

17 '온난화…강력한 엘니뇨·라니냐 두 배 늘어난다'
   안영인, 〈SBS〉 2015.2.6.

넷째, 전 지구적 사막화

해마다 600만ha가 사막으로 변하고 있다. 지난 40년간 약 2400만 명이 사막화로 고향을 등졌다. 몽골은 면적의 90%, 중국은 45%가 황폐화되었으며, 미국은 국토의 30%, 스페인은 국토의 20%가 이미 사막이거나 사막화가 진행되고 있다. 알제리는 가뭄으로 오아시스가 고갈했으며 국토 면적의 1%만이 산림이다.

사막화의 원인은 여러 가지다. 가뭄과 건조한 바람이 땅을 황폐하게 만들기도 하지만, 유엔 사막화방지 협약 NCCD의 보고서에 따르면 사막화의 78%가 인간의 활동에 의한 것이다. 중국 북서부의 사막화는 땔감을 얻기 위한 벌채, 개간, 과도한 방목 등이 원인이지만, 몽골의 경우는 지구온난화가 원인이다. 지난 60년간 세계 평균 기온이 0.7도 상승하는 동안 몽골은 2.1도나 올랐다. 1990년대 몽골의 사막 면적은 국토의 40%였으나, 지금은 78%까지 확대됐다. 사막화가 진행되면 지표면의 태양에너지 반사율이 증가하고, 이에 따라 지표가 냉각되어 건조한 하강기류가 형성되며 강우량이 감소하기에 사막화는 더욱 빠른 속도로 진행된다(박제용, 2018: 41).

유엔과 세계 각국은 1994년 사막화방지 협약을 맺고 사막화를 막기 위한 국제 협력을 도모하기로 했다. 이후 2015년 유엔 사막화방지 제12차 당사자총회에서는 지속가능개발 목표에 지속가능한 산림 관리를 포함하여 토지 복원에 노력하기로 합의했다. 하지만 과학 학술지 〈네이처〉에서 지난 20년간의 사막화방지 노력에 F학점을 줄 정도로 각국의 참여는 적극적이지 못하다.

2018년 1월 서울대 지구환경과학부 허창회 교수팀은 전 세계 지표면의 사막화 진행과 변화를 정량적으로 예측 분석한 논문을

〈네이처 기후변화*Nature Climate Change*〉 온라인판에 게재했다. 이에 따르면 지구 온도가 산업혁명 이전보다 2.0도 상승할 때, 전 세계 지표면의 24~35%가 건조화로 극심한 피해를 볼 것으로 예상하며, 세계 인구의 18~26%가 건조화의 영향을 받을 것으로 예측했다. 특히 남부 유럽과 중남미, 남아프리카, 호주, 중국 남부 등에서 심각한 문제가 될 것으로 분석했다. 반면 지구 평균기온 상승을 1.5도 이내로 막으면, 사막화와 건조화가 나타나는 지역과 그 피해를 입을 인구수를 2.0도 상승의 3분의 1 이하로 줄일 수 있다고 예측했다. 그러나 남부 유럽의 경우 기온 상승을 1.5도 이하로 묶더라도 건조화와 사막화의 피해를 벗어날 수 없을 것이고 중국 남부도 기후변화가 지속되면 수자원 사정이 크게 나빠질 것으로 예상했다.[18]

다섯째, 태풍 빈발

태풍[19]이 만들어지는 과정은 이렇다. 봄에서 가을 사이 열대의 바나에 강한 햇빛이 지속적으로 내리쬐면 바닷물이 증발하여 수증기가 되고 수온이 오르며 덩달아 바닷물 근처의 기온도 오른다. 온도가 올라간 공기덩어리는 부피가 커지면서 밀도가 작아져 위쪽으

---

18 '국내 연구진, 온난화가 사막화에 미치는 영향 예측해냈다'
강찬수, 〈중앙일보〉 2018.1.2.

19 세계기상기구(WMO)는 저기압 중심 부근 최대 풍속이 초속 33m 이상일 때 태풍으로 분류한다. 이처럼 강한 바람과 폭우를 동반하는 태풍은 지역별로 다르게 부른다. 필리핀 근해에서 발생하는 것은 태풍, 북대서양 카리브해 등에서 발생하는 것은 허리케인이라고 하고, 인도양 등에서는 이를 사이클론이라고 부른다.

로 상승하게 된다. 보통 이런 공기덩어리는 위로 올라가면서 팽창하고 그 과정에서 온도가 내려가 일정한 높이에서 멈추게 되는데, 보통 온대지방에 나타나는 저기압이 이렇게 형성된다. 이 때 수증기가 풍부한 열대 바다의 공기는 위로 올라가면서 온도가 아주 조금만 내려가도 수증기가 물방울로 액화하면서 액화열을 내놓는다. 열대지방의 저기압에선 이 액화열 때문에 공기의 온도가 쉽게 내려가지 않으면서 공기는 계속 상승하게 된다. 밑에선 계속 바닷물이 증발하면서 수증기를 공급하기에 이 상승기류는 기세가 꺾이지 않고 성층권과의 경계까지 올라간다. 이렇게 공기가 상승하면 아래쪽의 공기 밀도가 낮아지면서 기류의 중심을 향해 바람이 불게 된다. 상승기류가 강할수록 이 바람이 더욱 거세지는데, 그 속도가 초당 17m를 넘으면 태풍이 된다.

북태평양의 태풍은 보통 이렇게 필리핀이나 괌 주변의 열대 해상에서 생겨나서 무역풍의 영향을 받아 서쪽으로 가면서 점차 고위도로 향한다. 위도 20~30도 부근까지 올라오면 이제 편서풍의 영향을 받아 다시 동쪽으로 휘면서 북상하게 된다. 전체적으로는 시계방향으로 움직이는데 이때 북태평양 고기압이나 지형적 영향을 받아 그 경로가 조금씩 바뀐다. 보통 봄에는 주로 동남아 쪽으로 향하지만, 가을로 갈수록 고위도로 진로를 바꾸게 된다. 그래서 비교적 고위도에 속하는 우리나라나 일본은 주로 8~9월 사이에 태풍의 피해가 집중되는 것이다. 태풍은 열대 지방의 기온과 지나가는 바다의 수온에 의해 그 크기와 세기가 대략 정해지기에, 7~8월 바다의 수온이 높을 때 그 위력이 비교적 강하고 봄이나 가을이 되면 약해진다. 그래서 우리나라의 경우 8월 태풍이 피해를 많이 입혔고, 9월 이후에는 대부분 그 위력이 약하고 피해도 적었던 것이다(박제용,

2018: 43-44).

　지구온난화는 태풍의 발생 빈도와 강도에 큰 변화를 준다. 태풍은 따뜻한 바다를 지나면서 수증기를 얻어 그 세력을 키우는데, 고위도로 올라가면서 수온이 낮아져서 차츰 약해지는 것이 보통이다. 그런데 지구온난화로 온대지역의 해수 온도가 이전보다 높아지니, 태풍도 세력이 약해지기보다 더 강해진다. 그래서 여름의 태풍은 그 세력과 강도가 더 세지고, 과거에는 태풍이 잘 발생하지 않던 10월에도 해수면의 온도가 내려가지 않으니 태풍이 발생하게 된다. 여기에 더해 해수의 온도가 높게 유지되면서 태풍 발생 빈도도 높아진다. 그래서 2019년에 우리나라에서 처음으로 9월 태풍을 세 번이나 맞은 것이다. 1951년 태풍 관측 시작 이래 처음이다. 빈도만 높아진게 아니다. 속도는 빨라지고 이동 속도는 줄었다. 미국 퍼시픽 노스웨스트 국립연구소가 2018년 5월 『지구물리학 연구지*Geophysical Research Letters*』에 발표한 바에 따르면, 최근 허리케인은 30년 전에 비해 시속 20km 가량 풍속 증가폭이 더 커졌다. 연구진은 풍속이 빨라지는 이유를 해수면 온도가 올라가면서 풍속이 더 빨라졌다고 본다. 미국해양대기청 국립환경정보센터(NOAA) 연구원 제임스 코신은 지구 기온이 0.5도 증가함에 따라 태풍의 이동속도가 10% 정도 느려졌다고 밝혔다. 특히 한반도가 속한 북태평양 지역에서의 이동 속도는 약 20%나 느려졌다. 풍속은 늘고 이동 속도가 느려지면 피해 규모가 커지는 것은 불가피하다.[20]

20　'지구 온난화에 화난 태풍 더 거칠어진다'
　　원호섭·김윤진, 〈매일경제〉 2018.7.6. https://www.mk.co.kr/news/it/view/2018/07/427455/

6도의 멸종

지구가 뜨거워지는 것을 심각하게 우려하는 현재 시점에서 참고할
만한 과거 역사가 있다. 전문가들은 현재의 추세에 비견될 만한 경
우로 '팔레오세-에오세 극한 온난화 사건(PETM, Paleocene-Eocene
Thermal Maximum)'을 든다. 5500만년 전인 신생대 팔레오세 말기에
지구 온도는 1만 년에 걸쳐 5~9℃ 가량 상승했다. 당시로서는 이것
이 아주 급속한 온도 상승이었다. 온대의 조건에서 서식하는 메타
세쿼이아로 이루어진 우림이 북극에 나타나고, 따뜻한 기후에만 사
는 악어의 뼈가 캐나다 북극의 엘즈미어 섬에서 발견되었다. 아열
대 동물인 바다거북, 민물거북, 초기형 포유류 몇 종의 뼈들도 발견
되었고, 산소 호흡을 하는 벌레, 조개, 유공충과 같은 해양 생물이
사라졌다. 북극점 근처 해수의 온도는 23℃, 기온은 25℃에 달할 정
도였다. 대기 중 이산화탄소의 농도는 1,000~1,700ppm이었으며,
당시 대기로 배출된 탄소량은 3,000Gt 정도였을 것으로 추산된다.
온실가스가 기온을 높인 것은 분명한데, 이 막대한 양의 탄소는 어
디서 공급되었던 것일까? 과학자들의 가장 유력한 설명은 메탄 하
이드레이트이다. 팔레오세에 장기간 지속된 온난화가 일정한 수준
을 넘어서면서 표층 해수를 데웠고, 그 영향으로 해저의 수온도 상
승했다. 이러한 온난화는 해저 퇴적층에 전파되어 고체 상태의 메
탄을 녹이고 메탄가스 거품을 만들어 냈다. 수심 900m-2000m 깊
이의 대륙사면에 안착해 있던 메탄 하이드레이트 퇴적층이 해체되
고 대대적인 메탄 방출로 이어졌다는 것이다. 요약하면, PETM기
에 10,000년 정도의 기간에 걸쳐 기온이 5~9℃ 상승하였는데, 메탄

    병든 사회를 걱정하는 소시민의 빨강생각

하이드레이트가 해체되면서 3,000Gt 가량의 탄소가 대기로 유입된 것이 그 원인이라는 것이다.[21]

현재의 온난화는 PETM 때보다 상황이 더 나쁘다. 첫째, PETM 기에는 메탄 하이드레이트 해체에 의한 메탄가스 유출만 있었지만, 지금은 화석연료 연소에 따른 이산화탄소 방출이 추가되었다. 동시베리아 북극 대륙붕과 육지 영구동토층에 PETM기에 방출된 양만큼의 탄소가 있고, 이와 별도로 인류가 아직 덜 캐낸 화석연료에도 같은 양의 탄소가 있다. 둘째, 메탄 분출이 아직 본격적으로 시작되지 않았음에도 불구하고 화석연료 연소에 따른 효과만으로도 현재 대기로 탄소가 주입되는 속도가 PETM 때보다 30배나 빠르다. PETM기에는 1만 년에 걸쳐 온난화가 진행되었기에, 육지의 동식물이 북쪽으로 서식지를 옮겨갈 시간적 여유가 있었지만, 현재의 진행 속도는 너무 빨라서 적응할 시간이 부족하다. 메탄 효과가 본격적으로 발생하기 이전임에도 불구하고, 생태학자들은 이미 제6의 대멸종이 진행되고 있다고 평가하고 있다.

저널리스트이자 환경 운동가인 마크 라이너스는 지구온난화 최전선 현장을 추적하고 각종 매체에 현장 소식을 알리는 일에 적극적인 인물이다. 그가 쓴 『6도의 멸종』은 우리를 두렵고 떨리게 만든다. 글을 잘 써서이기도 하고, 당면한 현실을 잘 보여주기 때문이기도 하다. 라이너스는 과학자들이 미래의 지구온난화가 어떤 영향을 미칠지를 이미 수백 가지나 예측해놓았지만, 그 연구 성과가 전

---

21 '기후변화의 최전선(3) … "제6의 대멸종 진행되고 있다"'
   이치선, 〈관악저널〉 재창간 325호.

문 학술지에만 소개된 뒤 사장되는 것이 안타까워 직접 나서 온갖 자료를 취합하고 정리하여 책을 펴냈다. 그는 학술 정보를 쉽게 이해되도록 책의 구성을 독특하게, 온도별 위험 정도로 나타냈다. 1℃ 상승부터 6℃ 상승까지로 구분하여 제시함으로 세계인을 놀라게도, 두렵게도 만들었다.

　1℃ 상승: 산과 들에서 재앙이 시작되다
　미국 서부에 가뭄이 닥치고, 장기간 지속될 가뭄으로 기름진 농토 밑에 잠자던 모래층이 드러난다. 지하수를 활용하여 위기를 극복해보려 하지만, 이미 상당수의 지하수층이 농업용수 공급으로 고갈된 상태이다. 농부들은 농토와 거주지를 잃고, 식료품 가격은 폭등하고 곧 다른 나라들로 번진다. 반면 미국 남부와 동부에서는 계절풍 몬순 때문에 강수량이 늘어난다. 킬리만자로와 알프스 같은 높은 산들의 만년빙이 사라지고, 얼어붙은 흙과 바위가 녹으면서 산사태가 일어난다. 숲의 기온이 상승하고 강수량이 줄면서 화재로 사라지기 시작하고, 이로 인해 산 아래에 있는 마을 사람들과 평원의 동물들은 타격을 받는다. 북아프리카는 몬순으로 비가 많아지지만 지구 전체의 기온이 오르는 상황에서 이는 일시적인 현상이다. 작은 양서류와 설치류들은 가뭄과 고온에 적응하지 못하고, 다른 곳으로 이주하는 데도 실패하여 멸종한다. 고산우림지대도 절반으로 줄어들면서 수많은 희귀 동식물들의 서식지가 사라진다. 하지만 이는 지구가 곧 잃게 될 생물다양성의 한 예에 불과하다(마크 라이너스 지음, 이한중 옮김, 2014: 85-134).

2℃ 상승: 한쪽은 목이 말라 죽고, 다른 쪽은 물에 빠져 죽고

지구온난화로 인해 비를 동반한 여름 몬순이 북쪽으로 이동하는 데 더 오랜 시간이 걸리면서 중국 북부와 남부에 각각 대가뭄과 대홍수가 닥친다. 이로 인해 중국의 농업은 타격을 받는다. 중국 정부는 남부의 양쯔 강에서 수백만 톤의 물을 끌어다 북부의 도시들에 공급하는 계획을 세운다. 이런 대가뭄과 물부족, 대홍수 및 식량난은 중국인들만 겪을 일이 아니다.

지구상에서 가장 큰 생물서식지인 바다의 환경도 변한다. 지구온난화의 주범인 이산화탄소의 절반이 바다에 흡수되기 때문이다. 이는 화학적으로 약알칼리성을 띠는 바닷물을 산성으로 변화시키며, 이로 인해 석회질로 된 껍질을 갖는 생물들, 특히 식물성 플랑크톤이 살 수 없게 된다. 이렇게 1차 생산자의 생존이 불가능해지고 해양화학적 환경도 변화하면서 많은 어패류들도 전멸한다. 이미 수온 상승으로 백화현상을 일으키며 죽어가는 산호 또한 산성화된 바닷물에 침식된다. 서늘하던 중위도권 지역마저 혹독한 열파로 여름에는 이상 고열이나 열사병으로 인한 사망률이 증가한다. 바다에 면한 도시들은 해수면 상승으로 서서히 가라앉는다(마크 라이너스 지음, 이한중 옮김, 2014: 85-134).

3℃ 상승: 지구온난화가 자가 발전하다

지구온난화가 심화되면서 온실가스 양이 증가하고, 그로 인해 온난화가 더욱 심화되는 악순환이 시작된다. 이로써 지구온난화는 나름의 추진력을 얻게 되는데, 그 시발점은 아마존 우림지대가 거의 붕괴되는 시점일 것이다. 아마존 우림지대는 이미 소를 방목하

고 콩을 재배하기 위한 불법 개간과 벌목 때문에 프랑스 국토 크기의 면적이 잠식당했다. 이런 상황에서 아마존의 흙이 따뜻해지면서 활동이 왕성해진 세균이 죽은 식물들을 더욱 활발하게 분해하여 이산화탄소가 더 많이 발생한다. 말레이시아와 인도네시아의 정글 또한 수분이 증발하면서, 수천 년에 걸쳐 식물이 쌓여 형성된 수백 미터의 이탄층이 바싹 말라버린다. 여기에 불이 붙으면서 대량의 이산화탄소가 발생한다. 태평양 일대에서도 엘니뇨로 인해 가뭄이 심화되거나 지역에 따라 대홍수나 폭풍우가 닥친다. 지금은 어쩌다 일어나는 재난인 엘니뇨는 지구온난화가 심화되면서 항구적이고 강력해진다. 이렇게 지구 전역에서 가뭄과 홍수가 연이어 일어나고, 해안지대는 침수되거나 이따금 강력해진 허리케인까지 닥치면서 세계의 식량 생산에도 차질이 생긴다. 특히 열대와 아열대 지역의 주민 수십억 명이 가뭄과 기근으로 고통받는다. 결국 굶어죽지 않으려는 사람들이 "결코 그들을 반겨주지 않을" 극지대 주변지역을 향해 식량과 살 곳을 찾아 '민족대이동'을 시작한다(마크 라이너스 지음, 이한중 옮김, 2014: 137-200).

4℃ 상승: 지구 전역에 피난민이 넘친다

대륙 땅덩이에 단단히 뿌리내려 천천히 녹고 있는 북극의 빙하와 달리, 상당 부분이 해수면 아래에 있어 취약한 남극의 빙하가 완전히 붕괴된다. 이로써 이미 침수되고 있는 해안 지역이 완전한 파멸을 선고받는다. 해안 지역사회의 붕괴에 따른 경제적 손실과 수많은 난민의 발생에 따라 여러 나라들이 불안해진다. 세계의 해안선도 완전히 달라지며, 고지대가 있는 나라들만이 수몰을 면하고 군도의 나라가 되어 생존한다.

　한국은 강수량이 4분의 1 정도 늘어나겠지만 육지 기온이 상승하여 땅이 건조해진다. 남유럽 상황은 더 심각해서 여름 강수량이 70%까지 떨어지고, 지중해 지역 모든 나라들의 열파가 1년에 65일까지 길어진다. 특히 프랑스와 스페인은 더운 날의 일수가 2~5배까지 늘어난다. 이들 지역에서 약간 떨어져 있는 영국까지도 여름 기온이 45℃까지 상승한다. 러시아와 동유럽에서는 눈 구경이 힘들어진다. 시베리아, 알래스카, 캐나다 북부 그리고 그린란드 남부의 영구동토층이 녹으면서 새로운 위험이 등장한다. 언 땅 위에 건설된 도시들과 도로들이 붕괴된다. 하지만 더 큰 위험은 영구동토 내부에서 잠자던 세균이 유기물 분해를 시작하면서 이산화탄소와 그보다 더 위험한 온실가스 메탄을 대량 발생시키는 것이다(마크 라이너스 지음, 이한중 옮김, 2014: 203-232).

5℃ 상승: 만인에 대한 만인의 투쟁이 시작된다

　북극과 남극의 빙하가 모두 사라지고 정글 또한 불타 없어진 상태이다. 해수면 상승으로 해안에 면한 도시들은 모두 가라앉았고, 이제는 대륙 깊숙한 곳마저 침수되고 있다. 인류가 가뭄과 홍수라는 쌍둥이 재난에 쫓기는 와중에, 국제무역 시스템은 이미 소멸되었고, 자본시장도 붕괴되면서 대공황이 일어난 상황이다. 점점 줄어드는 '거주 가능 지역'으로 몰려들지만, 러시아나 캐나다가 그들을 받아들이지 않으면서 결국 핵무기까지 동원된 전쟁이 시작된다.

　반건조 지역 토양의 수분이 줄어들어 북아메리카와 아프리카의 사막, 남아메리카 파타고니아의 사막, 호주의 사막 등 세계 주요

사막들이 영역을 확장하며, 고비 사막의 영역이 중국 북동부 지역
으로 확장된다. 남, 북반구 건조지역의 띠가 확대되면서 한국, 일본,
동남아시아, 라틴아메리카, 동아프리카, 마다가스카르, 호주와 태평
양의 섬들이 여기에 포함된다.

이보다 더욱 심각한 위험은 바닷속에서 시작된다. 심해의 엄청
난 추위와 압력으로 메탄가스와 물이 합성되면서 만들어진 메탄하
이드레이트가 바닷물이 따뜻해지면서 해수면 밖으로 분출되기 시
작한 것이다. 이산화탄소보다 20배 더 강력한 이 온실가스로 인해
지구가 금성처럼 뜨거운 행성으로 변하기 시작하는 가운데, 메탄하
이드레이트가 빠져나간 바다 밑 대륙사면이 붕괴되어 거대한 파도
를 동반한 쓰나미도 발생한다. 이런 상황에서 간신히 살아남은 사
람들 사이에서는 식량과 물을 확보하려는, 만인에 대한 만인의 투
쟁이 벌어진다(마크 라이너스 지음, 이한중 옮김, 2014: 235-258).

6℃ 상승: 인류세 대멸종

수천만 년 동안 지속된 서늘한 기후에 적응해온 인류를 포함한
모든 동식물들이 지질학적인 면에서 너무나도 갑작스럽게 일어난
극심한 지구온난화에 적응하는 데 실패하여 죽어간다. 해수면이 뜨
거워져 아래의 찬물과 섞이지 않아 바닷물의 흐름이 끊기고 산소의
순환도 중단되면서, 끝까지 살아남은 해양생물들조차 영양실조와
산소부족으로 멸종된다.

메탄하이드레이트의 대량 분출로 대기 중에 거대한 폭발성 구
름이 형성되어, 그것이 폭발할 때마다 그 밑의 생물들이 전멸한다.
죽은 생물들의 사체가 썩으면서 유독한 황화수소도 발생한다. 이

황화수소는 폭발하고 남은 메탄과 결합하여 오존층을 파괴함으로써 지표면에 방사되는 자외선 양이 크게 늘어난다. 또한 이 유독가스가 비와 섞이면서 산성비가 되어 지상에 뿌려진다. 이로 인해 땅 위에서 죽었거나 죽어가던 식물들이 완전히 쓸려가고, 깊은 땅굴 속으로 피해 살아남은 동물들마저 굶어 죽는다. 바야흐로 지구에 사는 모든 생명체의 대멸종이 진행된다. 이 모든 사태의 원인은 인간의 탐욕이 빚어낸 것이다(마크 라이너스 지음, 이한중 옮김, 2014: 261-287).

온실가스 배출 감축을 위한 세 번의 합의

우리가 행동하지 않으면 갑작스런 기후 변화가 일어날 것은 분명하지만, 그 변화가 정확히 언제 본격적으로 시작될지는 아무도 모른다. 지구의 기후 체계는 매우 복잡하고, 컴퓨터 시뮬레이션도 복잡하기 이를 데 없어 각 연구진이 내놓은 시뮬레이션도 서로 다른 결과를 낸다. 따지고 보면 갑작스런 기후변화가 언제 시작될지는 전문가들도 짐작만 할 수 있을 뿐이다. 그러나 1800년보다 기온이 섭씨 2.0~5.0도 오르면 결국 갑작스런 기후변화가 일어날 것이라는 전망은 과학자들 사이에서 폭넓은 동의를 얻고 있다. 2.0도만 올라도 갑작스런 기후변화가 일어나기 시작할 것이기 때문에 지구온난화를 그 이하로 유지하는 게 현명하다는 의견이 대부분 과학자들의 지지를 받는다.

영국 기상청 연구 담당 부서인 해들리 센터는 아무리 높게 잡아도 기온 상승을 섭씨 2.0도 이내로 제한해야 한다고 한계 지점을 제시했다. 유럽연합 역시 2007년에 같은 한계를 공식 인정했으며, 유럽 과학자들은 대체로 안전한 기온 상승 범위의 최대값으로 2.0도를 받아들인다. 모든 것을 종합해서 과학자들이 가장 신뢰할 만하다고 제시한 추정치에 따르면, 이산화탄소 농도가 400~450PPM에 이르면 기온이 섭씨 2.0도 오를 것으로 본다. 현재의 농도가 380~400PPM이니까 따라서 갑작스런 기후변화가 일어나기까지 우리에겐 이산화탄소 농도가 얼마 남지 않은 셈이다. 현재의 이산화탄소 배출 속도와 자연의 탄소 흡수량를 기준으로 했을 때, 정확하진 않지만 7년 안에 이산화탄소 농도를 일정한 값으로 안정시킨다면 갑작스런 기후변화를 피할 수 있을 것이다. 길게 잡았을 때에는 31년 남았다(조너선 닐 지음, 김종환 옮김, 2019: 46). 대기 중 이산화탄소를 더 증가시키지 않고 일정한 값으로 안정시키려면, 매년 우리가 내뿜는 양을 줄여야만 한다. 우리가 배출하는 모든 탄소를 자연이 흡수할 수 있을 만큼만 배출해야 한다는 말이다. 이 말은 우리의 연간배출량을 1.4PPM으로 줄여야 한다는 의미이며, 현재의 배출량을 60% 감축해야 한다는 의미이기도 하다. 그것도 인류가 적극적으로 빠르게 행동할 때만 유효하다. 주어진 시간이 얼마 남지 않았다.

기후 위기를 두고 여러 예측을 한 인류는 지금까지 크게 세 번의 온실가스 배출 감축 합의를 했다. 미국 등 선진국이 1990년 수준보다 평균 5.2% 줄이기로 한 교토의정서(1997년), 참가국이 산업화 이전보다 지구 표면 평균 온도가 2℃ 이상 오르지 않도록 단계적 감축하기로 한 파리기후협약(2015년), 전 세계 각국이 2030년까지 이산화탄소를 2010년 대비 45% 줄이고 2050년까지 'Net Zero(넷제

     병든 사회를 걱정하는 소시민의 빨강생각

로)'를 만들어 평균 온도 상승을 1.5℃ 이내로 제한하기로 한 제48차 IPCC 총회(2018년)가 그것이다. 최근 우리나라의 2050 탄소중립 선언도 이에 따른 것이다.

첫 번째, 교토의정서

유엔은 1992년에 브라질 리우데자네이루에서 과학자, 환경운동가, 정부가 참여하는 국제 회담을 주최했다. 이 회담에서 이산화탄소 배출을 제약하는 국제조약이 필요하다는 것에 모두 동의하여 체결된 것이 '기후변화에 관한 유엔기본협약'(UNFCCC)이다. 사실상 정부간 노력의 첫 결과물이다. 각국이 온실가스 방출을 제한하고 지구온난화를 막자고 협의했으나 강제성이 없는 느슨한 것이었다. 이후 1997년 12월 11일에 다시 교토의정서[22]가 채택된다. 교토의정서는 지구온난화의 규제 및 방지를 위한 국제 협약인 유엔기본협약의 수정안이다. 일본 교토에서 개최된 지구온난화 방지 교토 회의 제3차 당사국 총회에서 채택되었고 2005년 2월 16일 공식 발효되었다. 교토의정서에서 온실가스 감축목표가 구체적으로 정해짐에 따라 온실가스를 효율적으로 감축하기 위해 배출권거래제도와 공동이행제도, 청정개발제도를 도입했는데, 이를 '교토 메커니즘'이라 한다. 제재되는 6가지의 온실가스는 이산화탄소, 메탄, 아산화질소, 과불화탄소, 수소불화탄소, 육불화황인데, 이 가운데 배출량이 가장 많은 것이 이산화탄소이므로 일반적으로 배출권이라 하면 '탄

---

22 Kyoto Protocol. 정식 명칭은 '기후변화에 관한 국제연합 규약의 교토의정서'다.

소배출권'을 말한다(박제용, 2018: 165). 여기서는 선진국 전체의 온실가스 배출량을 1990년 수준보다 5.2% 감축할 것을 목표로 정했지만,[23] 미국은 발효되기도 전인 2001년에 탈퇴했고 중국과 인도는 애초에 포함되지도 않았다. 온실가스 배출국 중 가장 큰 비율을 차지하는 세 나라가 빠진 다음 캐나다, 일본, 러시아가 빠지면서[24] 교토의정서는 사실상 의미를 상실하게 된다.

두 번째, 파리기후변화협정

2015년 12월 12일 프랑스 파리에서 열린 유엔 기후변화협약 제21차 당사국 총회에서 195개 협약 당사국 대표들은 2100년까지 지구 평균기온 상승 폭이 산업화 이전에 비해 2℃를 넘지 않도록 하고, 더 나아가 1.5℃까지 제한하도록 노력하기로 합의했다. 2016년 11월 4일 공식 발효된 파리협정은 국제법의 효력을 지닌 것으로, 2020년까지 온실가스 배출 등에 관한 국제 약속으로 활용돼온 교토의정서를 대체한다. 2021년 파리협정 시행 원년이 시작된다. 파리협정은 교토의정서와 달리 지구 평균기온 목표치를 처음으로 명문화했고, 선진국(37개국) 위주로 부과하던 온실가스 감축 의무를 모든 당사국으로 넓혔다. 당사국들이 정한 목표의 이행 정도를 점검하기로 한 것과 종료 시점 없이 지속적인 기후변화 대응 체제를 구

---

23 1990년과 비교해 온실가스 배출량을 2012년까지 EU 8%, 미국 7%, 일본 6% 등 선진국 평균 5.2% 줄이기로 했다. 중국, 인도, 한국 등 개발도상국은 의무 대상에서 제외됐다.

24 '선진국 탈퇴 도미노?… 교토의정서 존폐 위기'
박소영, 〈뉴스1〉 2011.12.13.

축한 것도 진전된 성과였다. 각국은 이에 따라 온실가스 감축 목표를 스스로 정해 국제사회에 약속하고 이 목표를 실천해야 하며, 국제사회는 그 이행을 공동으로 검증하게 된다. 2017년 미국 트럼프 정부가 교토협약에 이어 다시 파리협정에서도 탈퇴 선언[25]을 했지만, 나머지 200여 국가가 협정을 이행 중이다.[26] 협정이 채택되던 날 지구 대기의 이산화탄소 농도는 400.89PPM이었다. 2015년 연평균 농도는 400.1PPM이었다. 이 숫자는 2019년 410.5PPM으로 늘었고, 2020년 12월 7일 기준 전 지구 측정치 평균은 413.65PPM 이다. 2019년 평균 수치는 산업화 이전보다 48% 증가한 수준이었다. 인류가 이 약속을 지킬 수 있을지에 대한 의심이 드는 대목이다.

세 번째, 인천 IPCC 48차 총회: 임계온도 섭씨 1.5℃

2018년 인천에서 열린 기후변화에 관한 정부 간 협의체(IPCC)[27] 제48차 총회에서 「지구온난화 1.5℃ 특별보고서-Global Warming

---

25　미국은 2021년 1월 바이든 대통령이 임기를 시작하며 첫 번째 한 서명으로 파리협정에 재가입했다.

26　'2021년은 파리협정 시행 원년'
　　　이희용, 〈디지털타임스〉 2021.1.11.

27　IPCC(Intergovernmental Panel on Climate Change): 세계기상 기구(WMO, World Meteorological Organization)와 유엔환경계획(United Nations Environment Program)이 1988년 공동 설립한 국제기구로 기후 변화, 영향 및 대응 정책에 관한 평가보고서 작성을 목적으로 하여 지금까지 5번의 평가보고서가 작성되었고, 총 195개의 회원국이 참여하고 있다.

of 1.5℃」가 채택되었다. 1.5도는 산업화 이전과 비교해서 지구가 허용할 수 있는 온도 상승 여력을 나타내는 숫자다. 산업화 이후 현재까지 지구 평균 온도가 약 1도 상승했으니, 남은 온도가 0.5도밖에 남지 않았다는 의미다. 특별 보고서의 「정책결정자를 위한 요약본」은 지구 평균 온도가 2.0도 상승할 때와 1.5도 상승할 때를 비교하는 내용이 주를 이룬다. 이를 통해 2.0도가 아닌 1.5도 이하를 목표로 삼아야 한다는 것을 강조하고 있다. 2015년 유엔 기후변화 회의에서 맺은 파리협정에서는 각국이 지구 기온 상승을 2.0도 이하로 묶고 1.5도로 제한하기 위해 노력하자고 합의했지만, 이젠 더 나아가 확실하게 1.5도 이하로 막아야 한다고 명토박은 것이다(박제용, 2018: 24). 계획 성공의 성패는 무엇보다도 2030년까지 이산화탄소 배출량을 적어도 지금의 45%로 줄일 수 있는지에 달려있다. 또한 장기적으로 2050년까지 인간의 활동에 따른 이산화탄소의 배출을 0%인 넷제로(Net-Zero) 상태로 만들어야 한다. "넷제로" 시대로 돌입하기 위해서는 인간이 배출하는 이산화탄소의 절대량을 줄이는 것도 중요하지만 그에 못지않게 신기술, 나무 심기, 재생 숲 조성, 토지회복 등 다양한 방법으로 발생한 이산화탄소를 회수하는 작업도 병행해야 한다. 두 가지 노력이 합쳐져 최대의 성과를 낼 때 비로소 온실효과를 극복할 수 있다. 각국은 2030년까지 이산화탄소 배출량을 2010년 대비 45% 감축하기로 약속했지만 이행 정도는 지지부진하다. 핀란드는 2035년, 스웨덴은 2045년, 영국, 프랑스, 덴마크, 뉴질랜드, 캐나다, 일본 등은 2050년까지 탄소 중립을 이루겠다고 법제화하거나 공언했다. 문재인 대통령도 2020년 10월 28일 국회 시정연설에서 '2050 탄소 중립'을 약속했다. 이산화탄소 배출량 세계 1위인 중국은 목표를 2060년으로 잡았다.

1.5도를 그토록 강조하는 이유는 뭘까. 파리협정에서 합의했던 2.0도 수준으로는 지구의 위험을 막을 수 없다는 절박함이다. 2.0도와 1.5도의 차이가 엄청나기 때문이다. 가령, 2100년을 기준으로 1.5도 상승했을 때가 2.0도일 때에 비해 해수면이 0.1m 낮다. 10cm에 불과해 보이지만, 이 정도 상승만으로도 위험에 빠질 수 있는 사람은 약 1,000만 명에 달한다. 또 1.5도에서는 해수면 상승 속도가 더 느리기 때문에, 담수의 염류화, 홍수 증가 및 기초 시설의 손상으로 인한 위험이 줄어들고 이에 적응할 기회가 늘어난다.

1.5도의 경우 현재 생물 중 척추동물의 4%, 곤충의 5%, 식물의 8%가 서식지의 절반 정도를 상실할 것으로 예측되는데, 2.0도에서는 그 비율이 척추동물은 8%, 곤충은 18%, 식물은 16%로 증가한다. 그리고 1.5도 상승 시에는 생태계 변화가 일어나는 육지 면적이 4%인 데에 반해, 2.0도에서는 13%로 세 배 이상 증가한다. 고위도 지역의 툰드라와 한대림이 기후변화로 황폐화되며 면적이 줄고 있지만, 그럼에도 1.5도로 상승폭을 낮추면 150만~250만km²의 영구동토층이 녹는 것을 막을 수 있다. 이 뿐만 아니다. 1.5도로 상승폭을 낮추면 해수온도 상승 및 해양산성화를 완화하는 데도 도움이 된다. 북극해의 해빙이 모두 녹아 없어질 확률은 2.0도에서 10년에 한 번 꼴이지만 1.5도에서는 100년에 한 번으로 줄어든다. 또한 이산화탄소 농도의 증가와 지구온난화는 해조류에서 어류에 이르기까지 광범위한 생물종의 사멸을 가져올 것으로 예측되는데, 바닷속 산호초의 경우 1.5도에서 70~90% 감소하겠지만 2.0도에서는 99% 이상 감소할 것으로 보인다. 전 지구 어업 수확량 감소치는 1.5도에

서 150만 톤인 데 비해, 2.0도에서는 300만 톤으로 늘어날 것이다 (박제용, 2018: 26). 1.5도는 어디까지나 인류의 생존을 위한 최소한의 조치다.

지구온난화의 영향은 불균형적이다. 건물의 인공 열배출이나 대기오염과 맞물려, 다른 지역보다 도시가 유독 더 뜨거워지는 열섬현상이 늘어나고 오존 농도가 높아지면서 관련 질병 유병률 및 사망률이 높아진다. 이 때 빈곤층과 사회적 소외계층은 이로 인한 피해를 더 크게 받을 수밖에 없다. 상대적으로 가난한 열대 지역에서는 말라리아나 뎅기열 같은 감염병이 더욱 확산될 것이다. 지구가 뜨거워지면서 옥수수, 쌀, 밀 등의 곡물 수확량이 줄어드는데, 특히 사하라 이남 아프리카, 동남아시아, 중남미 지역에서 더 감소할 것이다. 충분한 먹을거리를 가지고 있는지를 따지는 식량 가용성은, 아프리카 사헬지역, 남아프리카, 지중해, 중부 유럽, 아마존에서 2.0도 상승 시 1.5도보다 더 크게 감소한다. 만약 1.5도로 제한하지 못한다면, 물 부족에 노출되는 인구 비율도 최대 두 배 가까이 증가할 것으로 전망된다. 기온이 2.0도 상승할 때는 1.5도로 제한했을 경우에 비해, 전반적으로 기후 관련 위험에 노출될 인구와 빈곤에 취약한 인구가 2050년까지 최대 수억 명 늘어날 것으로 전망된다. 이처럼 다양한 분야에서 1.5도로 억제했을 때가, 2.0도 상승 때 보다 인류와 지구 생태계가 맞이할 위험이 많이 줄어든다. 2.0도가 넘어가는 순간 대부분의 요인에서 심각한 위기가 나타난다는 말이다(박제용, 2018: 27-28). 이미 1.0도 상승한 현재가 매우 심각한 상황이기에 당장 이산화탄소 배출을 멈춰야 한다. 인간과 자연이 버틸 수 있는 한계가 남은 0.5도밖에 남지 않았음을 생각하여 더더욱 치열한 노력을 경주해야 한다. 겨우 0.5도 차이에 불과하다고 생각하기 쉽지만, 이 0.5도 차이가 지금까지 쌓아 온 지구 위 생명체의 다양성, 생태계 시스템, 더 나아가 세계 경제에 미칠 영향은 궤멸적 수준임을 잊어서는 안된다.

누구의 책임인가, 누가 더 크게 책임져야 할까

탄자니아 기상청 라디슬라우스 창아 국장은 "탄자니아의 탄소 배출량은 0에 가깝지만, 기후변화로 인한 피해는 우리가 가장 크게 받고 있다. 이 변화는 누구의 책임인가"라고 묻는다. 가슴 아픈 질문이다. 우리는 이에 대해 뭐라 답해야 하는가. '지구온난화를 넘어서기 위해 무엇을 해야 할까'라는 질문에는, 이산화탄소를 줄여야 한다는 답밖에 할 게 없다. 탄소발자국[28]을 줄여야 한다는 말이다.

탄소발자국이란 개인이 소비한 상품을 생산하기 위해 배출된 이산화탄소의 총합을 의미한다. 개인이 차를 타거나 비행기를 타면서 배출한 것과 집에 있는 동안 배출한 가스비, 전기세, 난방비를 합하여 산출한다. 여기에 그 사람이 구입한 상품과 식품의 운송 거리를 다시 이산화탄소로 환산해서 합한 것이 탄소발자국이다. 온실가스는 여러 종류가 있지만, 이산화탄소를 기준으로 그 영향을 환산해 CO_2e를 단위로 삼아 표시한다. 이렇게 탄소발자국을 계산하

---

28 지구의 환경과 생태계에 인간의 행위로 인해 발자국처럼 흔적을 남기는 행위이기 때문에 그 점을 상기시키기 위해 발자국이라는 표현을 사용한다.

면 대개 한 해에 수십 톤이라는 결과가 나오기 마련이다. 이를 근거
로 탄소발자국을 줄이는 방법을 찾는다. 예를 들어 자전거 타기, 대
중교통 이용하기, 실내 에너지 소비 줄이기, 에너지 효율이 좋은 전
구로 교체하기, 안 쓰는 컴퓨터 끄기, 지붕에 태양전지판 설치하기,
자신이 사는 지역에서 생산된 '로컬 푸드만 먹기' 등이 있을 것이다
(조너선 닐 지음, 김종환 옮김, 2019: 337-338).

참고로 몇 가지 탄소발자국의 사례를 보자. 수돗물 1리터의 탄
소발자국은 0.245g CO2e으로 휴대폰으로 문자 메시지 18건 보내
기에 해당한다. 달걀 한 알의 탄소발자국은 300g CO2e으로 바나
나 4개 먹은 것과 같다. 비닐봉지는 10g CO2e, 종이 쇼핑백은 12g
CO2e로 사실 종이봉투의 탄소발자국이 더 크다. 월드컵을 한 번
치르며 발생하는 탄소발자국은 280만 톤 CO2e로 6,000번의 우주
왕복선 비행과 맞먹는다. 페이퍼백 책 한 권의 탄소발자국은 1kg
CO2e로 일반적인 TV 12시간 시청의 배출과 동일하다. 필요한 만
큼만 물을 끓여 탄 차 한 잔은 21g, 커피전문점에서 산 커다란 카
페라테는 한 잔에 340g이다. 런던-홍콩 왕복 비행의 탄소발자국은
3.4톤 CO2e로 평생 하루도 빠짐없이 쇼핑백 10개씩 들고 귀가하는
것의 양이다. 1헥타르 삼림 벌채의 탄소발자국은 500톤 CO2e로 자
동차 한 대로 지구 28바퀴 도는 것에 육박한다(마이크 버너스리 지음,
노태복 옮김, 2011). 얇은 비닐봉지는 3g CO2e, 수퍼마켓 비닐봉지
는 10g CO2e, 두껍고 재사용 가능한 비닐봉지는 50g CO2e다. 탄
소발자국을 남기는 것들은 생활 속에 너무도 많다. 그 모든 것을 한
번에 다 해결하기가 쉽지 않겠지만 가능한 것부터 찾아 개선해 가
는 것이 필수적인 상황이 됐다.

　병든 사회를 걱정하는 소시민의 빨강생각

　코로나 시대가 되며 집에 있는 시간이 늘며 폭발적 성장을 한 영역이 비대면 IT분야다. 인터넷 쇼핑이 그렇고 넷플릭스 등의 플랫폼이 그렇다. '자원, 보호, 재활용(Resources, Conservation & Recycling)' 저널은 우리가 인터넷을 사용하면서 지구에 남기는 환경발자국에 대해 분석한 연구를 게재했다. 이 연구에 따르면, 코로나19로 인해 2020년 3월 이후 인터넷 사용량이 20% 이상 늘었으며, 1시간의 화상 회의나 스트리밍 동안 배출되는 이산화탄소 양은 150~1,000g에 이른다. 참고로 자동차에 사용되는 약 1L의 가솔린이 배출하는 양이 약 8,887g이다. 2021년에도 계속 같은 수준의 사용량을 기록할 경우 인터넷 사용으로 발생하는 탄소배출량을 상쇄하기 위해 미국 인디애나 주 사이즈 2배 크기의 숲이 필요하다. 또한 그 데이터를 처리하고 전송하는 데에는 올림픽 경기장 수준의 수영장 300,000개 이상을 채울 수 있을 만큼의 물과 미국 로스앤젤레스 사이즈에 달하는 땅이 필요하다. 연구진이 인기있는 18개의 플랫폼을 대상으로 데이터 1GB(기가바이트)에 대한 탄소발자국, 물발자국, 생태발자국을 계산한 결과 넷플릭스가 세 가지 모두에서 가장 많은 데이터를 소요한 것으로 나타났는데, 시간 당 약 $28cm^2$(제곱센티미터)의 땅과 7.5L 정도의 물을 사용하고 440g의 이산화탄소를 발생시켰다. 영상플랫폼 줌(Zoom), 틱톡(TikTok), 왓츠앱, 페이스북 순서로 발생량이 많았다. 앱 이용 시 비디오를 많이 사용할수록 환경발자국이 더 커진 것이다. 넷플릭스 등 스트리밍 서비스를 이용할 때 고화질이 아닌 표준화질을 사용하는 것만으로도 환경발자국을 최대 86%까지 줄일 수 있었다.[29]

29　'넷플릭스 1시간 보는데, 7.5L 물 사용한다'

이쯤에서 한 번 생각해 보자. 이산화탄소 배출 문제 해결을 이렇게 개인들에게만 맡겨둘 일인걸까? 이 말은 개인의 노력이 필요 없다는 말이 아니다. 작금의 심각한 문제 해결의 주체가 누구여야 하는가를 생각해 보자는 말이다. 개별적으로 대응하는 것은 잘못된 방향에서의 접근일 수 있다. 환경운동가들의 표현에 따르면, 개별적 해법은 "파이프의 엉뚱한 끝에서 시작"하는 셈이다. 이 표현은 공장에서 유독 물질을 강으로 흘려보내는 것에 반대하는 캠페인에서 생겨난 말이다. 환경운동가들은 수질오염을 막는 데 두 가지 방법이 있다는 것을 알게 됐다. 하나는 정부나 법원을 압박해 공장에서 그런 독극물을 사용하지 못하게 금지하는 것이다. 그렇게 하면 애초에 유해 물질이 파이프로 들어가지 못하게 막을 수 있다. 다른 방법은 파이프의 반대편 끝, 그러니까 오염 물질이 강으로 배출된 후에 이를 해결하려는 것이다. 지방정부를 압박해서 강을 정화하는 데 더 많이 지출하게 할 수도 있고, 파이프 끝으로 배출되는 독성물질의 농도를 감시하거나 공장을 상대로 소송을 벌여서 피해를 배상하도록 할 수도 있다. 사람들에게 수돗물 대신 생수를 사 마시라고 할 수도 있고, 이사를 가 버리는 것도 한 방법이다. 환경운동가들은 애초에 파이프에 들어가기 전에 오염물을 차단하는 것이 훨씬 낫다는 것을 경험으로 배웠다. 개별적으로 녹색 소비를 통해 이산화탄소 배출을 줄이자는 것은 파이프의 엉뚱한 끝에서 문제를 해결하려는 것과 같다는 의미다(조너선 닐 지음, 김종환 옮김, 2019: 338). 개인의

정희은, 〈코메디닷컴〉 2021.1.19. https://news.v.daum.net/v/2021011918010 3786

소비 패턴을 바꾸는 갓이 매우 중요하지만 그것만으로는 지구온난화를 막는 중요한 변화를 이룰 수는 없다.

"앞으로 다가올 수십 년 동안 우리가 하는 행동이 금세기 후반부터 다음 세기에 이르기까지 엄청난 경제적, 사회적 파국을 불러올 수 있다. 그 규모는 양차 대전과 20세기 전반의 경제 대공황을 합친 것에 버금갈 것이다." 영국의 경제학자이자 세계은행 부총재를 지낸 니컬러스 스턴이 2006년 10월 발간한 일명 '스턴 보고서'(Stern Review)의 한 대목이다. 이 보고서는 인류가 지금 당장 온실가스 감축을 위한 행동에 나선다면 해마다 세계 각국 국내총생산(GDP)의 1% 정도 비용으로 기후변화 영향을 완화할 수 있지만, 그렇지 않으면 GDP의 20%까지 비용을 치를 수 있다는 것이 핵심이다. 이 보고서는 당시로선 대기과학자나 환경과학자가 아닌 경제학자가 영국 정부 지원을 받아 기후변화 대응의 필요성을 경제학적 관점에서 수행한 최초의 지구온난화 보고서였다. 당시 미국 정부가 교토의정서를 거부하며 그 이유로 온실가스 감축이 경제에 해를 끼친다는 점을 들었던 것과는 다른 시각이다.[30] 스턴 보고서는 기후변화에 대한 책임에서 선진국과 개발도상국을 구분했다. "광범위하고 지속적인 협력을 확보하기 위해 선진국과 개도국 모두의 공평한 노력 배분이 필요하다. 모든 차원의 공평을 만족하는 공식은 없지만, 소득과 역사적 책임, 1인당 배출량에 근거해 계산하면 부유한

---

30 '기후변화, 문제는 돈…끝나지 않는 선진국 vs 개도국 책임 논란' 박기용, 〈한겨레〉 2020.12.11. http://www.hani.co.kr/arti/society/environment/973772.html#csidx12168bda5e64bafbcb4145cd4acec1a

나라들이 2050년까지 1990년 배출량의 60~80%를 저감할 책임이 있다"라며 지금껏 많은 화석연료를 사용해온 선진국들 책임이 크다는 것을 분명히 했다. 2020년까지 적용되는 교토의정서 체제가 선진국 등 38개 나라에만 감축 목표를 부여했던 이유다.

2021년 본격 출발하는 파리기후변화협정은 기후위기 상황이 심각하다는 판단에 따라 196개 모든 협약 당사국에 감축 의무를 부과했지만, 아직도 선진국-개도국 간 공평 분담의 문제를 완전히 해소하지는 못했다. 현재의 1인당 배출량을 기준으로 하면 1~3위 배출국인 중국, 미국, 인도의 입장이 갈라진다. 협력이 어렵다는 말이다. 현재를 기준으로 하면 세계의 생산기지로 이용되는 개발도상국들의 배출량이 더 많지만, 그 전에 누적시킨 것은 이미 선진국 대열에 든 나라들이다. 따라서 각국의 책임량을 정하는 것과 실천과제를 부여하는 것은 그야말로 쉽지 않은 과제일 수밖에 없다. 이 합의가 이루어지지 않으면 각국은 구체적인 실천을 미룰 확률이 높다. 맡아야 할 짐이 너무 크고, 감당하기 어렵다는 걸 너무도 잘 알기 때문에 합의의 어려움은 가중된다. 2021년에 파리기후변화협정이 출범하고 나면 각국의 책임을 분명히 하자는 논의가 필요할 수밖에 없다. 분명한 것은 현재의 상태가 심각하고 앞으로는 더더욱 심각해질 것이라는 점이다. 매우 어렵지만 공동인식과 공동노력이 필요한 시점임을 모두가 알기에 이루어져야만 할 과제다. 앞으로도 개발도상국들이 선진국을 향해 기후변화로 인한 손실과 피해를 보상하라고 주장하고, 선진국들은 책임을 인정하지 않은 채 선의로 지원한다는 것을 강조하며 무마하려 든다면 지구의 미래는 없다.

우리의 현실과 대응

지구온난화의 주범은 산업화의 결과물인 이산화탄소다. 이산화탄소를 줄여야 한다는 당위에 대해서는 상당한 인식의 공유가 이루어졌지만 실제로 줄이는 시도를 하는 것은 다른 이야기다. 이미 여러 번의 국제적 합의에도 불구하고 여전히 이산화탄소의 배출량은 늘어가기만 한다. 그만큼 어려운 일이라는 말이기도 하다. 하지만 줄여야만 한다. 이건 선택의 문제가 아닌 생존의 문제라는 인식이 아니면 구체적인 노력으로 이어지기 쉽지 않은 일이다. 2018년 기후변화에 관한 정부간 협의체(IPCC) 보고서에서 2도를 1.5도 제한으로 목표를 강화했다. 2030년까지 전 세계 탄소 배출량을 2010년 대비 45% 줄이기로 한 것이다. 한국은 무려 60~70%를 줄여야 하는 엄청난 목표다. 이산화탄소 배출을 줄이기 위한 노력은 결국 산업 발전의 속도를 늦추는 것을 의미한다. 산업화에 따른 성장과 발전을 포기하거나 줄어서 지구를 지켜야 한다는 목소리도 높다. 하지만 현실은 어느 누구도 극적인 노력을 하지 않는다. 오죽하면 유엔기구변화보고서에서 "인류가 멸종으로 가는 고속도로 위에 올라서 있다"고 경고를 했을까. 모두가 안된다고 생각할 때 되도록 길을 열어가야 하는 것이 각 정부의 갈 길이다. 물론 산업 부문과 개인들의 노력이 동행해야 할 것이다. 이 와중에도 탄소중립 추진이 경제 성장에 부담이 된다는 반발도 적지 않다. 하지만 탄소중립을 하지 않으면 오히려 위기에 처하게 된다는 사실을 이미 우리는 안다. 구글, 애플 등 글로벌 기업들은 'RE100(기업 활동 필요 에너지의 100% 재생에너지 대체 목표)'으로 생산하지 않으면 취급하지 않겠다는 선언까지 하는 형편이다. 유럽에선 수입품에 국경 탄소세를 매길 계획이고, 미국 바이든 행정부도 탄소세를 고민하겠다고 밝힌 상황이다. 그야말로 경제구조의 판 자체를 새로 짜고 있는 상황이니만큼, 당장의 우리 경제를 유지하기 위해서라도 탄소중립을 위한 전환은 불가피하다.

지난 10년 동안 OECD 국가들이 평균적으로 10%의 온실가스 배출량을 줄이는 동안, 우리나라는 25% 가까이 늘렸다. 각 나라의 생산, 소비를 위해서 필요한 면적을 계산하여 발표하는 민간기구에 따르면, 우리나라가 생산, 소비, 폐기를 하기 위해 필요한 면적이 우리 남한 면적의 8.5배로 세계 1위다. 대부분의 에너지와 자원을 수입하는 입장이라 불가피한 측면이 있다지만 심각한 일이 아닐 수 없다. 2위는 일본으로 7.9배의 면적이 필요하다. 문제는 원인제공 국가는 따로 있는데 피해는 대부분 가난한 나라들인 남태평양의 작은 나라들과 방글라데시 등이 입는다. 이후 산업화가 된 나라가 피해를 본다면 우리나라일 가능성이 가장 높다. 에너지와 식량 등을 외국에 의존하는 나라의 숙명이다. 이에 대한 구체적인 대책이 없다면 기후위기로 인해 가장 먼저 몰락하는 나라가 될 수도 있다.

우리나라 산업에서 이산화탄소를 가장 많이 배출하는 산업부문은 1위가 제철산업, 2위가 시멘트산업, 3위가 석유화학산업, 4위가 플라스틱 제조업이다. 5위는 제지산업, 6위는 알루미늄산업이다. 1위에서 6위까지의 산업에서 배출하는 이산화탄소 양이 산업부문 전체의 67%에 해당한다(박제용, 2018: 75-96). 현재 산업부문에서 플라스틱 제조업의 이산화탄소 배출 비율은 12%로, 전반적인 이산화탄소 배출량에서 차지하는 비중은 3.8%다. 문제는 플라스틱 제조업의 성장 속도가 대단히 빠르다는 점이다. 2010년에서 2015년까지 6년간 플라스틱 생산 증가율은 연 4%에 이른다(박제용, 2018: 88). 플라스틱 유래 온실가스는 수지 생산 단계에서 61%, 가공 단계에서 30%, 소각 등 영구폐기 과정에서 9%가 배출된다.[31] 생산 단계에서의 발생량을 줄이는 것이 매우 중요한 이유다. 석유를 정제해 나프타를 생산하고, 이를 가지고 석유화학 업체에서 폴리에틸렌 등의 원재료로 변환하는 모든 과정에서 지속적으로 이산화탄소가 방출된다. 탄소발자국을 남기게 된다는 말이다. 온케이웨더 취재팀이 발간한 〈날씨 충격〉에 따르면, 세계 경제의 80%는 기상변화에 직간접적으로 영향을 받으며, 우리나라 경우 날씨에 민감한 산업 비중이 GDP의 52%다. 우리나라 업계에선 날씨 정보의 경제적 활용 가치를 연간 3.5~6.5조 원으로 추산하고 있다. 날씨는 곡물류와 어획량 등 식량과 원자재 생산에도 영향을 준다. 미국에서 여름 평균기온이 1℃ 올라가면 옥수수 수확량은 11%, 2℃ 올라가면 24.2%가 감소한다. 1982년 페루 해안지역 해수면 온도가 평균 이상으로 상승하는 엘니뇨 현상이 발생하자 당시 정어리 어획량은 평년 대비 4% 수준인 50만 톤으로 격감했다. 미국에선 페루산 정어리를 비료의 원료로 사용하는데, 원료를 구할 수 없어 콩으로 대체했고, 이 때문에 콩 품귀현상이 일어나면서 세계적인 식량 파동으로 이어졌다.[32]

---

31 '플라스틱 이대로면 2050년게 온난화 주범 된다'
    이근영, 〈한겨레〉 2019.4.17. http://www.hani.co.kr/arti/
    science/science_general/890370.html

32 '1~2℃ 따라 문명이 변한다'
    이철재, 〈프레시안〉 2020.12.5. https://www.pressian.com/pages
    /articles/2020120512333524652?utm_source=daum&utm_

날씨에 따라 산업 전반의 흐름이 바뀌고 변화하는 현실에서 기후위기가 다가올 때 얼마나 큰 변화가 올지 짐작하기는 어려운 일이 아니다. 다만 그 정도를 추산하는 것이 쉽지 않을 뿐이다. 기후변화는 모든 산업과 인류의 생존에 지대한 영향을 미치며, 따라서 더 이상은 피해 갈 길이 없는 상수로서의 현실이다.

ESG는 환경(environment) 사회(social) 지배구조(governance)의 머리글자로 기업의 비재무지표를 뜻한다. 글로벌 연기금과 자산운용사들은 ESG 평가를 근거로 투자처를 결정하는데, 이는 환경과 사회에 보탬이 되는 기업을 선택하겠다는 의미를 갖는다. 글로벌지속가능투자연합(GSIA)이 추정한 글로벌 ESG 펀드의 규모는 2020년 말 기준으로 45조 달러(약 5경 원)에 이른다. 미국의 애플 등 일부 글로벌 기업도 소재나 부품을 납품하는 협력사에 ESG 성과를 요구하기 시작했다. 모건스탠리캐피털인터내셔널(MSCI) 2019년 평가 보고서에 따르면 삼성전자(BBB) 현대자동차(B) SK하이닉스(BB) 등 국내 '빅3'의 ESG 등급 앞자리는 모두 'B'다. 포스코(BBB)도 마찬가지다. 에너지를 많이 쓰는 제조업 비중이 높다 보니 E(환경)와 관련한 점수가 낮을 수밖에 없다. 한국경제신문과 IBS컨설팅의 조사에 따르면, 국내 주요 20개 기업 중 2017~2019년에 온실가스 배출량을 감축한 곳은 9곳, 에너지 소비를 줄인 곳은 5곳이다. 삼성전자의 2019년 온실가스 배출량은 506만7,000t으로 2017년보다 38.1% 증가했다. 같은 기간 SK하이닉스의 온실가스 배출량 증가율도 24.4%에 달했다. 포스코는 2019년 온실가스 배출량만 해도 7,099만t에

medium=search

이른다. 아예 단위가 다르다. 에너지 소비량과 폐기물 배출량도 개선되지 않고 있는 지표다. LG화학은 2019년 1억7,550만GJ(기가줄: 에너지양을 나타내는 단위)의 에너지를 쓰고 34만8,472t의 폐기물을 배출했다. 2년 전보다 에너지 사용량은 6.4%, 쓰레기 배출량은 24.8% 늘었다. 투자와 생산을 늘수록 오염물질 배출량이 증가하는 것이 한국 제조업의 현실이다. 따라서 제조업이 핵심인 한국 대기업의 특성상 글로벌 평가기관의 눈높이를 맞출 만큼 환경 관련 지표를 끌어올리는 게 쉽지 않다. 파리기후협약에 따라 2030년까지 온실가스 3억1,500만t을 줄여야 하는 한국 기업들이 'ESG'로 인한 피해를 받지 않으려면 최대한 빨리 경영 시스템 전반을 손봐야만 한다. 그래야만 생존이 가능하다.[33]

우리나라는 기후대응 분야에서 그간 좋은 평가를 받지 못해왔다. 사우디아라비아, 호주, 뉴질랜드 등과 함께 이른바 '기후악당' 또는 '기후깡패'[34]라 불리는 4개국 가운데 하나다. 우리나라는 경제협력개발기구(OECD) 국가 중 탄소 배출량 증가율 1위, 재생에너지 발전 비중은 하위 2위다. 다른 나라들은 10년 전부터 줄이거나 유지하고 있는데 우리는 석탄 발전소를 계속 짓고, 국외 석탄발전에

---

33 '빨라지는 ESG 시계… 삼성전자·현대차 '초비상''
송형석·이수빈, 〈한국경제〉 2021.1.3. https://news.v.daum.net/
v/20210103172903946

34 영국의 기후변화 비정부기구인 기후행동추적(CAT)는 2016년 한국을 "기후변화 해결에 전혀 노력하지 않는 기후악당"이라고 비판했고, 영국 기후변화 전문지 '클라이밋홈' 역시 사우디아라비아, 호주, 뉴질랜드와 함께 한국을 '세계 4대 기후악당'으로 지목했다.

도 투자를 계속해 왔기 때문에 지탄을 받은 것이다. 그런 우리나라가 2019년 세계 이산화탄소 배출량 상위 20개국 가운데 세 번째로 높은 감축율을 기록했다. 글로벌 카본 프로젝트(GCP)가 발표한 '지구 탄소 예산 2020' 보고서의 국가별 이산화탄소 배출량 자료에 따르면, 한국의 2019년 이산화탄소 배출량은 6억1,120만t이다. 2018년보다 2,370만t, 약 3.7%가 줄어든 것으로, 세계 배출량 상위 10개국 가운데 독일(-7.1%) 다음으로 높은 성적이다. 상위 20개 국가로 확대해봐도 한국보다 감축율이 높은 나라는 독일 외에는 폴란드(-4.5%)뿐이다. 석탄 발전을 줄인 것이 결정적이었다. 석탄을 덜 태워 줄어든 이산화탄소가 1,660만t으로 전체 감소량의 70%였다. 글로벌 카본 프로젝트는 이산화탄소 배출량 분석에서 권위를 인정 받는 기후변화 관련 전문가들의 공동 조사 프로젝트다. 우리나라가 온실가스 배출량을 조사하기 시작한 이후 배출량이 전년보다 줄어든 것은 1998년과 2014년에 이어 2019년이 세 번째다. 1998년에는 외환위기 여파로 경제가 5.5%의 마이너스 성장을 한 결과였고, 2014년은 원전 발전량 증가가 주원인이 된 일시적 감소였던 반면 2019년 감소는 국가 차원의 정책적 노력에 의해 이뤄낸 첫 사례라는 점에서 의미가 남다르다.[35] 정부가 미세먼지 감축을 위해 2020년 12월 최대 17기의 석탄발전소를 가동 정지함으로 미세먼지 배출량이 전년대비 426톤 감소했다. 미세먼지 계절관리제 이행을 위

---

35 '미세먼지로 석탄발전 줄였더니..한국 탄소 감축 '세계 3위''
　　김정수, 〈한겨레〉 2020.12.14. http://www.hani.co.kr/arti/
　　society/environment/974089.html

　　병든 사회를 걱정하는 소시민의 빨강생각

해 석탄발전 감축을 실시했던 결과다. 한 달 간 최대 17기의 석탄발전이 가동 중지됐고 최대 46기에서 상한제약(발전출력을 80%로 제한하는 것)이 실시됐다. 산업부는 이를 통해 석탄발전기 20~25기를 가동 정지하는 효과를 얻었다고 분석했다. 미세먼지 계절관리제가 시행되기 전인 2018년 12월(1904톤)과 비교하면 약 60%(1,139톤)이 줄어든 것이다.[36] 계절관리제로 인한 결과지만 이것이 주는 의미는 상당하다. 환경에 악영향을 주는 석탄발전을 줄여야 한다는 당연한 것에 대한 설득력이다. 지구온난화의 주범인 이산화탄소 배출도 그만큼 줄었다는 것을 의미하기 때문이다. 전력의 필요는 당연하지만 발전의 질을 바꿔서라도 지구를 지키는데 일조해야 한다는 당위 앞에서 아주 적극적인 정책적 대응이 필요함을 강변하는 것이기도 하다. 우리나라는 기후위기가 심화에 따른 세계적 식량 메커니즘 붕괴에서 가장 취약한 나라다. 에너지도 해외에 의존하고 있기에 이에 대한 철저한 대비가 없다면 최악의 경우 식량 난민이 될 수도 있다. 유럽과 미국은 식량 자급이 가능하지만 우리의 경우는 전혀 그렇지 않다. 심각하게 받아들여야 할 현실이다.

문재인 대통령이 2021년도 예산안 시정연설을 하면서 '2050 탄소중립'을 선언했다. 세계가 함께한 합의에 따른 결단이며, 인류의 생존을 위한 최소한의 방안인 탄소중립에 대한 의지 피력이다. 말로 하는 선언은 쉽지만 그것의 구체적인 진척을 위해서는 매우 치밀한 준비와 방향 설정이 중요하다. 우리 정부는 어떤 방향으로

36　'석탄발전 없앴더니 미세먼지 426톤 사라졌다'
　　안재용, 〈머니투데이〉 2021.1.10.

이를 추진하고 있을까. 우리 정부의 탄소중립을 위한 핵심 전략은 4 가지다.

첫째, 경제구조의 저탄소화.

에너지 주공급원을 화석연료에서 태양광이나 풍력발전과 같은 신재생에너지로 전환하는 것이다. 지역으로 분산형 에너지시스템을 확산하고, 친환경차인 수소차, 전기차를 생산하고 보급하며, 탄소 다배출 업종에서 탄소배출량을 줄이기 위해 업종기술개발을 지원한다. 신규 건축물의 제로에너지 건축도 의무화하여 앞으로 신축되는 건물은 친환경적으로 짓도록 한다.

둘째, 신유망 저탄소산업 생태계 조성.

차세대 전지 관련 핵심기술을 확보한다. 2050년에는 수소에너지 전체의 80% 이상을 그린 수소로 전환하고, 친환경 저탄소 업종을 적극 지원한다

셋째, 탄소중립 사회로의 공정전환.

내연기관 완성차 산업에 대해 R&D 등을 적극 지원하여 사업전환이나 재취업을 지원하고, 국민의식을 탄소중립사회에 맞게 제고한다.

넷째, 탄소중립 제도적 기반강화.

기후대응기금을 신규조성하고, 탄소가격체계를 재구축한다. 또한 저탄소 산업구조로 전환을 위해 금융시장 인프라를 재정비한다. 또한 대통령 직속 민관합동 기관인 2050탄소중립위원회를 설립하여 '넷제로'로 가기 위한 다양한 노력을 경주한다.

어떤가. 구체적인 방향이라 보이긴 하지만 정말 가능할까라는 생각부터 들지 않는가. 이건 의심을 해서라기보다는 인류가 그

간 걸어온 방향의 기준에서 매우 멀리 떨어진 방향이라 갖는 낯섦 때문에 갖게 되는 의문일 것이다. 그렇다. 정말 가능해 보이지 않는 그 방향으로 가지 않으면 인류의 생존 자체가 위협받기 때문에 가야만 하는 길인 것이다. 경제적 타격을 최소화하며, 인류 공존을 위한 세계와의 약속을 지켜가기 위해서 앞으로 얼마나 많은 수고와 견딤의 시간이 필요할지 가늠이 쉽지 않지만 가야만 하는 방향이다.

2020년까지 제출한 75개국의 온실가스 감축 목표를 분석한 유엔기후변화협약은 파리협정에 서명한 모든 나라를 대상으로 감축 목표를 상향해 다시 제출할 것을 촉구했다. 현재의 온실가스 감축 목표로는 파리협정 이행이 불가능하다는 것이다. 75개 국가가 목표로 제출한 2030년 온실가스 배출 총량은 136억7천톤이다. 파리협정 때 제출했던 감축 목표보다 2.8% 낮은 수준이지만, 이 목표대로라면 2030년 온실가스 배출은 2010년 대비 0.5%, 2017년 대비 2.1%밖에 낮아지지 않는다. 기후변화에 관한 정부 간 협의체(IPCC)는 지구 온도 상승을 1.5도 이내로 제한하기 위해서는 온실가스 배출을 2030년까지 2010년 대비 45%(2도 이내 제한일 때는 25%) 이상 감축해야 한다고 권고했다. 따라서 현재까지 제출된 감축 목표로는 턱없이 부족하다.[37] 그야말로 전쟁에 준하는 결단과 실천 없이는 가능하지 않은 길을 가야만 하는 상황이다. 마치 코로나19와의 싸움에서 견디기 힘든 정도의 실천을 요구하고 그것을 감내해야 하는

---

37 '유엔 "한국 등 온실가스 감축목표 다시 내라"'
이근영, 〈한겨레〉 2021.2.26. http://www.hani.co.kr/arti/
science/science_general/984729.html

것처럼 말이다. 어쩌면 그 이상일지도 모른다. 우리는 기후위기에 대처할 수 있는 마지막 세대다.

화석연료의 대안을 찾아라

이산화탄소 배출을 줄이는 가장 핵심적인 방법은 화석연료를 사용하지 않는 것이다. 부문별 화석연료의 사용 비율은 나라마다 조금씩 다르기는 하지만, 전기생산 부문과 운송 부문이 가장 크다. 전기를 생산하는 방식을 화력발전에서 다른 재생에너지 발전으로 바꿔야 함은 너무도 당연한 수순이다. 태양광발전이나 풍력발전이 현재로선 가장 중요한 방법으로 제시되고 있음은 주지의 사실이다. 화석연료를 사용하지 말아야 한다는 당위가 제시되고 나면 이후엔 어떻게 할 것인가에 대한 질문이 나올 수밖에 없다.

원자력 발전: 켤 수는 있지만 끌 수 없는 불

이 부분은 논쟁의 여지가 크다. 그러나 원자력 발전이 갖는 위험성의 잠재력이 워낙 커서 사용불가라는 의견을 가진 쪽이 많다. 원자력을 독이라 주장하는 이유는 다음 두 가지다. 먼저, 고준위 폐기물의 문제가 있다. 원자력 발전에는 방사능을 내는 많은 폐기물이 나올 수밖에 없다. 이 폐기물은 반감기와 방사량에 따라 고준위에서 저준위까지로 나눈다. 저준위 폐기물은 방사능 세기가 낮은 것으로 폐필터, 이온교환수지, 작업복이나 공구 등이며, 중준위 폐기물은 저준위 폐기물보다 방사능이 더 센 것으로 방사선 차폐복이나 원자로 부품 등이 해당한다. 이것들은 작게 압축하고 불태워 땅 속저장소에 묻는다. 반감기가 짧은 폐기물은 깊지 않은 저장소에 묻지만, 반감기가 긴 것들은 땅 속 깊은 곳에 묻어야만 한다. 우리나라에서 이들 중저준위 폐기물을 처리하는 곳은 경주의 월성 원자력 환경관리센터다(박제용, 2018: 169).

고준위 폐기물은 그 양이 전체 방사성 폐기물 중 5%가 안 되지만, 내놓는 방사선은 전체의 99% 이상을 차지하는 아주 위험한 물질이다. 우리나라에서는 반감기 20년 이상의 알파선을 방출하는 핵종으로 방사능이 그램 당 4000베크렐4[38] 이상, 열 발생률이 세제곱미터(m^3)당 2킬로와트(kw) 이상인 방사성 폐기물을 고준위 폐기물이라고 하는데, 주로 원자력 발전에 사용한 핵연료가 고준위 폐기물로 남는다. 이것들은 중저준위 폐기물과 따로 처리해야 한다. 사용 후 핵연료의 96%는 우라늄238(94.6%), 플루토늄(0.9%), 우리늄235(1%)이다. 그 외에도 주기율표에서 악티늄족(원자번호 89-103)에 위치한 미량의 성분들인 마이너 악티나이드가 0.1%, 나머지 요오드나 세슘 등이 3.4% 존재한다. 사용 후 핵연료는 핵이 붕괴하면서 발생하는 열이 매우 뜨겁기 때문에 습식 저장고에서 10년 이상 냉각시키고 다시 건식 저장고로 옮겨 보관하게 된다. 고준위 폐기물은 온도가 800도나 되고, 이를 그냥 놔두고 이틀 정도 지나면 1,800도까지 올라간다. 당연히 폐기물을 감싼 피복재가 녹고 누출이 일어

---

38 베크렐은 방사성물질 국제표준 단위이며, 1초에 방사선 1개가 핵에서 한번 방출되는 것, 즉 1초 동안 하나의 방사성 붕괴가 일어나는 양을 나타낸다. 공기 중 라돈의 농도는 Bq/m^3이나 pCi/L로 표시하며, 1 pCi/L 는 37 Bq/m^3 에 해당하는 농도다.

나기에 식혀야 한다. 중수로는 40년 이상, 경수로는 60~80년을 식혀야 하는데, 60도 이하로 내려가는 데 100년 이상이 걸린다. 게다가 그 뒤에도 계속 방사능이 누출되지 않도록 보관해야 하는데, 보관 기간이 엄청 길다. 사용 후 핵연료의 방사능 세기가 천연 우라늄 수준으로 감소하는데는 10만 년도 더 걸린다. 그중에는 반감기가 긴 것들이 1%가 채 안되지만 99%를 따로 분리해서 보관하는 것도 보통 일이 아니다. 결국 반감기가 긴 것은 1,000년을 보관해야 하는데, 우리나라에는 아직 고준위 폐기물 처리장이 없다. 우리나라만이 아니라 대부분의 나라에 없다. 딱 하나 있는 곳이 핀란드에 있는 온칼로(onkalo)[39] 뿐이다. 핵발전소가 생긴 지 수십 년이 되었지만

---

[39] 핀란드 헬싱키에서 북서쪽으로 240km 떨어진 에우라요키시 올킬루오토섬에 위치한 지하 방사능폐기물 저장소. 2004년부터 건설 중인 거대한 방사능 폐기물 영구보관소로 18억년 된 화강암 지층에 조성되고 있다. 가장 안전화된 지층을 선택한 것이다. 지상에서 지그재그 형태로 만든 5km 길이의 터널 끝에 위치해 있는데, 지상으로부터의 깊이는 500m에 달한다. 방사능 폐기물은 지름 1m에 길이 3.5~5.2m의 원통형 저장용기에 담겨 보관될 예정이다. 시설이 완성되면 2020년부터 100년간 약 9천톤의 방사능 폐기물이 저장될 예정으로, 저장 용량이 가득차면 입구를 거대한 콘크리트로 막아 완전히 밀봉할 예정이다. 문제는 과연 10만 년 동안 이 시설이 안전하게 유지될 수 있을까에 대한 질문이다. 만약 기술적인 문제가 없다고 하더라도 후세가 호기심이나 광물을 위해 땅을 파낸다면 엄청난 양의 방사능이 외부로 유출될 것이라는 우려가 있다. 그래서 설계 담당자들은 미래의 인류에게 보내는 메시지를 고민하고 있는데 언어가 사라질 때를 대비해 위험을 경고하는 그림도 생각하고 있다.

거의 모든 나라가 이걸 지을 엄두를 못 내고 있으며, 다른 나라로 떠넘길 수도 없다.

그럼 어디에 지어야 할까. 엄두가 안나는 일이다. 대단히 위험한 물건이니 사람이 많이 사는 곳은 안된다. 거기에 최소한 1,000년 이상 유지가 필수적이기에 지진이 일어날 가능성이 큰 곳도 안된다. 우리 정부가 고준위도 아닌 중저준위 방사성 폐기물 처리장을 지을 때도 보통 어려워던 게 아니다. 안면도에 지으려다가 지역 주민 모두 들고 일어나 무산된 일이 있고, 인천 앞바다의 굴업도에 짓겠다고 나섰다가 실패했다. 결국 경주에 짓게 됐지만 이 때도 한국수력원자력주식회사 본사를 유치하고 국고보조금 3,000억 원 등 여러 인센티브를 동원해서 겨우 성사된 일이 있다. 따라서 고준위 폐기물처리장은 사실상 우리나라 안에 지을 곳이 없다고 보는 게 일반적 인식이다. 결국 지금처럼 원자력발전소 안에 임시로 보관하는 방식이 유일한 방안인데, 문제는 원자력발전소 안의 공간도 부족해지고 있다는 점이다. 임시가 항구가 되고 이후에 대한 대안이 없는 형편이다. 이건 엄연한 현실이다. 이런 상황에서 앞으로 계속 원자력발전소를 가동한다는 것은 그야말로 무대책이라는 지탄을 받을 수밖에 없다(박제용, 2018: 171).

원통형 콘크리트 구조물인 '캐니스터'와 직육면체 구조물인 '맥스터' 같은 건식저장시설로 옮겨 열을 식혀야 하는데 현재 이 저장 시설이 한계에 다다랐다. 월성원전 캐니스터 300기는 이미 2010년에 꽉 찼고, 맥스터 7기도 한계에 이르렀다. 사용후 핵연료 한 다발은 길이 50cm, 직경 10cm, 무게 약 23.8kg이다. 매달 발전소별로 하루 14~15다발씩, 연간 750톤의 사용후 핵연료가 나온다. 한수

원에 따르면 월성원전 맥스터 용량 16만8,000다발 중 97.6%(2020년 12월 기준)가 사용후 핵연료로 채워져 있다. 7기 중 6기는 이미 가득 찼다. 나머지 1기도 4분의 1만 비어 있다. 2022년 3월에는 이마저도 완전 포화상태에 이른다. 맥스터가 꽉 차면 사용후 핵연료가 갈 곳이 없어 원전 가동을 멈출 수밖에 없다. 2022년 3월 준공을 목표로 기존 맥스터 부지 옆에 16만8,000다발을 더 보관할 수 있는 맥스터를 짓고 있지만 재검토위의 공론조사가 조작설에 휘말리는 등 험난한 여정이다. 한국방사성폐기물학회 연구용역 결과에 따르면, 국내에서 운영 중인 한빛원전 사용후 핵연료 저장시설의 포화 시점은 2029년, 한울원전 2030년, 고리원전 2031년, 신월성원전 2042년, 새울원전 2065년으로 각각 예상한다. 이들도 저장시설이 다 차면 가동을 멈출 수밖에 없다. 월성원전에서 보듯 맥스터 증설도 쉽지 않다. 그리고 맥스터는 임시방편이다. 근본적으로는 영구처분시설을 지어야 한다. '고준위방사성폐기물 관리기본계획'에 따르면 방사성폐기물 부지 확보에만 12년이 걸리며, 부지가 확보돼도 중간저장시설 건설, 인허가용 지하연구시설 건설, 영구처분시설 건설 등에 30여 년의 준비기간이 필요하다.[40] 우리나라는 아직 구체적인 일정이 준비돼 있지 않다. 불안의 요소다.

또 다른 문제는 '사고'다. 그 유용함에도 불구하고 한 번 사고가 나면 걷잡을 수 없이 큰 피해를 준다는 사실을 모르는 이는 없다.

---

[40] '월성원전, 사용후 핵연료의 '역습'이 곧 시작된다'
박치현, 〈시사저널〉 2021.1.23. https://news.v.daum.net/v/20210123100202049

그래서 안전하게 짓고 안전하게 관리하는 노력을 기울인다. 그럼에도 불구하고 일어난 사고들은 그야말로 궤멸적 수준의 피해를 낳는다는 것을 역사를 통해 경험했다. 미국의 스리마일, 러시아의 체르노빌, 일본의 후쿠시마 사건 등을 통해 이미 학습된 경험이다. '겨우 세 건'인 게 아니라 '그렇게나 많이'라는 생각이 우선이어야 할 만큼 심각한 결과를 낳았음을 우리는 안다. 우리나라와 같이 인구 밀집형의 작은 나라에서 유사한 사건이 발생한다면 몇백만 명이 삶의 터전을 잃어버리게 될 것이라는 추정이 충분히 가능하다. 몇 년의 고생으로 끝나는 것도 아니다 최소한 몇 십년간 그 지역에 사람이 살지 못하고, 이후에도 안전하다는 판정까지는 추정이 쉽지 않을 만큼 시간이 아주 오래 걸린다. 1986년 4월에 사고가 일어난 체르노빌에는 아직도 사람이 살 수 없다. 사고가 난 그 원자력발전소들이 운영을 대충해서 일어난 일일까? 아니다. 그들도 애를 쓰며 최선을 다했을 것이라 전제하고, 그래서 불가항력적인 상황에서 사고가 일어났다고 하더라도 그 피해와 후유증이 너무 커서 뒷감당이 어려울 정도다. 그래서 유럽과 미국은 더 이상 원전을 짓지 않는다. 드물게는 원자력 발전이 비용 차원에서 이득이라는 주장이 있지만, 꼭 그렇지만은 않다.[41] 만에 하나 발전하는 과정까지는 혹시라도 싸게 먹힌다 하더라도 고준위 폐기물을 저장하는 데에 드는 비용을 떠올리면 결코 싼 발전방식이 아니라는 게 드러난다. 10만 년

---

41 '원전 발전단가, 2025년이면 태양광보다 비싸져'
    김영현, 〈연합뉴스〉 2017.10.31. https://www.yna.co.kr/view/
    AKR20171031040000003

을 관리해야 하는데 그 비용이 얼마일지는 가늠도 안될 정도다. 원자력발전소는 사용 가능한 기간이 정해져 있기에 일정 시점이 지나면 폐쇄해야 한다. 그 이후에는 원자력발전소 자체가 거대한 방사성 폐기물이 된다. 근시안적으로 현재의 원자력 발전 단가를 값싸게 계산하는 것은 우리가 지불해야 하는 비용을 미래 세대에게 떠넘기는 것이다(박제용, 2018: 174).

태양광 발전, 풍력: 현재까지의 기술 중 최고의 청정에너지

에너지원 가운데 탄소를 배출하지 않는 것은 핵균열을 제외하면 세 가지 뿐이다. 수력, 풍력, 태양에너지가 그것이다. 원자력과 달리 이것들은 계속 사용 가능하다. 역사가 꽤 긴 수력은 널리 활용되고 있는 반면, 풍력과 태양 에너지는 아직 미미한 편이다. 하지만 기후위기 상황에서 점차 그 수요가 늘며 급격히 증가하고 있다.

태양은 어떤 에너지원보다 깨끗하고 무한정하다. 지구에 한 시간 동안 내리쬐는 햇빛만으로도 온 인류가 1년을 사용하기에 충분하다. 석탄, 석유, 천연가스, 우라늄, 수력, 풍력, 광합성으로 얻어지는 에너지를 모두 합쳐도 태양을 당하지 못한다. 오염 물질도 온실가스도 배출하지 않으며 공짜다. 태양광 발전은 햇빛을 이용해 에너지를 만드는 것이다. 발전 방법으로는 광전지(photovoltaic, PV)를 사용하는 태양광 발전과 태양열 집중발전 두 가지 방식이 있다. 태양발전은 검증된 청정에너지원이다. 흔히 사람들이 '태양광 발전'이라고 하는 것은 광전지를 이용하는 방법이다. 광전지란 햇빛을 전류로 변환하는 얇은 실리콘 판인데, 이렇게 만들어진 전류는 곧장 기존 전력 시스템과 연결될 수 있다. 광전지를 사용하는 주된 방법

은 여러 개를 연결해서 지붕처럼 길고 납작하게 만들어 옥상을 덮는 것이다. 뜨겁고 햇빛이 강하게 내리쬐는 나라에서는 지붕 전체에 태양전지판을 설치하고, 추운 북쪽 나라에서는 남쪽에 햇빛이 더 잘 들 테니 지붕의 남쪽 면에만 설치한다. 남반구에서는 반대로 하고. 이렇게 광전지를 사용한 방법은 전기를 전송할 필요가 없기에 비용을 줄일 수 있다. 일반적으로 전기에 들어가는 비용의 절반 정도는 발전소에서 전기를 만드는 비용이고 나머지 절반은 가정집까지 전기를 보내는 비용과 송전하는 와중에 전선에서 소모되는 전기의 비용이다. 따라서 지붕에 광전지판을 설치하면 절반의 비용은 절감되는 셈이다(조너선 닐 지음, 김종환 옮김, 2019: 106).

태양광 발전으로 상당한 성과를 거둔 대표적인 나라는 일본과 독일이다. 일본은 인도네시아와 중동의 석유 공급이 불안정해질 것을 우려해서 1996년부터 '7만 개의 태양광 지붕' 캠페인을 벌였다. 지붕에 광전지를 설치하고 싶어 하는 모두에게 설치 비용의 절반을 정부가 대신 지불했다. 1995~2005년에 판매량이 매년 50%씩 늘었고, 점차 대량생산으로 가격이 절반으로 떨어졌다. 2004년에는 정부가 보조금을 7%로 낮춰도 될 만큼 가격이 떨어졌다. 독일도 '10만 개의 태양광 지붕' 캠페인을 벌이며 발전차액지원제도(Feed-in-Tarif)[42]를 도입했다. 이는 지붕에 설치한 광전지로 생긴 전력을 중앙 전력망으로 역공급할 수 있다는 점에 착안한 것이다. 광전지는

---

[42] 독일은 EEG법(재생에너지법)을 시행하면서 FIT 제도(Feed-in-Tarif·발전차액지원제도)를 세계 최초로 도입한 국가다. FIT는 신재생에너지로 공급된 전기의 거래 가격이 기준가보다 낮으면 정부가 차액을 지원해주는 제도다.

낮 동안 계속 전기를 만들어내지만 가정에서 이 전기를 모두 사용하는 것은 일부 시간대뿐이다. 그래서 독일 정부는 전력 회사가 재생 가능 에너지를 구입할 때 지불해야 하는 표준 요율을 정했다. 이 구입 가격을 높게 책정함으로써, 재생 가능 에너지 발전 시설을 설치한 개인이나 회사가 10년 안에 최초 투자 비용을 회수할 수 있도록 했다(조너선 닐 지음, 김종환 옮김, 2019: 108). 최근엔 환경재앙 국가로 불리던 중국이 태양광 발전에서 앞서가기 시작했다. 전기 생산 효율이 높은 박막형 모듈 기술을 활용해 태양이 없는 흐린 날에도 전기를 생산한다. 실내 어두운 형광등 불빛에도 전기 생산이 가능할 만큼 효율이 높으며, 기와형 태양광을 개발해 곳곳의 건축물 지붕에 설치하고 있다. 이 외에도 대형 빌딩 벽면 전체에서 전기를 생산하는 태양광 기술도 선보였다. 이처럼 태양광 모듈을 지붕과 벽면 등의 건축물 외장재로 사용하는 태양광 발전시스템을 '건축물 일체형 태양광'(BIPV, Building Integrated Photovoltaic System)이라고 한다.

우리나라의 경우 2018년 기준 국내 총 발전설비 119기가와트(GW) 중 태양광과 풍력은 8.6GW로 약 7.2%다. 2017년 12월에 발표한 '재생에너지 3020 이행계획'에 따라 2030년까지 재생에너지 발전 비중을 20%까지 확대할 계획이다. 태양광을 현재 7.13GW에서 36.5GW로, 풍력은 현재 1.42GW에서 17.7GW로 늘리는 것을 목표로 하고 있다. 국무총리실 산하 환경분야 국책연구기관인 한국환경정책평가연구원(KEI)이 2019년 8월 발표한 '육상 태양광 발전사업의 환경영향평가 현황과 환경적 수용성'에 따르면 태양광 발전시설이 급속도로 증가하는 중이다. 안타까운 것은 그 입지다. 임야가 60.9%로 가장 큰 비중을 차지하고, 농지(전·답·과·목) 20%, 기타 11.8%, 염전 7.2% 순으로 분포하고 있다. 탈원전, 탈석탄 사회로 가야하는 방향은 맞지만 안타깝게도 이 과정에서 태양광 발전으로 인한 심각한 산림 훼손이 일어난다는 것은 지양해야 할 과제다. 현재 7.2%에 불과한 태양광과 풍력 발전으로도 산림 훼손이 큰 문제가 되는데, 앞으로 20%까지 늘어날 경우 얼마나 많은 산림이 훼손될지 가늠조차 할 수 없다. KEI도 산림을 훼손하는 태양광은 지속 가능한 재생에너지 발전사업이 될 수 없다며 도시형 건축물 등 우리나라 실정에 맞는 태양광 발전 검토가 필요하다고 지적했다. 산림 훼손이 아닌 방법으로의 태양광 발전을 위한 대안은 무엇일까. 건물일체형 태양광 모듈을 건축물 외장재로 사용하는 BIPV가 대안일 수 있다. 입지가 부족한 우리나라에서 활용도가 높을 수밖에 없다. 각 건물의 옥상과 건축물의 벽면을 활용한다면 산림 훼손없이도 태양광 발전의 비율을 높일 수 있는 것이다. 스페인을 비롯 유럽의 선진국 역시 환경을 파괴하지 않고, 전기 생산효율이 높으며, 국토의 효율적 이용이 가능한 BIPV 설치가 늘어나는 추세다. 국내에도 BIPV 기술이 개발되어 이미 상용화되었다. 아직 널리 보급되지 못했을 뿐이다.[43]

국제재생에너지기구(IRENA)가 지난해 발표한 보고서에 따르면,

---

43 '산림 파괴하는 그린 뉴딜, 수정이 필요하다'
최병성, 〈오마이뉴스〉 2021.1.11. http://www.ohmynews.com/NWS_Web/Series/series_premium_pg.aspx?CNTN_CD=A0002709392&CMPT_CD=P0001&utm_campaign=daum_news&utm_source=daum&utm_medium=daumnews

2010년 대비 2017년 태양광, 풍력 에너지 발전 단가는 각각 73%, 25%씩 감소했다. 또 2030년까지 40%가량 추가 하락할 것으로 전망했다. 발전 단가에 대한 고민도 상당히 줄어들어 대안으로서의 입지가 점점 굳어져 가는 형국이다. 일부에서 제기하는 수명을 다한 패널의 처리 문제도 해결책이 보인다. 태양광발전에 쓰이는 패널 폐기물은 폐기물 감량-재활용(순환 골재 유통)-적정 처리의 과정으로 폐기된다. 2030년 2만 톤, 2040년엔 8만 톤 이상 발생할 것으로 예상하는 폐모듈은 유리, 구리, 실리콘, 플라스틱, 은 등으로 구성되어 있는데 80%는 해체, 재활용된다.

풍력 발전은 1980년대 캘리포니아와 1990년대 덴마크에서 시작되었다. 2006년 기준으로 독일, 미국, 스페인이 적극적이며 각 나라가 1만 5,000MW(메가와트) 이상을 생산한다, 인도와 중국이 6,000에서 8,000MW이며 캐나다, 덴마크, 이탈리아, 일본, 네덜란드, 포르투갈, 영국은 1,000MW 정도의 생산 설비를 갖추고 있다. 최소한 40개국에서 풍력 발전을 하고 있는데 그 수는 가파르게 증가하고 있다. 이렇게 풍력이 각광받는 이유는 여러 가지다. 우선 바람은 공짜다. 풍력 터빈은 상대적으로 저렴하고, 연료나 물을 소비하지 않으며, 온실가스를 배출하지도 않는다. 허가를 받으면 금방 설치할 수 있다. 풍력 단지에는 여러 개의 터빈이 돌아가므로 일단 몇 개로 시작했다가 점차 수를 늘려갈 수 있다. 바닷가에는 터빈과 송전 설비를 설치하기가 더 어렵지만 대신 바람이 강해서 더 많은 전기를 생산할 수 있고 공간활용도 더 효율적이다(로렌스 C. 스미스 지음, 장호연 옮김, 2012: 13).

우리나라에 세계 최대규모의 신안 해상풍력단지가 조성된다는 소식이다. '신안 8.2GW 해상 풍력발전단지 조성 사업'은 2021년부터 2030년까지 신안군 해역에 추진되는데, 이 사업은 전력 생산 능력이 원자력발전기 7~8기와 맞먹는 규모로 알려져 있다. 신안군 해역은 수심이 얕아 풍력발전기 설치 비용이 상대적으로 적게 들고, 초당 평균 7.2m의 균질한 바람이 불어 해상 풍력발전에 최적의 조건이다. 이 사업으로 1,000여 개의 풍력기가 설치되면 단일 해상 풍력발전단지로는 세계 최대 규모가 된다.[44] 그간 산을 깎아 설치하던 태양광 시설로 인한 여러 폐해에 대한 논란이 많았다. 대안으로 제시되는 것이 해상풍력이지만 이 역시 염려되는 바가 없는 것이 아니다. 해양생태계에 대한 염려부터 가까운 어민들의 삶의 문제까지 극복해야 할 과제가 많지만 탄소배출없는 발전 방향으로 가야하는 것은 분명하다. 대안이 완전하지 않기에 그 안에서 또 세밀한 방안과 발전이 필요하다. 한국의 재생에너지 비중은 5.6%로 OECD 36개국 중 꼴찌 수준임을 기억해야 한다. 정부의 담대한 발상 전환과 실천만이 방향이다. 여기에 더하여 섬세한 행정이 따라야 할 것이다.

이제 어떻게 할 것인가

현재 상태가 심각한 상황임을 인지했고, 지금의 상태대로 시간이

44　'세계 최대규모 신안 해상풍력단지 '가속도''
　　류용철, 〈목포시민신문〉 2021.1.14. http://www.mokposm.
　　co.kr/news/articleView.html?idxno=25656

간다면 정말 심각한 상황이 될 것이라는 사실에 대해서는 공유했다. 문제는 인식했다는 말이다. 그렇다면 이제 우리는 어떻게 해야 할 것인가. 개인들이 선택하고 실천할 수 있는 개인 행위에 관련한 논의가 필요할 것이고, 동시에 개인과 사회가(또는 국가가) 해야 할 몫이 있을 것이다. 그에 대한 생각을 나눠볼 때다.

개인으로서의 우리 각자가 해야 할 일들은 어떤 것이 있을까.

첫째, 재활용이다. 종이, 알루미늄, 철강, 플라스틱 등 이산화탄소가 가장 많이 발생하는 지점은 가공과 폐기가 아닌 생산 영역이다. 생산 자체를 줄이는 것이 가장 중요하다는 말이다. 그러려면 이미 만들어진 제품을 재활용하는 비율을 높여야 한다. 이산화탄소 배출량 1위에서 4위에 이르는 제철, 시멘트, 석유화학, 플라스틱 산업부문은 원재료 자체에 탄소가 포함되어 있기에, 제조 과정에서 이산화탄소가 발생을 피할 수 없다. 따라서 재활용을 통해 원재료의 사용량을 줄이는 것이 가장 확실한 온실가스 감축 대책이다. 둘째, 소비를 줄여야 한다. 이는 재활용과 마찬가지로 생산량을 줄이는 일에 도움이 된다. 셋째, 생산에 필요한 에너지를 화석연료 대신 전기에너지로 전환하는 것이 필요하다. 여기에는 전기 생산에서 재생에너지 비율이 높아야 한다는 전제가 있어야 한다. 넷째, 생산 과정에서 이산화탄소 저감 노력이 절실하다. 추가 비용이 들더라도 공정을 개선하고, 이산화탄소 저감 장치를 도입해야 한다(박제용, 2018: 97). 여기서는 생산 과정에 대해 언급했지만, 그렇다고 개인의 할 일이 없는 것이 아니다. 직접 생산을 담당하고 있지 않지만 기업들이 이산화탄소 저감 노력을 하도록 강제하거나 항의하거나 압박하는 일들은 시민의 몫이다. 기업의 선의만 기대할 수는 없다.

재활용을 늘리고 소비를 줄이는 시민의 노력이 있다면 생산을 하는 기업의 입장에서도 의식하고 대응할 수밖에 없는 것이다. 소비자인 개인들이 할 수 있는 일이 상대적으로 적은 것은 사실이다. 따지고 보면 이윤 추구가 우선인 거대한 흐름 앞에서 개인들의 몫과 역량은 한계가 있을 수밖에 없다.

기후 위기에 대처하기 위한 우리의 선택지는 어떤 게 있을까.

첫 번째는 살던 대로 사는 것이다. 그간의 관성대로 사용하고, 공동대처가 필요하다고 말하면서 실질적인 변화에는 그다지 기여하는 바가 없이 살아가는 것 말이다. 여러번의 국제적 합의에도 불구하고 지금까지 크게 달라진 건 없는 현실을 보면 이 방식이 가장 일반적이라는 해석이 가능하다. 감당 불가능한 큰 충격이 올 것이라는걸 짐작하면서도 실질적인 노력은 없는 상태로 계속 간다면 어떤 결과가 나올지는 자명하다. 시쳇말로 그렇게 살다가 죽는거다.

두 번째는 더 이상 책임을 회피하지 말고 2018년의 국제적인 합의에 맞춰 탄소 배출을 10년 안에 절반으로 줄이는 것이다. 엄청나게 혁명적인 변화를 몰고 올 특별한 과학기술의 발전이 당장 이루어지지 않는다면, 탄소 배출이 절반 수준이던 시절로 경제 규모를 대폭 축소할 수밖에 없다. 우리의 삶을 30년 전으로 되돌리자는 말이니 대단한 충격일 수밖에 없다. 따라서 자발적으로는 결코 따르기 쉽지 않은 방식이다.

세 번째는 국가적인 역량을 총동원해서 탄소기반 경제를 버리고 탈 탄소 경제로 급격히 이동하면서 소비를 통제하는 것이다. 이를 위해서는 경제의 적정 규모를 새롭게 생각하는 경제에 대한 가치관의 변화를 수반해야 하고, 고도의 기술혁신으로 재생에너지 전환이나 자원과 에너지 효율화를 달성해야 하며, 무한한 규모 확대를 포기하는 대신 '적정한 규모 안에서의 더 공평한 분배와 공유'를 실현할 방안을 찾아야 한다. 이 역시 감당하기 쉽지 않은 선택이다. 이를 감당하려면 전시에 준하는 위기의식이 동반되어야만 한다(김병권, 2020: 57-58).

정부와 산업 부문이 하는 노력과는 별개로 개인도 온실가스 배출량을 줄이기 위한 노력을 해야한다. 정부와 산업에만 맡겨두고 자신은 아무 기여없이 사용하기만 한다면 개선의 여지가 그만큼 줄어들기 때문이다. 각자가 할 수 있는 일은 다양하지만 먼저 '탄소포인트제'에 대해 알아 보자.

탄소포인트제는 가정, 상업 등의 전기, 상수도, 도시가스(지역난방) 등의 사용량 절감에 따른 온실가스 감축률에 따라 포인트를 발급하고 이에 상응하는 인센티브를 제공하는 전국민 온실가스 감축 실천 프로그램이다. 참여자의 거주 시설에 전기 등의 사용량을 확인할 수 있는 고유번호가 있는 계량기가 부착되어 있거나, 다른 객관적인 방법으로 참여자의 전기 등 사용량 확인이 가능하면 참여할 수 있다. 참여대상은 가정의 세대주 또는 학교, 상업 시설등의 실제 사용자, 150세대 이상의 아파트 단지 및 학교, 일반건물의 공용부분(가로등 및 산업용 전력 등)을 관리하는 아파트 관리사무소, 학교장, 건물 관리자 등이다. 탄소포인트제 홈페이지에서 온라인 가입하거나 직접방문, 우편, 팩스 등으로 신청 가능하다.

탄소포인트는 전기, 상수도, 도시가스 에너지 항목별로 정산 시점으로부터 과거 2년간 월별 평균 사용량(기준 사용량)과 현재 사용량을 비교하여 절감 비율에 따라 에너지 항목별로 탄소포인트를 지급한다. 개인의 경우 온실가스 감축률에 따라 연 2회 1포인트당 최대 2원이 지급된다. 단지의 경우 1년간 전기, 상수도, 도시가스 사용량을 기준 사용량(과거 1~2년간 평균사용량) 대비 5% 이상 절감한 단지를 대상으로 지급한다. 탄소포인트는 현금, 상품권, 지방세 납부, 그린카드 포인트, 기부, 교통카드 등으로 사용이 가능하다. 탄소포인트제에 참여하는 100만 세대가 1가구당 1kW씩 절약할 경우에 원전 1개에서 생산하는 전력을 아끼는 효과가 있다. 개인의 참여로 지구를 살리는 매우 중요한 방식이다. 마음은 있으나 의지가 부족한 보통의 사람으로서 이런 구체적인 시도를 할 수 있도록 인센티브를 주며 참여를 유도하는 것은 좋은 방향이다.

마무리를 대신하여

문재인 대통령은 2021년 1월 4일 KTX-이음 고속열차 첫 운행 현장을 찾았다. KTX-이음은 동력 차량이 필요없는 동력분산식 고속열차로 저탄소, 친환경 고속열차다. 전기로 달리기 때문에 미세먼지를 배출하지 않고, 이산화탄소도 디젤기관차의 70%, 승용차의 15%에 불과하다. 2029년까지 모든 디젤 여객기관차를 'KTX-이음'으로 대체할 예정이다. 이런 구체적이고 실질적인 변화를 실현하는 산업 분야들이 늘어야 한다. 기술혁신과 함께 절체절명의 자세로 모든 방면에서 변화를 위한 노력을 기울이지 않으면 심각한 결과를 만나는 것은 순식간이다.

　빌 게이츠는 코로나19가 보여 준 세계적인 충격이 불과 수십

년 안에 더 센 강도로 기후 재앙을 통해 나타날 것이라며 기후 변화로 입게 될 피해는 코로나19로 겪게 된 피해보다 훨씬 더 오랜 기간 고통스럽게 이어질 것을 우려했다. 코로나19로 인해 항공 노선 운행과 경제 활동이 사실상 거의 정지가 됐음에도 온실가스 배출량이 만족할 만큼 감소하지 않았음을 지적하며, 단순히 비행과 운전을 줄여 연료 소비를 감소시킨다고 해서 탄소 배출량이 획기적으로 줄어드는 것이 아님을 언급했다. 심지어 이런 감소조차도 코로나19 봉쇄령으로 인한 것이기에 지속 가능한 것이 아님을 지적했다. 코로나19는 백신 접종이라는 해결 방안이라도 보이지만, 기후변화로 인한 재앙은 몇 년 안에 해결될 방안도 없다며 청정에너지 발명은 개발과 배포에 수십 년이 걸릴 것이라고 추정했다. 기후 변화는 코로나19 팬데믹보다 더 파괴적일 것이라는 말이다.[45]

덴마크 의회는 2020년 12월 덴마크 북해 지역에서 새로운 석유 및 가스 탐사와 생산 허가에 대한 향후 모든 허가를 취소하며, 2050년까지 기존 생산을 중단하겠다고 발표했다. 주요 석유 생산국인 덴마크의 이번 발표는 단계적으로 화석 연료와 작별을 고하는 획기적인 결정이다. 덴마크는 80년 이상 북해에서 탄화수소 탐사해 왔고, 1972년 이후 북해 덴마크 연안 해역에서 석유 및 가스를 생산했다. 덴마크는 2019년 기준 하루에 103,000배럴의 석유를 생산하며 EU에서 영국에 이어 두 번째로 큰 석유 생산국이며, EU에서 7번째 가스 생산국이기도 하다. 덴마크의 이번 발표는 거대 석유 생

---

45 ‘빌 게이츠 "기후 변화 재앙은 코로나19보다 더 무서울 것"’
신효정, 〈동아일보〉 2021.1.18.

산국이 최초로 실질적인 화석연료 사용 중단을 위해 행동에 나섰다는 데 큰 의미가 있다.[46] 이 결정이 다른 거대 석유 생산국들과 인근 국가들의 화석 연료 생산 중단에 영향을 미칠 것임은 자명해 보인다.

먼저, 혁명적인 태도와 자세로 기후위기에 대응하지 않으면 안 된다는 점부터 기억하자. '어지간하면 노력하자' 정도가 아니라 '죽기 살기로' 대응하지 않으면 인류의 공멸은 시간 문제라는 말이다. 2도가 올라간다는 말은 회복 불가능하다는 말이다. 회복 불가능하다는 말은 더 이상 인류의 어떤 노력으로도 지금과 같은(?) 정도의 삶을 살아갈 수 없다는 말이기도 하다. 관리의 수준을 넘어서면서 모든 시스템이 무너지고, 따라서 전 세계적인 식량난에 시달릴 것이고, 살아갈 땅이 줄어들 것이며, 그래서 기후가 원인이 된 전쟁이 발발할 가능성이 커지고, 안온한 삶은 더 이상 없는 시절이 올 것이다. 그러다가 마침내는 멸종에 다다를 것이다.

이 와중에도 경제구조를 바꾸거나 석탄에너지를 대체할 방법을 찾는 등의 시도에 돈이 많이 들고 힘들다는 이야기를 한다는 것은 아직 문제를 제대로 인식하지 못했다는 의미다. 세계대전이 일어났을 때 각 나라들은 비상체제로 변환하면서 경제구조와 생산의 방향 등 모든 것을 전쟁에 맞춰 변화시킨 바 있다. 그 정도의 각오와 결단으로 경제구조와 생산체제 등을 모두 바꿔야만 획기적으로

---

46 '기후를 위한 커다란 승리: 덴마크, 새로운 석유 및 가스 개발 중단 선언'
그린피스, 2020.12.9. https://www.greenpeace.org/korea/update/16024/blog-ce-denmark_oil_victory2020/

이산화탄소의 배출을 줄일 수 있고, 그래야만 세계가 약속한 1.5도로 제한할 수 있다는 말이다. 이제 다른 선택지는 없다. 그간의 생활 습관과 익숙해진 것들과의 완전한 결별없이는 미래가 없다. 우리 세대에서 마지막으로 누린 후 다음 세대에겐 궤멸적 고통만 남겨두고 떠날 수는 없지 않은가. 미래 세대로부터 빌려쓰는 지구라는 행성을 잘 관리하고 아껴서 후손들에게 물려주어야 할 책임을 진 자들이 무대책으로 일관한다면 공멸만 남는다.

자, 이제 어떻게 할 것인가.

예측 가능한 미래가 다가오고 있다. 이제 마음 굳게 먹고 만들어가야 할 미래 앞에서 어떻게 살 것인가를 결정해야 한다. 모든 부분에서의 변화를 위해 이 한 몸 던질 것인가, 아니면 이렇게 살다가 죽을 것인가 결정하라. 그리고 그에 따라 실천하라. 스웨덴의 청소년 환경운동가 그레타 툰베리가 일갈한다. "우리에게 필요한 것은 희망이 아니라 더 많은 행동입니다."라고.

참고문헌

김병권, 2020, 『기후위기와 불평등에 맞선 그린 뉴딜』, 책숲.
로렌스 C. 스미스 지음, 장호연 옮김, 2012, 『2050 미래쇼크』, 동아시아.
마이크 버너스리 지음, 노태복 옮김, 2011, 『거의 모든 것의 탄소발자국』,
　　　환경재단 도요새.
마크 라이너스 지음, 이한중 옮김, 2014, 『6도의 멸종』, 세종서적.
박제용, 2018, 『1.5도, 생존을 위한 멈춤』, 뿌리와이파리.
오기출, 2017, 『한 그루 나무를 심으면 천 개의 복이 온다』, 사우.
조너선 닐 지음, 김종환 옮김, 2019, 『기후위기와 자본주의』, 책갈피.
클라이브 해밀턴 지음, 홍상현 옮김, 2013, 『누가 지구를 죽였는가』, 이책.

9.21 기후위기비상행동 선언문

오늘, 기후위기에 맞선 담대한 행동을 시작합니다.
– 지금 말하고, 당장 행동하라.

우리 공동의 집이 불타고 있습니다. 지금은 비상상황입니다. 과학자들은 말합니다. 지구온도 상승이 1.5도를 넘어설 때, 돌이킬 수 없는 재앙이 시작된다고 합니다. 남은 온도는 0.5도. 지금처럼 화석연료를 사용한다면 남은 시간은 10년에 불과합니다. 폭염과 혹한, 산불과 태풍, 생태계 붕괴와 식량위기. 기후재난은 이미 시작되었습니다. 10년의 향방을 결정하는 각국의 계획이 2020년이면 유엔에 제출됩니다. 우리의 미래를 결정할 시간이 고작 1년 반 남았습니다.

시험기간은 내년 말, 벼락치기는 통하지 않습니다. 하지만 시험지를 앞에 둔 이들은 지금 어떻습니까? 정부와 기업, 국회와 언론은 이미 알고 있는 해답을 외면합니다. 경제성장률이 조금만 내려가도 호들갑스럽던 그들은, 한 번도 꺾인 적 없는 이산화탄소에는 너무나도 태연합니다. 온실가스를 줄이는 일은 무기한 유보해도 되는 것으로 여깁니다. 우리는 묻습니다. 성장과 이윤, 생존과 안전, 과연 무엇이 우리 삶에 중요한 가치입니까?

우리는 모두 연결되어 있습니다. 빙하 위 북극곰과 아스팔트 위 노동자는, 기후위기 앞에 서로 다르지 않습니다. 뜨거워지는 지구에서 수많은 생물들이 사라지고 있습니다. 바닷물이 차오르는 섬 나라 주민들은 난민이 되어 고향을 떠납니다. 하지만 우리 모두가 멸종위기종이고 난민입니다. 뜨거워지는 온도 속으로 지구라는 섬 이 잠길 때, 이곳을 떠나 우리가 도망칠 곳은 없기 때문입니다.

이제 기후위기를 넘어 기후행동입니다. 청소년들이 앞장서고 있습니다. 태어나자마자 눈앞에 마주한 것은, 불에 타 언제 쓰러질 지 모를 하나뿐인 집입니다. '도대체 이 지경이 되도록 무엇을 한 것이냐'고 묻습니다. 하지만 슬픔과 두려움을 딛고 행동하고 있습 니다. 우리 모두가 당사자입니다. 유엔 기후정상회의에 맞춰 세계 각지의 시민들이 기후행동을 시작했습니다. 그리고 우리는, 지금 여기에 모였습니다.

우리는 선언합니다. 지금 우리는 기후위기의 진실을 알고 있습 니다. 지구의 모든 생명들이 위기에 처해 있습니다. 이 진실을 직면 하고자 합니다. 그럴 때만이 변화가 가능하기 때문입니다. 현재의 정치와 경제시스템은 기후위기 앞에 참으로 무기력합니다. 지금이 야말로 바로 비상상황임을 선언합니다.

우리는 선언합니다. 성장이 아니라 정의, 이윤이 아니라 생존 이 우선입니다. 기후위기는 우리에게 묻습니다. 과연 어떤 삶이 올 바른 삶인지, 과연 어떤 선택이 생명을 살리는 길인지를 묻습니다. 손 놓고 재앙을 재촉할지, 아니면 잘못된 시스템에 맞서 싸울지, 지 금 선택해야 합니다. 끊임없는 경제성장, 욕망의 무한 충족은 불가능합니다. 인류의 생존과 지구의 안전 따위는 아랑곳없이, 화석연료를 펑펑 써대는 잘못된 시스템을 바꿔야 합니다.

우리는 선언합니다. 지금 필요한 것은 기후정의입니다. 지구의 울음과 가난한 이들의 울음은 하나입니다. 기후위기에 책임이 없는 가장 약한 생명이, 가장 먼저 쓰러지고 있습니다. 기후위기는 정의와 인권의 위기입니다. 온실가스를 뿜어대는 기업, 이를 방관하고 편드는 정부, 눈앞의 이익에 매몰된 정치권, 진실에 무관심한 언론. 이제 이들이 마땅한 책임을 져야합니다.

우리는 선언합니다. 멈추지 않고 담대하게 행동할 것입니다. 전 세계시민들의 행동은 하나입니다. 그레타 툰베리는 먼 항해로 대서양을 가로질렀습니다. 우리도 아직 가지 않은 길, 멀지만 꼭 가야할 여정을 지금 시작합니다.

이제 정부가 응답할 때입니다. 첫째, 기후위기의 진실을 인정하고 비상상황을 선포하십시오. 이미 전 세계 10여 개 국가와 1,000여 개 도시가 비상선포를 실시했습니다. 지금은 우리의 생존을 위해 총력을 기울일 때입니다. 둘째, 온실가스 배출 제로 계획을 수립하고, 기후정의에 입각한 대응을 시작하십시오. 석탄발전 중지, 내연기관차 금지, 재생에너지 확대, 농축산업과 먹거리의 전환 등 배출제로를 향한 과감한 정책이 필요합니다. 셋째, 기후위기에 맞설 범국가기구를 설치하십시오. 비상상황에 걸맞는 과감한 정책을 추진할 기구가 필요합니다.

역사의 어느 순간에서건 시민들이 먼저였습니다. 노예제와 인종차별, 노동착취와 성차별, 그리고 생물종차별까지, 이 모든 문제의 진실을 대면하고 시민들이 함께 행동할 때, 상식처럼 여기던 견고한 구조는 무너졌습니다. 오늘의 행동은, 아직 가보지 않은 길을 걷는 첫 걸음입니다. 이 걸음이 기후위기를 너머 새로운 사회로 이끌 것이라는 희망, 바로 오늘의 행동이 그 희망의 시작입니다.

- 기후위기 진실을 직시하라 - 기후위기 비상상황 선포하라
- 온실가스 배출제로 추진하라 - 지금당장 기후정의 실현하라

2019년 9월 21일

기후위기비상행동 참가자 일동

'

종교는 해로운가

,

종교 관련 통계들

한국갤럽이 2014년 4월 제주도를 제외한 전국의 만 19세 이상 남녀 1,500명에게 현재 종교를 믿고 있는지 물은 결과 50%는 '믿는다', 50%는 '믿지 않는다'고 답했다. 종교인 비율은 1984년 44%, 1989년 49%, 1997년 47%에서 2004년 54%까지 늘었으나 2014년 조사에서는 50%로 줄었다. 종교인 비율 감소의 가장 큰 원인은 청년층에 있다. 10년 전 20대는 45%가 종교를 믿었지만 2014년 현재 30대는 38%로 7%포인트 줄었으며, 20대 중 종교인은 31%에 불과하다. 2030 세대의 탈(脫)종교 현상의 심화는 앞으로도 이어질 가능성이 높다. 종교를 믿는 사람은 남성(44%)보다 여성(57%)에 더 많았으며, 연령별로는 20대 31%, 30대 38%, 40대 51%, 50대 60%, 60세 이상 68% 등 고연령일수록 많았다.

2014년 현재 한국인의 종교 분포는 불교 22%, 개신교 21%, 천주교 7%로 불교와 개신교가 비슷한 비중을 보였다. 연령별로 보면 불교인 비율은 2030세대(약 10%)와 5060 세대(30% 상회)의 차이가 큰 데 반해, 개신교인과 천주교인의 연령별 분포는 상대적으로 고르다. 종교 분포에는 지역별 특성도 있다. 불교인 비율은 우리나라 동쪽인 부산/울산/경남(42%)과 대구/경북(32%)에서 높았고, 개신교인 비율은 서쪽의 광주/전라(31%)와 인천/경기(27%)에서 상대적으로 높았다. 지난 30년간 다섯 차례 조사에서 불교인 비율은 18~24% 사이를 오르내렸고, 개신교인은 1980년대 17%에서 1990년대 20%에 달한 이후 정체 중이며, 천주교인 역시 매 조사에서 약 7% 정도에 머물러 있다.

응답자의 종교가 부친 또는 모친과 일치하는 비율은 불교가 가장 높았고(부친과 일치 67%, 모친과 일치 82%), 그 다음은 개신교(부친과 일치 47%, 모친과 일치 56%), 천주교(부친과 일치 38%, 모친과 일치 46%) 순이었다. 비종교인의 경우 부친의 73%, 모친은 58%가 종교를 믿지 않았다. 기혼자(이혼, 사별 포함 1,164명, 전체 응답자의 78%)와 배우자의 종교가 일치하는 비율은 개신교 73%, 불교 68%, 천주교 56% 순이었으며, 응답자가 비종교인인 경우 배우자도 84%가 비종교인이었다. 1984년과 비교하면 불교인과 개신교인의 배우자 종교 일치율은 70% 내외로 크게 달라지지 않았으나, 천주교인은 그 비율이 66%에서 56%로 감소했다. 부모가 특정 종교를 믿는 경우 자녀도 해당 종교를 믿는 경향이 있고, 그 자녀가 성인이 됐을 때 같은 종교를 믿는 배우자를 찾게 될 가능성이 높다.

본인의 개인 생활에 종교가 얼마나 중요한지 물은 결과 '(매우+어느 정도) 중요하다' 52%, '(별로+전혀) 중요하지 않다' 48%로 양분됐다. 종교별로 보면, 종교가 개인 생활에 '중요하다'고 답한 비율이 가장 높은 집단은 개신교인(90%)이며 그 다음은 천주교인(81%), 불교인(59%), 비종교인(30%) 순이었다. 지난 30년간 3대 종교인과 비종교인 모두 '중요하다'는 인식이 약해졌지만 그 정도는 달랐다. 개신교인의 경우 1980년대 97%가 '개인 생활에 종교가 중요하다'고 답했고 2000년 이후에도 여전히 90% 수준으로 유지됐으나 천주교인(1984년 97%; 2014년 81%)과 불교인(1984년 88%; 2014년 59%), 그리고 비종교인(1984년 48%; 2014년 30%)은 상대적으로 하락폭이 컸다.

종교인(754명)에게 요즘 성당/교회/절 등 종교 의례를 위한 장소에 얼마나 자주 가는지 물은 결과, '일주일에 1번 이상'이 44%로

가장 많았고 '두세 달에 1번 이상' 28%, '일 년에 1~2번 이하' 26%
순이었다. 열 명의 종교인이 있다고 가정하면 그 중 네 명은 주 1회
이상 종교 의례에 참여하지만, 세 명은 잘해야 일 년에 한두 번 또
는 아예 가지 않는다는 것이다. 개신교인의 80%, 천주교인의 59%
가 '일주일에 1번 이상' 교회나 성당을 가는 반면, 불교인은 그 비
율이 6%에 불과했다. 불교인의 52%는 '일 년에 1~2번 이하'로 절
에 간다고 답해, 다수가 주간 종교 의례에 참여하는 기독교와 달리
불교에서는 연간 의례 참여가 더 보편적이었다. 지난 30년간 종교
인 전체의 추이는 별로 달라지지 않았지만, 종교별로는 큰 차이가
있었다. 개신교인은 '주 1회 이상' 종교 의례 참여율이 1984년 62%
에서 2014년 80%까지 약 20%포인트 늘었고, 천주교인은 1984년
66%에서 2004년 43%로 줄었다가 이번 2014년에는 59%로 늘어
1997년 수준을 회복했다. 불교인의 경우 1984년 10%가 최대치였다.

다음으로는 종교적 헌납 즉 불교인에게는 연간 시주 빈도를,
기독교인에게는 십일조 여부를 물었다. 먼저 불교인(334명)의 지난
1년간 시수 빈도는 '1~2번'이 45%로 가장 많았으며 '3~4번' 15%,
'5~6번' 10%, '7~10번' 5%, '11번 이상' 12%, 그리고 '지난 1년
간 한 번도 시주하지 않았다'가 13%였다. '1년에 0~2번' 시주 비율
은 1997년까지 45% 내외로 비슷했으나 2004년 49%, 이번 2014년
에는 58%로 더 늘었다. 기독교인, 즉 개신교인(318명)과 천주교인
(98명)에게 수입의 1/10을 종교적으로 헌납하는 '십일조'에 대해 물
은 결과 61%가 '요즘 십일조를 하고 있다'고 답했다. 기독교인의 십
일조 이행률은 1980년대 38%였으나 이번 2014년에는 61%로 역
대 최고치를 기록했다. 개신교인(68%)의 십일조 이행률이 천주교인

(36%)보다 높은데, 지난 네 차례 조사에서도 마찬가지였다. 성당/교회/절에 가는 것이나 시주, 십일조 등은 대표적인 종교적 활동이다. 불교인의 종교 의례 참여나 시주는 30년 전이나 지금이나 거의 연례 행사로 이뤄지고 있는 반면, 개신교인은 점차 강화되고 있는 추세다.

비종교인(742명)에게 종교를 믿지 않는 것과 무관하게 가장 호감을 느끼는 종교를 물은 결과 25%가 '불교'를 꼽았고, 그 다음은 '천주교'(18%), '개신교'(10%) 순이었으며 절반에 가까운 46%는 '호감 가는 종교가 없다'고 답했다. 연령별로 보면, 고연령일수록 '불교'에 호감 간다는 응답이 많았고 '개신교'는 전연령대에서 10% 남짓하게 고른 분포를 보였으며 '천주교'는 50대 이하에서 약 20%, 60세 이상에서는 10% 정도로 나타났다. '호감 가는 종교가 없다'는 응답은 40대(40%)에서 가장 적었고, 40대 위아래 세대로 갈수록 더 많았다. 2014년 현재 한국인 중 불교인 22%, 개신교인 21%, 천주교인 7%라는 점을 감안하면, 비종교인의 '천주교'에 대한 호감도는 높고 '개신교'에 대한 호감도는 상대적으로 낮은 편이라 할 수 있다. 2004년과 비교하면 호감 가는 종교로 '불교'를 꼽은 비율이 37%에서 25%로 감소한 반면, '호감 가는 종교가 없다'는 응답은 33%에서 46%로 늘었다. 그러나 '개신교'와 '천주교'는 10년 전과 거의 변함 없었다.[1]

1　'한국갤럽, 한국인의 종교 1984-2014 (1) 종교 실태'
　　https://www.gallup.co.kr/gallupdb/reportContent.asp?seqNo=625

갤럽조사가 아닌 통계청의 공식통계를 보자. 통계청의 2015년 기준 통계에 따르면, 우리나라 국민의 56.06%는 종교가 없다. 신도 수로 보면 개신교 19.7%, 불교 15.5%, 천주교 7.9%, 원불교 0.17%, 유교 0.15%, 천도교 0.13%, 대순진리회 0.08%, 대종교 0.01% 순이다. 연령대로 보면 '종교가 없다'고 대답한 연령대는 40~44세가 가장 많다. 천주교와 불교는 55~59세가 가장 많고, 개신교는 40~44세가 가장 많다. 각 행정구역별 종교인 비율을 보면 '종교가 없다'고 대답한 이들이 많은 지역으로는 광주광역시(61.1%), 충청북도(60%), 전라남도(59.3%), 충청남도와 강원도(58,7%), 제주특별자치도(58.0%) 등을 꼽을 수 있고, 개신교는 전라북도(26.9%), 서울(24.2%), 전라남도(23.2%) 등에서 높은 비율을 보이고, 제주특별자치도(10.0%), 경상남도(10.5%), 울산광역시(10.9%) 등에선 낮은 비율을 보인다. 천주교는 서울특별시(10.7%), 인천광역시(9.5%), 경기도(9.0%)에서 높은 비율을 보였으며 울산광역시와 경상남도(4.2%), 경상북도(5.2%)로 비교적 낮았다. 불교는 울산광역시(29.8%), 경상남도(29.4%), 부산광역시(28.5%)에서 높은 비율을 보였고 전라북도(8.6%), 인천광역시(8.8%), 광주광역시(9.5%)에서 낮은 비율을 보인다. 표본조사가 아닌 전체 국민을 대상으로 한 통계이기에 정확도는 더 높을 것이다. 두 조사를 정리하면, 우리나라 국민의 절반 내외는 종교를 가지고 있고, 종교를 가진 이들의 대부분은 개신교, 불교, 천주교에 속한다. 세계는 우리와 얼마나 다른지 통계를 보자.

2015년 발표된 퓨리서치[2]의 통계에 따르면 전 세계에서 가장

2　퓨리서치센터는 정기적으로 각국의 센서스 및 인구통계조사, 논문,

많은 신자를 가진 종교는 기독교(가톨릭+개신교)다. 23억 명으로 73억 인구 중 31.2%를 차지한다. 그 다음은 이슬람교 18억 명(24.1%), 힌두교 11억 명(15.1%), 불교 5억 명(6.9%) 순이다. 종교가 없다고 답한 이는 12억 명으로 16%를 차지한다. 이들은 무신론자로 분류되지만 대부분 영적인 힘이 존재한다고 믿음에도 특정 종교를 믿지 않는 사람들인 것으로 조사됐다.

지역적으로는 아시아-태평양 지역의 종교적 색채가 가장 강했다. 힌두교 신자의 99%, 불교 신자의 99%, 토착 신앙을 가진 이들의 90%가 이 지역에 있다. 또 중국의 영향으로 무신론자 중 76%인 7억 명이 이 지역에 거주한다. 가장 빠르게 확산하는 종교는 이슬람으로, 2015년부터 2060년 사이 세계 인구가 32% 증가할 것으로 예상되는데 무슬림 인구는 70%가량 늘 것으로 예측됐다. 기독교는 같은 기간 아프리카 사하라 사막 이남 국가들의 증가세에 따라 34%가 증가할 것으로 보이지만 21세기 중반 1위 자리를 이슬람교에 내줄 것으로 전망됐다. 같은 기간 힌두교는 27%, 유대교는 15% 증가하고, 무신론자는 3% 증가할 것으로 분석됐다.

이슬람의 급증은 개종에 따른 것이 아니라 무슬림 여성들의 출산율이 높기 때문이다. 무슬림 여성들은 평균 2.9명의 아이를 낳아 비무슬림 여성의 2.2명보다 출산율이 높다. 또 전 세계 인구를 한 줄로 세웠을 때 중앙에 위치한 중위연령이 28세인데, 무슬림의 중위연령은 23세로 이슬람교를 믿는 젊은 층이 많다. 반면 기독교 신자들의 중위연령은 30세다. 기독교 인구가 많은 유럽에서

학술자료 등 2,500개 이상의 각종 데이터를 분석하여 발표한다.

는 2010~2015년 동안 출생자보다 사망자가 600만여 명 많았다. 특히 전통적인 가톨릭 국가인 아일랜드에서 가톨릭 신자는 2011년 84.2%에서 2016년 78.3% 하락했고, 16~29세 젊은 층에선 54%로 급락했다. 이에 따라 기독교가 하락세를 보일 것으로 예측되지만 중국에선 1979년부터 매년 10% 정도 기독교 신자가 늘고 있는 만큼 2030년쯤이 되면 기독교 신자가 가장 많은 곳이 중국이 될 것이란 전망도 제시됐다. 한편 무신론자들의 출산율은 낮다. 2010-2015년 태어난 아기 중 10%만이 무신론자 엄마한테서 태어날 것으로 예측됐다.[3]

앞의 두 통계를 통해 알 수 있듯이 우리나라의 경우 종교를 가진 이가 50% 내외지만 세계적으로는 84%다. 종교인 수는 우리나라나 세계 모두 기독교가 가장 많다. 퓨리서치의 경우 가톨릭과 개신교를 합쳐 표현했고, 우리나라의 경우 분리하여 따로 통계를 냈다는 점만 다르다. 종교인의 비율이 이처럼 높으니 종교에 대한 관심이 없을 수 없다. 종교의 역할과 사회성 등에 대한 관심을 갖지 않는 것이 오히려 이상할 정도다. 어느 종교든 평화를 말하지 않는 곳은 없으며, 폭력을 권장하지도 않는다. 그럼에도 전 세계는 수많은 전쟁을 치러왔거나 치르고 있는데, 그 배경에 종교가 있다는 해석은 낯설지 않다. 그래서 찰스 킴볼의 "인류 역사상 종교의 이름으로 치러진 전쟁이 가장 많고, 종교의 이름으로 살해된 사람이 가장 많

3　"이성의 시대?'…무슬림 늘어나는 등 종교 믿는 인류 증가세 지속' 이희경, 〈세계일보〉 2018.8.31. http://www.segye.com/newsView /20180831004779

으며, 종교의 이름으로 자행된 악행이 가장 많다”(찰스 킴볼 지음, 김승욱 옮김, 2005: 223)는 견해에 동의할 수밖에 없다.

가디언은 종교가 전 세계적으로 전쟁은 물론 정치적 사건에 배경으로 작용하고 있다고 지적했다. 최근 수 년 동안 중동에서 벌어진 수니파 무장단체 ‘이슬람국가’(IS)의 출현이나 수니파와 시아파 간의 다툼, 미얀마의 로힝야족 박해, 나이지리아의 무장단체 보코하람의 만행, 여성차별이나 성소수자에 대한 박해 등이 종교라는 외피를 통해 이뤄졌음을 보며 전한 말이다. 또 2016년 도널드 트럼프 미 대통령이 독실한 백인 기독교 신자들의 지지를 바탕으로 당선됐고, 아르헨티나의 낙태법 폐지도 가톨릭 사제와 교황의 입김이 작용했으며, 유럽에서는 헝가리의 극우 빅토르 오르반 총리가 기독교 문화를 지키겠다는 명목으로 반이민 정책을 정당화하고 있으니 이런 평가가 틀렸다고 말하기도 어렵다.

물론 엄청난 수의 종교인들이 교회나 사원 등을 통해 형편이 어려운 이들을 위한 봉사에 나서고 있고, 복지 사각지대의 해소를 위한 노력을 기울이기도 한다. 난민을 돕기 위한 활동을 지속적으로 펼치기도 한다. 이웃을 사랑하는 종교적 실천에도 적극적이라는 말이다. 이렇게 양면을 가진 종교와 종교인들의 활동이 전 지구적인 영향이 없을 리가 없다. 긍정적이든 부정적이든 말이다.

종교란 무엇인가

종교(religion)란 단어는 라틴어 ‘렐리기오(religio)’로부터 유래한 것으로 '다시 결합시킨다'는 어원을 갖고 있다. 개인과 개인, 집단과 집단을 사랑과 자비로 하나 되게 하는 것이 종교의 모습임을 의미한다. 이 단어는 '어떤 특정한 관습이나 의례의 외적 준수'라는 뜻을 가진다. 이 단어는 의례 자체보다는 그것을 준수할 때 대상이 되는 '초월적 실재'에 대한 인간의 '경건'과 '성실성'을 뜻하며, 초월적 존재와 우주 전체에 대한 예배자 혹은 신앙자의 '태도'를 나타내는 말로 사용된다(이길용, 2018: 57). 로마 공화정 시대의 정치가인 키케로는 '다시 읽는다'로, 초기 교회 교부인 락탄티우스는 '다시 묶는다'로, 히포의 아우구스티누스는 '다시 뽑는다'로 해석했다. 이러한 해석을 종합해보면 라틴어 'religio'는 '선택받은 믿음의 백성들이 함께 모여서 경전을 되풀이하여 읽는 행위'로 정리할 수 있다. 한자어로 '종교(宗敎)'는 '마루 종(宗)'과 '가르칠 교(敎)'의 결합어다. '높은 마루에 걸려있는 가르침' 또는 '모든 사람이 보고 따를 가르침'이라는 의미다. 이 말은 불교에서 사용하던 용어인데, 일본 학자들이 서양 학문을 수용할 당시 religion이란 단어에 상응하는 한자어가 없어서 불교 용어인 '종교'라고 번역했다. 이런 점에서 보자면 한자어 '宗敎'에는 라틴어에 포함된 '반복', '재결합', '재선택' 등의 핵심적인 의미가 빠져 있다(김기석, 2018: 32-33).

'종교란 무엇인가'라는 질문에 한마디로 답하기는 쉽지 않다. 하지만 나름의 답을 하는 이들의 입장은 대개 두 부류로 나뉜다. 첫 번째 부류의 사람들은 종교를 절대적 진리의 세계라고 주장한다. 이들에 의하면 종교는 절대적 존재인 신이 인간에게 가르쳐준 영원불변의 진리로서 어지럽고 혼탁한 이 세상에서 우리가 의지해야 하는 유일한 등불이다. 특히 신의 계시는 경전에 온전하게 들어 있기 때문에 경전의 가르침대로 사는 것이 가장 참된 삶이라고 주장한다. 이들에 의하면 세상은 타락하고 다른 종교들은 온전한 진리를 알지 못하기 때문에 자신들의 종교를 통해서만 참된 구원이 가능하다고 주장한다. 따라서 이들은 어둠 속에 빠져 있는 영혼들을 빛의 세상으로 인도하기 위해 온몸을 바쳐 포교 활동에 나선다. 이들에게 세상 사람은 모두 개종의 대상이 될 뿐이다. 종교적 절대주의라고 부를 수 있는 이러한 태도는 특정 종교의 지도자나 열정적 신앙을 지닌 신자들에게서 쉽게 볼 수 있다.

두 번째 부류의 사람들은 종교를 영원한 진리의 세계가 아니라 무지에 근거한 오류의 세계라고 주장한다. 지적으로 미성숙한 사람들에게서 나타나는 비논리적이고 유치한 사고가 바로 종교라는 것이다. 이들에 의하면 종교는 지적 오류에 해당할 뿐만 아니라 심리적·사회적 측면에서도 많은 해악을 초래한다. 심리적 측면에서 보면 종교는 정신건강에 해로운 강박신경증의 하나이고, 사회적 측면에서는 지배계급의 도구이자 민중의 아편이라는 것이다. 종교를 침투력이 강한 문화적 유전자의 하나인 '악성 바이러스'로 보는 관점도 이와 유사한 논리다.

한 부류의 사람들에게 종교란 이미 답이 정해져 있는, 절대적 진리의 세계다. 이들에게는 종교란 무엇이냐 하는 질문이 더 이상 필요하지도, 남다른 답을 기대할 이유도 없다. 이들에게는 나름의 신과 경전이 있고, 그들의 종교는 그에 뿌리를 두고 자라난 세계다. 이들에게 '다른' 종교는 '틀린' 것일 수도 있다. 다른 한 부류의 사람들에게 종교는 답을 내릴 수 없는 무언가다. 혹자는 무지와 오류에 기반한 비이성적인 믿음이라 답을 내리기도 한다. 종교란 나와 다른 그들의 세상에서나 존재하는 것이라 생각할 수도 있고, 불필요한 갈등을 낳는 부정적인 존재라 느낄 수도 있다. 종교란 무엇인가를 쉽게 정의할 수 있는 사람들과 달리, 이 부류에게 정해진 답은 없을 수 있다. 혹은 수없이 많은 답을 품고 갈등하고 있을 수도 있고. 신의 가호 아래 세상을 구원하기 위해 살아간다고 믿는 '종교적 절대주의'와 종교를 망상의 체계라 믿는 '과학적 합리주의'가 만났을 때 이 두 부류는 정면으로 충돌한다. 둘 사이의 접점이 전혀 없어 보이지만, 양자 모두 종교의 본질을 전제하고 있다는 점에서 인식론적 토대를 공유하고 있다. 종교적 절대주의는 종교를 절대적 진리로 본질화하는 반면 과학적 합리주의는 종교를 망상의 체계로 본질화하고 있는 것이다(한국종교문화연구소, 2016: 4-6).

인간은 앞의 두 입장의 양 끝에서부터 반대 방향으로 옅어지며 늘어선 스펙트럼의 어떤 지점에 위치하고 있을 것이다. 논쟁적인 언사를 공격적으로 앞세우는 이들부터 서로에 대한 이해의 폭을 넓히려는 이들까지 다양하게 존재한다. 그러나 지금은 날 선 시선이 아니라 어떤 생각을 하는 이들인지를 이해하려는 노력이 필요한 때가 아닐까 싶다. 서로 죽고 죽이는 비극적 상황을 계속 방치하는 것은 인류의 큰 비극이니 말이다. "종교는 진리 논쟁도, 윤리 논쟁도, 그리고 인성이나 덕성 교육의 마당이 아닌, 종교는 사람이 살아가는 모습이고, 가치관이며 세계관"이라며 종교 공부는 결국 신앙인을 이해하는 지름길이 된다는 종교학자 이길용(2015: 5)의 말에 따라 이해하려는 마음으로 종교를 바라보지만 그리 쉬운 일은 아님을 곧 깨닫는다. 오늘의 한국사회에서 종교들이 보이는 퇴행적 행위들이 시야를 가리기 때문이다.

한국인의 종교에 대한 인식

엠브레인트렌드모니터가 2020년 6월 23~26일 전국 만 20~59세 남녀 1,000명을 대상으로 온라인으로 실시한 '한국인의 종교에 대한 인식 조사결과'에 따르면, 불교를 바라보는 국민들의 이미지는 온화한(40.9%), 절제하는(32%), 따뜻한(27.6%) 등의 긍정 이미지가 많았고, 천주교 역시 온화한(34.1%), 따뜻한(29.7%) 등의 긍정의 답변이 주를 이룬 반면, 개신교에 대한 국민의 인식은 싸늘했다. 개신교에 대해서는 거리를 두고 싶다(32.2%), 이중적(30.3%), 사기꾼 같다(29.1%)는 답변이 주를 이뤘다. 해당 조사가 코로나19 상황이 상대적으로 안정적이던 시기에 실시된 것임을 감안하면 현재의 개신교 이미지는 더 추락했을 것으로 보인다.

'한국의 종교단체가 제 역할을 잘하고 있나'라는 질문에 단 6%의 국민들만이 긍정의 반응을 보였고, 국민 72%는 "코로나 사태라는 중차대한 시국에 솔직히 종교가 한 역할은 없는 느낌"이라 답했다. 향후 종교 전망에 대해서도 조사 참여자 중 55%가 "코로나19 사태로 한국 종교 위상이 낮아질 것"이라는 의견에 동의했다. 한국 종교계의 문제점에 대해선 응답자(복수응답)의 65%가 종교계의 부정부패를 가장 큰 문제점으로 지적했고, 종교계의 집단이기주의, 종교인들의 바람직하지 못한 생활, 정치적 개입, 종교인 범죄 증가, 이웃종교에 대한 배타성, 인물의 부재(不在) 등을 꼽았다. 한국인이 원하는 종교인 이미지에 대해서는 성숙한 인격(77%·중복응답)과 높은 도덕성(68%·중복응답)을 꼽았다.[4]

---

[4] '코로나19 이후 종교에 대한 국민인식은 "불교·천주교-온화, 개신

　병든 사회를 걱정하는 소시민의 빨강생각

　　종교 전반에 대한 국민들의 인식이 안좋은 가운데 특히 개신교의 위상 추락이 심각하다. 이는 교회 지도자의 각종 추문이 널리 알려지고, 교인들이 자기 잇속만 차린다는 이미지가 강화되던 차에 코로나19 상황에서도 이기적 태도를 보인 것이 원인인 것으로 보인다. 단지 '거리를 두고 싶은' 정도가 아니라 '아예 없애버리고 싶은' 종교로까지 지목되고 있다는 점에서 그 심각성은 깊다. '개독교'라는 말이 자연스럽고 넓게 회자되는 형국임에도 항변조차 하기 어려운 사회 분위기라는 점을 개신교는 깊이 새겨야 할 것이다. 코로나19를 거치면서 사회와 소통하지 않고 자신들만 옳다고 여기는 집단이기주의와 일부 목사의 극우적 정치활동에 대한 국민들의 부정적 인식이 복합적으로 작용한 것만이 원인이 아니다. 불이 커지게 만들었지만 사실은 이미 이전부터 계속되어 온 이미지 추락의 연장선일 뿐이다. 앞의 조사에서 '국민이 원하는 종교의 역할'(중복응답)로 다양한 봉사 활동의 주체(51%), 사회적 약자 보호(50%), 시민들의 심리적 불안감 해소(39%), 노약자·장애인 돕기(34%), 사회적 갈등 중재(28%), 사회적 가치 수호, 인권 보호(27%) 등의 응답이 나왔음을 기억해야 한다. 이러한 응답들은 교인들과 사회가 교회에 바라는 모습들이다. 이 답변들은 국민들이 코로나 시대를 살면서 교회에 갖는 바람이라는 점에서 교회가 반드시 기억해야 할 사안이다.

　　2021년 2월 질병관리청의 발표에 의하면 지난 1년간 전체 확진자 중 종교 전체 감염자는 8.2%였지만, 2021년 1월 12~15일 목

교-이중적"'
문윤홍, 〈매일종교신문〉 2020.9.8. http://www.dailywrn.com/sub_read.html?uid=16245

회데이터연구소가 실시한 '코로나19 정부방역조치에 대한 일반국민 평가 조사'에 따르면, 국민의 48%가 코로나 확산의 원인이 교회 때문이라고 보고 있다. 국민들은 교회에 대해 실제보다 더 큰 책임을 묻고 있는 것이다.[5] 실제보다 과장된 부정적 평가를 받고 있지만 이는 그간 누적된 이미지 추락에 기인한다. 같은 설문 조사에서 정부의 대면 예배 제한 조치에 대해 국민의 86%가 '공익을 위해 종교의 자유를 제한할 수 있다'고 답했다. 한국 교회를 신뢰하느냐는 질문에는 '매우·약간 신뢰한다' 응답이 21%였던 반면 '별로·전혀 신뢰하지 않는다'는 답변은 76%였다. 이는 2020년 1월 기독교윤리실천운동이 실시한 '한국교회의 사회적 신뢰도 조사'의 같은 질문에서 한국 교회에 대한 '매우·약간 신뢰' 응답 비율이 32%였던 것에 비하면 1년 만에 11%가 하락한 것이다. '신뢰한다'는 응답을 개신교인과 비개신교인으로 나눠 보면, 개신교인 중 신뢰한다는 비율은 70%였으나 비개신교인은 9%로 극명한 차이를 나타냈다.[6] 개신교 안팎의 시각차가 아주 크다.

---

5   '교회, 환경·다음세대 안고 코로나 이후 대비해야'
     표현모, 〈한국기독공보〉 2021.3.24. http://www.pckworld.com/
     article.php?aid=8861583152

6   "코로나19'로 교회 신뢰도 급락…1년 만에 32% → 21%'
     양정우, 〈연합뉴스〉 2021.1.29. https://www.yna.co.kr/view/AK
     R20210129151300005?input=1179m

종교에 대한 부정적 인식의 배경

질병관리청이 발표한 코로나19 1년 통계(2020.1.20~2021.1.19)에 따르면 총 73,115명의 확진자 가운데 집단감염이 33,223명이다. 이 집단감염을 발생시설별로 분류하면 종교시설이 17.20%(5,791명)를 차지한다. 이어서 신천지 15.48%(5,214명), 요양병원 14.02%(4,721명), 직장 11.34%(3,817명), 지인 모임 10.30%(3,470명), 의료기관 7.81%(2,629명), 체육·여가시설 3.93%(1,322명), 교육시설 3.92%(1,321명), 교정시설 3.72%(1,254명), 음식점·카페 2.12%(714명), 다단계 1.97%(664명), 기타 다중시설 1.95%(657명), 8.15집회 1.93%(651명), 유흥시설 1.89%(636명), 목욕탕·사우나 1.23%(413명), 군부대 1.18%(399명) 등이다.[7]

코로나19로 인해 어려움을 겪으며 힘겨운 삶을 사는 이들에게 힘이 되지는 못할망정 안정기에만 들어서면 어김없이 다시 발생하는 종교단체발 집단감염은 종교에 대한 부정적 인식의 결정적인 원인이 됐다. 개신교만 집단감염을 일으킨 것은 아니지만 다른 종교들보다 더 높은 비율을 차지하고 있음도 사실이다. 개신교 일부에서는 대규모 집단감염 사례였던 열방센터, IM선교회 등을 개신교로 분류하지 말라는 볼멘소리를 하지만 외부자의 시선에서 이는 그리

---

[7] '신천지부터 인터콥까지… 타임라인으로 본 코로나 1년'
최승현, 〈뉴스앤조이〉 2021.3.29 http://www.newsnjoy.or.kr/
news/articleView.html?idxno=302492&fbclid=IwAR3fH1diV
HQDee6Q2h6TKDMs4RRMZNh784ulGa1_AjYeGtmCMiKeWL
CasuA

중요한 게 아니다. 종교단체가 온 국민이 지켜야 할 방역지침을 지키지 않거나, 협조하지 않으며, 심지어 반발하는 모습을 보인 것이 강렬하게 각인되었을 뿐이다. 8.15집회를 강행한 극우단체와 이를 이끄는 목사로 인한 이미지 추락은 가히 상상할 수 없을 정도로 크고 깊다. 함께 견디고, 함께 극복해야 할 과제 앞에서 일부 종교단체들의 극단적인 행위들은 전 국민의 공분을 사기에 충분했다. 사회적 거리두기로 인한 불편을 감수하며, 생업의 타격을 묵묵히 참고 견디는 수많은 국민들을 분노케 한 것이다. 도대체 왜들 그러는 걸까.

어떤 종교인들은 유튜브를 통해 사실이 아닌 정보들을 유포하고, 이를 지지하는 종교인들은 강단에서 전달하며, 그 교인들은 SNS로 유포한다. 가짜뉴스에 해당하는 내용들을 자극적인 표현과 교묘한 왜곡으로 적극 유포하면서도 '거짓 증언 하지 말라'는 그들 종교의 계명을 어긴다는 의식도 없다. 코로나19 확산을 막기 위한 집회금지에도 아랑곳하지 않고 모이며, 그 장소에 심지어 난데없이 이스라엘기와 성조기를 들고 나타나니 종교인도 비종교인도 당황스럽긴 매한가지다. 어려운 이웃을 도우라는 종교적 실천 덕목은 수행하지 않고, 이웃에게 민폐를 끼치는 행위를 하면서도 잘못이라는 의식보다는 의기양양함이 보이는 것은 도대체 무슨 이유 때문일까. 전광훈 등의 종교인과 사랑제일교회를 구심으로 하는 신도들의 자신들만 옳다는 그 만용과 적극적 투쟁(?)방식으로 얼마나 많은 이들의 공분을 샀는지에 대한 일체의 성찰이 없어 보인다. 사회적 테러를 감행하는 그들의 심리는 뭘까.

각 종교의 이미지를 좌우하는 것은 성직자들의 행태와 신도들의 모습이다. 그들의 신심을 외부자가 판단할 수 있는 근거는 외적으로 드러나는 그들의 모습일 수밖에 없다. '최근 5년간(2015~2019) 전문직 직종별 성범죄 입건 현황(경찰청)'을 보면, 의사 613명, 종교인 547명, 예술인 499명, 교수 211명, 언론인 70명, 변호사 41명이 성범죄로 입건됐다.[8] 종교인이 무려 2위를 차지하고 있다. 다른 범죄도 아닌 성범죄 2위라니. 통계와 함께 그간 기사를 통해 보았던 종교인들의 수많은 일탈행위가 자연스럽게 떠오른다. 이런 통계와 기사는 종교인을 바라보는 국민들의 시선을 고정시킨다. 각 종교의 추문과 부끄러운 이야기를 더 나열하지 않아도 이미 충분히 많이 알려진 수많은 사건으로 지탄받아왔지만, 그럼에도 여전히 그 종교인과 종교단체가 건재한 경우가 많다. 외부의 시선이 어떠하든 관계없이 자신들만의 리그만 건재하면 된다는 집단적 이기주의와 사회적 무책임이 결합하여 이런 결과를 낳았다. 도대체 왜 이렇게 된 걸까. 난 이걸 종교의 타락으로 이해한다. 여기에 종교근본주의가 더해진 결과가 오늘의 모습을 만들었다고 본다.

타락한 종교

모든 종교는 타락할 위험을 안고 있다. 신을 섬기는 이들이라 하더라도 사람이기에 잘못할 수도 있고, 타락할 가능성 있다. 제 아무리

---

8   '의대교수도 놀란 '강력범죄율'…"성범죄자의 진료 받고 싶겠나?"'
     민일성, 〈고발뉴스〉 2021.2.24. http://www.gobalnews.com/
     news/articleView.html?idxno=31832

중요하고 가치있는 교리와 실천 덕목을 갖고 있다 하더라도 타락의 가능성이 엄존하는 것이다. 실제 오랜 세월을 이어온 종교들은 그 성장 과정에서 타락을 경험했고, 그것을 이겨내며 지금까지 온 것 아닌가. 각 종교들은 서로 많은 차이를 갖고 있지만 공통점도 있다. 그들의 신(또는 초월적 존재)를 향한 바른 자세와 세상의 다른 이들과 좋은 관계를 가지라는 가르침이 그것이다. 예수는 가장 위대한 계명이 무엇이냐는 질문에 이렇게 답했다. "예수께서 이르시되 네 마음을 다하고 목숨을 다하고 뜻을 다하여 주 너의 하나님을 사랑하라 하셨으니 이것이 크고 첫째 되는 계명이요 둘째도 그와 같으니 네 이웃을 네 자신 같이 사랑하라 하셨으니 이 두 계명이 온 율법과 선지자의 강령이니라"(개역개정판 마태복음 22: 37-40). 하나님을 사랑하고 이웃을 사랑하라는 말이다.

각 종교에서 신을 사랑하는 마음이나 신자로서 지켜야 하는 의무에 대해 어떻게 표현하든 그것은 지켜야 할 가치가 있다고 자신들이 고백한 내용이다. 그런데 신자들이 이웃에게 고통을 준다면 그 종교는 이미 타락한 종교라 표현해도 무방하다. 종교가 사악해지면 이런 타락이 나타난다는 찰스 킴볼은 그의 책『종교가 사악해질 때』(에코리브르, 2005)에서 '종교의 타락을 경고하는 다섯 가지 징후'를 이렇게 정리했다. 1.절대적인 진리 주장 2.맹목적인 복종 3.'이상적인' 시대 확립 4.목적이 모든 수단을 정당화한다. 5.성전 선포 등이 그것이다.

찰스 킴볼의 주장을 오늘의 현실에 대입하여 보자. 첫째, 절대적인 진리임을 주장하는 종교의 모습은 충분히 보아왔다. 일정 정도 종교의 본 모습이라고도 할 수 있는 그들만의 영역에서의 진리라고 주장하는 어떤 부분은 존중할만 하다. 타인들에게 피해를 주지만 않는다면 누구나 자신들만의 가치체계와 진리를 주장해도 무방하다. 타인들의 이해를 구하는 것도 좋지만 만에 하나 타인들이 그들을 이해하지 못한다 해도 별 관계없다. 자신들의 믿음과 삶의 영역이 있음을 존중하기에.

문제는 두 번째부터일 것이다. '맹목적인 복종' 말이다. 그들의 가치체계와 진리라고 믿는 영역을 존중하나 그들 내부의 세계에서 합리적이지 않은 일들이 벌어질 때 사회가 받아들일 수 있을까의 문제다. 스스로들 믿는 가치체계에 대한 복종은 때로 목숨을 내놓는 단계까지 가기도 한다. 그럴 수 있다. 이른바 순교를 감수하는 이들의 모습을 그래서 존중한다. 문제는 자신들의 복종하는 그 가치관을 세상을 향하여 강요할 때 발생한다. 신앙하는 어떤 것을 위한 복종의 문제가 아닌 종교 지도자에 대한 맹목적인 복종으로 전화되어 버린 부분은 사회가 받아들이기 힘들다. 다원화된 사회에서 다양한 이해와 요구가 부딪히고, 가치가 충돌하며, 경험이 다른 이들이 어울려 사는 세상을 향해 자신들의 지도자의 입장을 강요하며 따르라고 하면 받아들일 수 있는 이가 있을까. 내부의 맹목적인 복종으로 인해 합리성을 잃고 건강함까지 놓쳐버리는 경우를 우리는 안다. 어떤 범죄를 저질러도 그 신자들은 문제임을 깨닫지 못한다. 사회의 비난이 이는 사안에도 감싸기에 급급하다. 결국 사회로부터 유리되는 것은 순식간이다.

이상적인 시대를 확립하려는 세 번째 사안도 논쟁적일 수 있다.

종교 근본주의

이 모든 종교적인 문제들의 배경에는 근본주의가 자리하고 있다. 근본주의라는 것이 무조건 나쁜 것도, 무조건 좋은 것도 아니지만 그 연원과 관계없이 오늘의 현실에서 보면 종교적 근본주의는 여러 가지 문제를 일으키고 있는 것이 사실이다.

한국 사회에서 개신교의 종교적 근본주의가 사회와 조화되지 못하면서 야기하는 여러 문제가 있듯이, 눈을 외부로 돌려 보면 이슬람의 근본주의에 따라 여러 다툼과 전쟁이 일어나고 심지어 비극적 상황을 만들면서도 종교에 충실했다는 항변을 보는 단계에까지 와 있는 현실이다. 미국의 근본주의는 다른가. 아니다. 그들도 그들의 종교에 충실한다며 인종차별에 적극적이고 그것을 신을 따르는 이들의 바른 길이라고 믿는다. 각자 믿는 것에 따라 살아가는 것이 종교적 실천이라지만 속한 사회와의 조화를 이루지 못한다면 대단히 위험한 집단이 된다. 종교적 가치를 포기하라는 것이 아닌데도 지엽적인 일들에 주목하며 전부를 부정당한 양 외치면서 반사회적 행동을 일삼는 일로 인한 결과는 처참하다. 어느 나라만의 문제가 아니다.

'근본주의(Fundamentalism)'라는 용어는 20세기 초반 프린스턴 대학교에서 발행된 팜플렛 '근본: 진리를 향한 증언'(The Fundamentals: A Testimony to the Truth)에 처음 등장한 용어다. 과학의 발전, 현대주의의 등장과 다원적 문화의 확장, 자유주의 신학이 활발해 논의되던 이 시대적 흐름에 반발하면서 등장한 용어인 것이다. 종교적 근본주의는 20세기 초 종교 공동체 안에서 나타난 일종의 성향

으로 이 운동을 통해서 공동체 구성원의 정체성을 확립시켜 나가고
자 했다. 자신들의 종교적 정체성이 흔들렸을 때, 이들은 과거의 교
리, 신앙, 의례를 신성화하며 정체성을 재구성함으로 '근본'을 정제
하고, 다듬어서 외부의 혼합적, 반종교적, 비종교적 문화 상황에서
신자들을 위협하는 외부의 침략으로부터 보호하는 성곽의 구실을
하고자 했다(종교문화연구원, 2011: 57).

　　근대사회의 특징인 세속화는 개 종교들의 시각에서 심각한 문
제로 받아들여진다. 과학의 발전으로 신(神)이 차지하고 있던 영역
을 과학 이성이 차지하게 되는 상황이 되자, 신이 차지하고 있던 영
역의 항상성을 유지하려는 '관성'이 생길 수밖에 없다. 신적 영역이
과학 이성으로 손상되었기 때문에 이를 막아야 한다는 절박함이 있
는 것이다. 게다가 종교가 사회의 중심에서 점차 주변부로 밀려가
며, 인간사의 많은 부분에서 예전의 영향력을 잃어버리게 되자, 이
러한 위기 상황을 극복하기 위한 하나의 대응으로 생겨난 것이 바
로 근본주의 운동이다. 일종의 자기 방어 시스템으로 등장한 것이
다. 이에 따라 근본주의자들에게는 정체성 확립과 유지가 필요했다.
그래서 근본주의자들은 구별을 시작한다. 부패하고 낙후되었다고
여겨지는 전통주의자들로부터 자신들을 구별해 내고, 종교의 본질
을 상실한 근대 세속주의자들과는 다르다는 것을 공표한다. 자신들
을 부패하거나 낙후되지 않았으며, 또한 본질을 잃어버리지도 않은
진짜 정통주의자라는 자의식을 발현한다. 그래서 이들은 자신들의
이상향을 지키고 복원하고자 때로 전투적이기도 하고, 정치 행위를
하기도 한다. 이 근본주의적 태도를 가진 이들이 미국에서 등장했
을 때, 이렇게 세속화의 한복판에서도 자신들의 정통 신앙을 헌신

적으로 지키고자 하는 무리들을 '근본주의자'라 부르게 됐다. 여기에는 '세상의 흐름에 잘 적응하지 못하는 자들'이라는 부정적 의미도 담겼다(종교문화연구원, 2011: 43-44).

한국교회는 이미 정치에 깊이 개입하고 있으며, 근본주의화 되었다. '뉴라이트'라는 우익 정치세력의 상당 부분을 차지하고 있으며, 한국의 많은 대형교회는 이들과 밀접한 관계를 갖고 있음은 주지의 사실이다. 이제는 한걸음 더 나아가 기독교 극우정당을 만들고 권력에 기생하거나 압박하여 이익을 얻어내려는 단계에까지 와 있음을 본다. 한국의 개신교 근본주의는 6·25기도회나, 8·15기도회 등의 이름으로 정치적 집회를 열고 있으며. 여기에서 이들이 부르는 찬양은 "십자가 군병들아", "십자가 군병 되어서", "믿는 사람들은 주의 군대니", "다 같이 일어나" 등과 같이 전투적이며 선동적인 것들이다. 이들에게는 보수주의적 신앙과 신학이 아닌 편의 자유주의적 신앙이나 신학은 교회를 파괴하는 '사탄'이고 진보주의는 모두 다 빨갱이 집단일 뿐이다. 문제는 그 판단이 매우 자의적이라는데 있다. 어찌 보면 피로 쟁취한 민주주의의 열매를 가장 많이 누리는 이들이다. 막말과 왜곡에도 불구하고 여전히 언론, 출판, 집회, 결사의 자유를 보장받으며 사회를 어지럽히고 있음에도 제대로 처벌받지 않고 산다. 이들을 이용하는 배후의 정치 세력들은 조용히 미소짓고 있다.

근대화, 세속화되는 사회에서 전통 종교가 기존의 중심부에서 밀려나는 것에 대한 자의식적이고 조직적인 저항이 근본주의적 속성의 핵심인데, 한국 개신교의 경우는 조금 다르다. 한국 개신교의 근본주의적 성향은 자발적으로 태동한 것이 아니라, 처음부터 근본주의적 이념 자체가 외부로부터 전해진 측면이 강하다. 한국 개신교가 어떤 경로로 한국 사회에 들어오게 되었는지를 살펴야 이해가 쉽다. 동북아시아로 파견된 선교사들 가운데 중국과 일본의 경우와 달리 열성적 복음주의자들과 보수적 전통이 강했던 선교사들이 한반도에 들어온 게 그 출발이다. 이 과정에서 개신교를 받아들인 한국은 자발적으로 근본주의 노선을 따른 게 아니라, 근본주의를 '정통'으로 수용했다. 전통주의마저 자신들의 적으로 생각했던 미국식 근본주의와는 달리, 한국 내 개신교의 근본주의적 성향은 그것이 '정통주의화' 되고 있다는 점에서 기존 근본주의 성향과는 다른 모습이다. 또한 분명한 목적의식을 가지고 근본주의적 성향을 유지하고 있는 것이라기보다 오히려 근본주의적 이념, 혹은 교리를 정통성 있는 전통으로 인정하고 수호하려 한다는 점에서, 근본주의라기보다는 '근본주의적 보수주의' 혹은 '근본주의적 정통주의'로 봐야 한다는 게 종교학자 이길용의 입장이다(종교문화연구원, 2011: 46-47).

어떻게 표현하든, 어떤 방식으로 수용했든 현실의 한국 개신교는 여러 문제를 내포하고 있으며, 그에 대한 성찰보다는 아무 잘못이 없으며 진리의 길을 가는 순교자적 태도를 가진 이들이라고 스스로를 규정하며 살아가는 특이한 존재들이다. 주변을 살필 여유보다는 자신들의 생존을 더 중요하게 여기는, 그래서 이타와는 관계가 없는 이들로 보이는 것이 현실이다. 당연히 여기에는 반작용이 따른다. 이젠 종교가 세상을 걱정하는 것이 아닌 사회가 종교를 걱정하는 단계에까지 왔다는 심각한 결과를 낳았다. 한국 개신교가 사회의 빛과 소금의 역할을 하지 못하면서 따라오는 당연한 귀결이다. 나름 충분히 애쓰고 희생적 태도를 가진 숱하게 많은 신앙인들이 존재함에도 불구하고, 더 크게 부각되는 일탈한 종교인들의 모습으로 인해 존재 자체가 부정 당하는 단계에까지 왔다는 점은 향후 한국 사회에서의 종교의 미래를 예견하는 시금석이 된다.

근본주의자들의 특징은 이렇다. 첫째, 세계를 선과 악이라는 도덕적 이원주의로 간단히 구분하여 판단한다. 둘째, 자기들은 항상 선이고 상대는 항상 악이라고 단호하게 규정한다. 자신들은 오류가 없다는 입장이다. 셋째, 악의 축인 상대방을 어떻게든 결단내야 한다고 믿는다. 이에 따라 수단과 방법을 가리지 않고 악이라고 규정한 이들을 축출하려고 노력한다. 넷째, 이 선악의 편가름과 도식화는 연쇄적으로 편가름의 분열을 낳는다. 내 편을 들지 않으면 모두 나의 적이기에 분열은 불가피하다(종교문화연구원, 2011: 137-138).

20세기 초 미국 선교적 근본주의 기독교를 받아들인 한국의 교회는 이 근본주의 분열의 갈등에 익숙하다. 수많은 분열의 결과 얼마나 많은 교단이 존재하는지 보면 안다. 아주 가끔 단결하는 모습을 보일 때가 있는데 그 때는 수구적인 가치관으로 뭉칠 때다. 예를 들자면 차별금지를 위한 법제화를 시도할 때 동성애를 찬성하는 것이냐며 결사적으로 반대할 때나, 이슬람포비아를 조장하며 무슬림들을 악마시할 경우가 그렇다.

이러한 근본주의적 경향은 한국 사회의 특정 종교에만 국한되는 것이 아니다. 서구에 대항하는 과격 이슬람 단체들이 근본주의적 태도로 강한 정치적 응집력과 영향력을 보여주고 있음을 우리는 보고 있다. 현대사에 큰 비극 가운데 하나인 9.11테러와 그 이면의 역사를 살펴보면 정치와 종교가 결합하며 만들 수 있는 최악의 상황을 보게 된다. 한국 교회는 이슬람을 대단히 두려운 존재로 여기는 모양이다. 사실이 아닌 정보들을 가지고 오해하고 왜곡하며 다른 해석을 가하면서 무슬림들을 악마시하니 말이다. 이른바 이슬람 포비아가 한국 교회에 널리 퍼져있음을 본다. 과연 이슬람은 그렇게 두려운 존재들일까? 세상을 파괴하는 악마라도 된단 말인가. 한국교회의 주장만 들어보면 그렇게 받아들일 가능성이 크다. 스스로 정보를 파악하고 알아가려는 노력을 기울이지 않는 개신교인들이라면 강단에서 왜곡된 정보와 비뚤어진 시각으로 규정하는 이슬람에 대해 제대로 된 이해를 할 가능성이 희박하다. 이제 이슬람에 대해 알아 보자.

이슬람 근본주의, 탈레반

이슬람이란 '신에 복종한다'라는 뜻의 아랍어로, 이슬람교는 유일신인 '알라'를 신앙의 대상으로 삼는 종교다. 무함마드가 받은 신의 가르침을 정리한 '꾸란'9을 경전으로 삼는다. 이슬람의 가장 중요한 지침은 경전인 '꾸란'이지만 교조 무함마드의 사후에는 그것만으로는 교의상 판단이 곤란한 경우가 많아졌기에 '수나(무함마드의 언행)'로 보완했다. 이 수나를 중요하게 여겨 이상으로 삼는 이들을 수니

---

9   영어로 말하는 코란(Koran)이 아랍어 원음에 가까운 '꾸란'보다 더 잘 알려져 있기는 하지만, 이 분야 전공자와 현재의 영미학계가 Qur'an(꾸란)으로 표기하고 있다.

파(派)로 불렀다. 이슬람의 정통파로 분류되며 이슬람교도의 대부분이 수니파에 속한다. 예언자 무함마드의 혈통은 딸 파티마와 제4대 칼리프인 그의 조카 알리와의 사이에 태어난 하산과 후세인의 두 아들 계통으로 전해졌는데, 이 가운데 후세인의 계열을 교주로 추대하는 시아파가 성립됐다. 이들은 이후 이란의 종교사상을 받아들여 최초의 이단적 종파가 되었다. 이슬람의 이단 종파는 여럿이지만 신도 수는 전체의 10%가 안된다. 수니(또는 순니)파와 시아파 사이에, 수니의 4대 법학파[10]들이 주장하는 것처럼 많은 차이점들이 발견되었지만,[11] 대부분의 무슬림들은 이 두 파 사이에는 차이점보다 훨씬 많은 공통점이 존재한다는데 동의한다. 이들은 이슬람의 가장 기본적인 종교적 믿음과 교리를 공유하고 있을 뿐만 아니라 모든 이슬람 분파들은 이슬람이 신의 길에서 최선을 다하는 자들에게 신의 안내와 축복을 제공한다는데 동의하고 있다(이희수·이원삼

---

10 순니파에 4대 법학파가 있다는 것은 적어도 4가지 법 이론이 있음을 의미한다. 이러한 학파의 차이는 기본적으로 원전의 해석 차이에 기인한다(이원삼, 2001: 16).

11 이슬람 신학에는 신앙과 이성에 대한 입장 차이로 4개의 신학파가 나타나 치열한 논쟁을 벌여 왔다. 범죄는 정명(定命)이 아니라 선택이라는 자유의지를 주장하며 숙명론을 반대하는 까다리야파, 범죄 재판 등 신학 문제는 현세가 아니라 내세로 미루었다가 해결해야 한다는 중용적인 무르지아파, 이성이 게시보다 더 중요하다는 자유의지론을 주창하는 유리(唯理)주의적인 무으타질라파, 자유의지론을 반대하고 정통을 고수하는 보수주의적인 아슈리야파 등이 그것이다(정수일, 2002: 215).

외, 2002: 349).

　이슬람교도라는 의미의 '무슬림'의 사전적인 뜻은 '(알라의 유일하심과 그에게) 복종하는 자'다. '유일한 신 절대자를 믿는 믿음을 따라 사는 자'라는 의미를 가지고 있다. 이슬람을 새로 받아들인 '입교' 무슬림을 제외하면 대부분 혈통에 의해 무슬림이 된다. 혈통과 상관없이 새롭게 무슬림이 되려면 이슬람 신앙을 고백해야 한다. 무슬림 가족에게서 태어난 이들은 이런 절차를 밟지 않는다. 그들은 날 때부터 이미 무슬림이다. 이들은 알라를 믿지 않아도 무슬림이라 불린다. 사원에 간 적이 없고, 꾸란을 전혀 몰라도 무슬림이 되는 것이다. 개인적인 확신, 신념, 고백과 상관이 없다. 무슬림 집안에서 태어난 구성원들은 날 때부터 저절로 무슬림이 되기 때문이다. 이들은 법적으로도 무슬림이다(김동문, 2017: 24).

　우리가 익히 이해하는 베일을 쓴 여성이나 긴 통옷에 수염을 기르고 머리 덮개를 눌러 쓴 남성들이, 정해진 시간에 장소를 가리지 않고 메카를 향해 기도하며, 라마단 기간 내내 낮 금식을 하고, 꾸란에 충실한 이들만을 의미하는 게 아니다. 무슬림의 정체성은 개인이 아니라 공동체, 사회, 집단에 의해 자동적으로 부여되기에 신실함과 성실성과 관계없다. 조상 중에 누군가가 무슬림이면 후손들은 법적으로 무슬림이다.

　무슬림은 신심 깊은 이들로부터 명목상의 이들까지 나라별로, 지역별로, 엄청 다른 모습을 갖는다. 그런 무슬림을 외부적 시각에서 하나의 모습으로 규정하고 이해하려고 하면 판단에 오류가 생기기 마련이다. 전부 테러리스트로 이해하면 완전히 잘못된 해석이라는 말이다. 같은 무슬림이라 하더라도 그 스펙트럼이 참으로 다양하다. 마치 서구 기독교 문명권의 종교인들과 비슷하다. 명목상의 기독교인, 문화적 기독교인이 다수인 것처럼 이슬람 세계의 무슬림 다수도 명목상의 무슬림이다. 서구 유럽인들은 종교를 선택할 수 있지만, 아랍 무슬림들은 선택의 여지가 없다. 그냥 날 때부터 부여된 종교가 이슬람이다.

우리 사회에서 이슬람을 대중적으로 인식하기 시작한 것은 9.11테러가 그 시작이다. 물론 그 이전에도 이슬람은 우리 역사와의 관련이 있었지만 극히 일부에 지나지 않았고, 1970년대 중동에 진출했던 노동자들과 그 가족들에 한정된 인식인 경우가 많았다. 이슬람 연구자도 있었고, 꾸란을 번역한 학자도 있었지만 대중들에게 각인되기 시작한 것은 분명 9.11테러와 관련있다. 그 사건 이후 이슬람에 대한 정보들이 엄청나게 쏟아져 나왔지만 그 역시 지극히 한정적인 의미인 경우가 많았다. 시간이 꽤 지난 지금은 상당 수준의 연구서들도 많이 출간됐으며, 방송에서도 많이 인용된다.

전문적인 연구자들이 아닌 이상 대부분 국민들에게 이슬람에 대한 인식은 테러와 관련된 것이니 그 이미지가 상당 부분 부정적으로 각인된 것도 사실이다. 빈 라덴과 탈레반이 그렇고, 이슬람국가라는 IS가 그런 인식에 추가됐다. 서구 중심의 시각으로 본 뉴스들만 소비하는 입장이다 보니 제대로 알기 이전에 먼저 부정적 인식부터 갖게 된 것이다.

'이슬람 학생' 혹은 '지식의 추구자'라는 뜻의 탈레반은 이슬람 신학교인 마드라스에서 공부하는 학생이자, 마을에서 아이들을 가르치고, 기도를 이끌고, 장례를 주관하고, 분쟁을 중재하는 등 종교 의례를 제공하는 대가로 마을 주민들의 기부를 받아 먹고사는 일종의 하위 성직자였다. 탈레반 앞에서는 마을 여인들이 얼굴을 가리지 않을 정도로 칸다하르 지역의 전통 마을에서는 삶의 한 부분이었던 이들이 소련의 아프간 침공 뒤 총을 잡고 무자헤딘 투쟁에 뛰어드는 한 세력이 된다. 아프간 전쟁은 탈레반을 양산하며 그들의 신앙까지 바꾸었다. 전쟁으로 인해 파키스탄 국경지대로 피란한 소년과 청년들은 파키스탄 정보부가 사우디의 자금으로 만든 수많은 마드라스에서 근본주의 성향의 이슬람주의 탈레반으로 성장했다(정의길, 2015: 238-239).

1994년 아프가니스탄 남부 칸다하르 지방에서 질서를 잡는 군사활동을 통해 남부 지방을 지배하던 군벌을 몰아냈으며, 1996년 말에는 해외에 있는 보수적인 이슬람 분파의 지원과 아프가니스탄 남부 파슈툰족의 지지에 힘입어 수도 카불을 점령하고 정권을 장악했다.

이슬람 원형으로 돌아가자는 데오반디즘[12]에 뿌리를 둔 탈레반은 데오반디즘의 창시자들조차도 수긍하지 못할 정도의 극단으로 나아갔다. '선행 진작 및 악덕 억제부'라는 긴 이름의 잔혹한 종교경찰을 제도화하여 이슬람 교리에 대한 비정통적인 해석도 서슴지 않으면서 주민들을 통제했다. 소녀들의 학교 입학을 금지했고, 여성들은 취업은 물론이고 집 밖으로 나가는 것조차 금지했다. 남성에게도 턱수염을 강제했고, 서양식 헤어스타일을 금지했다. 영화와 음악을 금지했다. 가게에서 음악이나 음반이 발견되면 주인

---

12 파키스탄을 포함한 인도아대륙 서북부 배경, 선지자 무함마드 시절의 생활과 신앙을 그대로 재현, 꾸란을 글자 그대로 해석해야 한다는 근본주의적이고 보수적인 이슬람주의

은 투옥됐다. 차 안에서 카세트가 발견돼도 차주는 체포됐다. 텔레비전, 비디오, 카드, 연, 스포츠도 불허됐다. 절도범은 손이 잘리거나 공개 참수형을 당했다. 간통 시에는 돌에 맞아 죽었다. 아이러니하게도 양귀비 등 마약 재배는 허용됐다. 이는 아프간 주민들이 아니라 서방의 불신자들에 의해 소비된다는 이유였다. 탈레반의 가장 악명 높은 만행 중 하나는 2,000년도 넘은 세계 문화유산인 바미안 불상의 파괴였다. 우상숭배가 그 이유였다(정의길, 2015: 246). 9.11 이후 미국의 아프가니스탄 침공으로 권력을 잃었던 탈레반은 긴 세월을 견디며 후일을 도모하던 끝에 2021년 미국이 철수하자 다시 아프가니스탄을 장악했다.

이렇게 살펴보고 나니 개신교 근본주의나 이슬람 근본주의나 행태가 크게 다르지 않다. 자신들이 믿고 따르는 가치 또는 신념에 맞추어 모든 것을 해석하고, 이에 반대되는 입장이나 세력에 대해서는 철저하게 응징하는 태도가 그렇다. 그 모든 과정에서 배경이 되는 것은 그들의 신앙이다. 신앙 자체가 나쁘다고 말하려는 것이 아니다. 과연 그 신앙이라는 것이 종교 자체에서 내세우는 가치와 일치하느냐의 문제이기도 하고, 행실로 이어져야 하는 종교의 가치가 잘못된 행동으로 연결되면 어떤 나쁜 결과를 가져오는지를 보면 더욱 그렇다.

오늘의 개신교 근본주의자들의 행태가 그들이 만들고자 하는 지평을 넓히는 결과를 가져오고 있는지를 살펴 보라. 입지가 협소해지고 있는 것이 보이지 않는가. 탈레반은 어떤가. 다시 되찾은 아프가니스탄에 평화가 찾아왔는가. 분열되고 차별이 진행되며 국민들의 삶은 피폐해져 간다. 여성에 대한 차별이 극심해서 이전에 자유를 누려왔던 국민들을 다시 속박하고 있지 않은가.

이상한 것은 우리나라의 개신교 근본주의자들은 이슬람을 상당히 두려워한다는 점이다. 이슬람의 다양한 측면을 다 헤아리지 못하고 지극히 일부분을 확대재생산 하며 악마시하는 경향이 있다. 매우 단순한 판단에 근거하여 모두를 적으로 돌리는 우를 범하고 있지는 않은가 살펴볼 일이다. 꽤 여러 가지 버전의 가짜뉴스를 통해 이슬람이 한국을 차지하려는 음모가 있다고 주장하고, 그래서 그들과의 접촉을 막으려 노력한다. 가끔은 이슬람이 없었으면 우리나라 개신교는 무엇으로 단결을 했을까 하는 생각이 들기도 한다. 분열에 분열을 거듭하여 이제는 숫자도 세기 어려울만큼 많은 교단들이 이슬람포비아에 있어서만큼은 일치단결하는 양상을 보이니 말이다. 무엇이 그렇게 두려운 것일까?

이슬람의 근본주의나 우리의 개신교 근본주의의 행태를 보며 비종교인들은 이를 비판하고 때로 비난한다. 심지어 어느 시점부터는 상대하고 싶지 않은 존재들로 각인되어 가고 있다. 이 장의 제목으로 잡은 '종교는 해로운가?'라는 질문에 답해야 할 차례다.

종교 자체가 해롭다고는 말하기 어렵다. 어느 종교든 그 지향은 매우 바람직하니 말이다. 어느 종교든 평화와 사랑, 또는 자비를 말하지 않는 경우는 없다. 따라서 종교 자체의 잘못이라기 보다는 그 종교를 가진 이들의 행태가 잘못된 것이 아닐까. 그 잘못된 행태들로 인해 악화된 이미지는 결국 그 종교 자체에 대한 거부감으로 나타난다. 결국 자신들의 포교에도 지장이 있고, 세상에서 고립되는 결과를 낳는다. 말하자면 자업자득이다. 과연 이런 꼴을 보려 그 종교의 창시자들이 온갖 어려움에도 불구하고 그 길을 갔던 것일까.

한 때 유행하던 표현으로 하자면 '자괴감을 느끼고' 있지는 않을까.

영화나 드라마에서 성당이나 교회가 매우 평화롭고 성스러운 곳으로 묘사되는 일이 많았다. 복잡한 세상사를 살다 보면 때로 조용히 침묵하고 기도하며 평안을 구하고 싶은 것은 당연하니까. 그런 곳으로 여겨지던 성당과 교회가 요즘은 나쁜 일에 사용되는 아지트이거나 접선 장소로 이용되는 장면도 있더라. 이미 성스러운 이미지는 없어졌기에 그런 기대를 하지 않는 사회상의 반영이 아닐까. 모든 종교는 소중하고 그 가치를 존중받아야 한다는 게 내 생각이다. 다만 그 종교의 신심을 가진 이들 가운데 일부는 철저히 성찰해야 한다. 자신들로 인해 그 종교가 배제되고 외면받는 상황으로까지 온 것을 깨달았다면 말이다. 그런데 깨닫기는 할까?

참고문헌

김기석, 2018, 『신학자의 과학산책』, 새물결플러스.

김동문, 2017, 『우리는 왜 이슬람을 혐오할까』, 신율.

이길용, 2015, 『이야기 세계 종교』, 지식의날개.

이길용, 2018, 『이야기 종교학』, 종문화사.

이원삼, 2001, 『이슬람 법사상』, 아카넷.

이희수·이원삼 외, 2002, 『이슬람』, 청아출판사.

정수일, 2002, 『이슬람 문명』, 창작과비평사.

정의길, 2015, 『이슬람 전사의 탄생』, 한겨레출판.

종교문화연구원, 2011, 『종교 근본주의 비판과 대안』, 모시는 사람들.

찰스 킴볼 지음, 김승욱 옮김, 2005, 『종교가 사악해질 때』, 에코리브르.

한국종교문화연구소, 2016, 『우리에게 종교란 무엇인가』, 들녘.

전쟁의 희생자, 난민

부산으로 온 보트 피플

초등학교 저학년 시절 부친이 보던 신문에서 '보트 피플'이라는 단어를 처음 봤다. 그 때는 이들이 어떤 이유로 그렇게 배를 타고 자신들의 나라를 떠났는지에 대해서 알지 못했다. 베트남 전쟁에서 패한 남베트남 사람들이 이념적 성향과 경제적인 어려움 때문에 자신들의 나라를 떠나게 되었다는 것을 아주 늦게 알았다. 당시 남베트남을 떠나 우리나라로 찾아왔던 이들은 어떻게 되었을까 궁금했다. 알아보니 당시 우리나라를 찾아왔던 이른바 보트 피플 가운데 이 나라에 정착한 이는 아무도 없었다.

베트남 전쟁에 참전했던 한국은 남베트남의 패배가 확실해지자 교민 철수를 위해 해군 수송선을 파견해서 1,335명을 데려왔다. 이 가운데는 한국과 인연이 있는 베트남인 910명과 중국인 31명, 필리핀인 1명이 포함돼 있었다. 이 외에도 한국선적 화물선이 베트남 인근 해상에서 216명의 난민을 구해 부산으로 입항했으며, 원양어선이 보트 피플을 태우고 입항했다는 기록도 있다. 1975년부터 1989년까지 국내에 입국한 베트남인은 2,944명이었으나 이들은 대부분 연고를 찾아 국외로 이주할 수밖에 없었다. 부산 임시수용소에 머물렀던 이들에게 1개월마다 갱신하여 재난 상륙 허가만 주었을 뿐 별도의 체류자격을 부여하지 않았기 때문이다. 결국 단 한 명에게도 국내 정착을 허용하지 않고 전원을 제3국으로 송출한, 국제적으로 유례가 드문 사례로 기록되었다(이호택·조명숙, 2010: 26-27).

당시의 한 인연을 보자.

전제용 선장과 보트 피플의 특별한 만남이 있었던 것은 1985

년 11월의 일이다. 참치잡이 원양어선 '광명 87호'는 인도양에서 400여 톤의 참치를 잡고 귀향길 나선 남중국해 해상에서 이미 반은 침수된 고장난 목선을 발견했다. 출항 전 회사에서는 보트 피플을 발견하더라도 모른 척하라는 지시를 내린 터였다. 전 선장은 고민 끝에 자신이 전적으로 책임을 지기로 하고 간부들의 동의하에 구조하기로 결정했다. 10여 명 정도로 예상하고 구조하였으나 최종적으로 확인해보니 96명. 승선 인원이 120여 명으로 불어나면서 겪어야 했던 어려움도 어려움이지만 무엇보다 회사가 난민을 데리고 부산항에 입항하는 것을 강력히 만류하는 상황이 더 심각했다. 인근 섬에 하선시키고 귀국하라는 회사의 지침은 마음을 무겁게 했지만 결국은 회사 측의 방침이 국제법에 위배되기에 본사의 처사에 따르지 않겠다는 결심을 한 전 선장은 12일간의 항해 끝에 1985년 11월 26일 부산항으로 입항한다. 한국 정부는 어쩔 수 없이 그들을 받아들일 수밖에 없었고, 난민들은 부산 대한적십자 난민보호소에 수용됐다. 그리고 전 선장은 하선 조치 당했다. 사실상 해고를 당한 것이다. 당시 구조된 베트남인의 후일담에 따르면, 베트남을 떠나 공해상에 이르기까지 이들이 탄 목선은 적어도 20여 척의 외국 선박들을 만났지만 하나같이 못 본 척 지나쳐 버렸단다. 작은 목선의 엔진은 고장나고, 침수가 시작된 심각한 위기 상황에서 예상되는 많은 어려움에도 불구하고 자신들을 구해준 선장에 대해 "전제용 선장은 부녀자와 아이들을 극진히 대접했고 선원들도 우리에게 자신들의 음식과 의복을 나눠주는 등 부산까지 항해하는 12일 동안은 정말 행복한 시간이었다"는 기록을 남겼다.

난민들이 부산 적십자 난민보호소에서 생활하는 동안 당국은 전 선장에게 '면회금지'와 '2년 반 동안 승선금지' 등의 결정을 하달했기에 구조 이후로 난민들을 만날 수 없었다. 그럼에도 그에게는 난민들을 찾아보지 못한 회한이 남았다고 증언한다. 자신들을 구조하는 바람에 회사에서 해고된 전 선장의 사정을 몰랐던 난민들은 난민보호소를 찾지 않은 그에게 아쉬움이 있었다. 아주 긴 세월이 흐른 후 2004년 8월, 당시 구조되어 미국에서 새 삶을 사는 피터 누엔과 난민들이 전 선장을 초청한다. 리틀 사이공이라는 이름의 미국에서 베트남인들이 가장 많이 살고 있는 지역에서 영웅 전제용과 가족을 초청하여 16일간의 행사를 진행했다.[1]

제주로 온 예멘 난민

이런 아름다운 장면만 있는 것은 아니다. 예멘 난민의 경우를 보자.

2018년 7월 예멘 난민 561명이 제주도로 들어왔을 때 우리 국민의 인식은 둘로 갈라졌고 그로 인한 사회석 낭비가 싱당했디. 난민 인정을 반대하는 집회가 열리기도 했고, 찬반 양측은 각자의 요구를 담은 청와대 청원을 100개 넘게 올렸다. 난민을 맞을 사회적 준비가 부족했고, 그들을 제대로 이해하지 못한 상황과 맞물리면서 날카로운 말들이 오가는 설전의 시간이 길었다. 그 때 들어왔던 500여 명의 예멘 난민들은 어떻게 됐을까. 난민 신청을 한 519명의 예

---

1 '베트남 보트피플과 한국인 선장의 극적 상봉'
   〈신동아〉 2005년 2월호.

멘 난민 중 단 2명만 난민 인정을 받았고, 412명은 '인도적 체류 허가'를 받아 한시적으로 머물고 있다. 56명은 '단순 불인정'으로 아직 제주를 벗어나지 못했거나, 제3국으로 출국하거나 출국명령서를 받고 살아가고 있다.

'인도적 체류 허가'라는 표현은 상당히 긍정적이고 인도적 냄새가 나지만 현실은 그렇지 않다. 1년마다 체류를 연장하며 단순노무직에서 '자격 외 취업 허가'를 여권에 확인받아가며 일한다. 비자 갱신에는 6만 원, 취업 허가에는 12만 원의 수수료를 매번 낸다. 일자리가 불안정한 상태라 잦은 이직이 불가피한 이들에게는 이 비용이 클 수밖에 없다. 인도적 체류 허가 기간에 가족과의 만남은 허락되지 않는다. 이것을 인도적이라 말하기는 어렵지 않을까.

예멘 난민들은 어떤 이유로, 어떤 과정을 거쳐서 문화적으로 전혀 익숙하지 않은 제주도로 들어오게 되었을까. 2004년에 시작된 이슬람 수니파 정부군과 시아파 후티 반군 사이의 내전이 심화되면서 후티 반군이 대통령궁을 점령한 2015년이 예멘 난민의 시작이다. 유엔난민기구의 자료에 따르면, 2017년 11월 기준으로 예멘을 떠난 난민은 28만여 명이다. 예멘을 떠난 난민 가운데 일부가 먼저 90일 동안 무사증 입국이 가능한 말레이시아로 가서 체류하기 시작했고, 이후 체류 기간 연장이 막히자, 다시 무사증 입국이 가능한 제주도로 온 것이다. 외교부가 예멘을 무비자 입국 가능국에서 제외하기 전까지 예멘 국적자들은 제주도에 무비자로 30일까지 머물 수 있었고, 말레이시아 쿠알라룸푸르와 제주 간 직항 노선이 생긴 시점이 맞아떨어지며 입국할 수 있었던 것이다. 예멘은 나라 전체가 파괴되었고, 강제 징집으로 생명이 위태로운 현실에, 인구의 3

분의 2가 절대 기아 상태에 놓여있는 상황이 그들을 정든 고향을 등지고 낯선 이국 땅으로 떠나게 한 이유다.

예멘 난민이 제주도에 왔을 때 극단적인 혐오와 배제를 주장했던 이들의 입장은 크게 두 가지 이유 때문이다. 하나는 무슬림에 대한 혐오이며, 다른 하나는 일자리에 대한 불안함이다.

우리 사회에서는 이슬람이라고 하면 극단적 테러리스트를 떠올린다. 9.11 이후 이슬람의 극단적인 모습에 익숙해진 터라 일정 정도 불가피한 측면이 있다. 이슬람 근본주의자인 탈레반의 악영향이 우리의 뇌리에 깊이 박힌 것이다. 이후엔 ISIS(Islamic State of Iraq and al-Sham, '이라크-알샴 이슬람 국가) 때문에 이런 인식이 강화될 수밖에 없었다. IS(Islami State, IS)는 수니파 이슬람 극단주의 무장단체로 알카에다 이라크지부에서 시작하여 시리아와 이라크 일부 지역을 점령하고 '이슬람국가(Islami State, IS)'를 자처했다. IS는 2015년 6월 이후 터키, 러시아, 프랑스에서 대규모 테러를 자행한 바 있다. 인질 살해 등 잔혹한 범죄를 저지르고 이런 장면을 인터넷에 공개해 선전전을 펼치는 것으로도 유명하다. 실제 그들의 신진에 동조하여 IS에 참여하는 이들도 있었다고 하니 그들의 선전이 상당 부분 성공을 거둔 것이다.

이슬람에 대한 인식이 이러하니 "테러하는 사람들을 받아줘선 안된다"거나 "이슬람이 들어와 여러분의 아들을 죽이고 딸과 며느리를 강간할 것" "이슬람은 살인을 밥먹듯 하는 집단" "예멘 사람들은 난민이 아니라 극우 이슬람일뿐"이라는 글이 유포될 수 있었던 것이다. 전형적인 무슬림 혐오의 모습이다. 정말 예멘 난민들이 테러리스트이며 강간을 하러 온 이들이며, 살인을 밥먹듯이 하는 집단의 일원이란 말인가.

　이슬람에 대한 이런 부분적이고 극단적인 입장만을 가지고는 그들을 바로 이해할 수 없다. 폭력적이고 극단적인 태도를 가진 이들이 존재하는 것도 사실이지만 이슬람은 매우 폭넓고 다양한 모습을 가지고 있다는 것을 외면해서는 안된다. 모든 종교가 그렇듯이 그들도 평화를 내세우지만 그 안에는 극단적인 이들이 있다고 이해해야 바른 이해가 가능하다는 말이다. 이슬람은 아주 근본주의적 태도를 가진 이들부터 긍정적 의미이든 부정적 의미이든 현대화된 양태를 가진 이슬람까지 그 스펙트럼이 넓다. 종교적으로 설명하면 이슬람은 폭력적인 종교가 아니다. 종교적 가르침에서 폭력을 지향하지는 않는다는 말이다. 그들 가운데 일부가 극단적인 방법까지 수용했을 뿐이다.

　이슬람은 크게 시아파와 수니파로 나뉜다. 이슬람을 창시한 무함마드의 후계자로 누구를 인정할 것인가를 두고 갈라졌다. 합의로 선출된 후계자 아부 바르크를 후계자로 받아들인 이들이 수니파가 되었고, 무함마드의 사촌인 알리를 후계자로 받아들인 이들이 시아파가 됐다. 숫자로 보면, 16억 이슬람교도의 90%를 차지한 수니파가 압도적인 다수다. 시아파는 숫적으로는 10%에 불과하지만 이란, 이라크, 시리아의 권력을 차지하고 있으며 레바논의 헤즈볼라도 시아파에 속한다. 거칠게 정리하자면 극단적 요소를 가진 이들이 소수파라는 말이다.

　예멘의 내전 상황은 본질적으로 2004년 시작된 예멘 수니파 정부와 반군인 시아파 무장단체 후티 사이의 분쟁이다. 시아파 다수 국가인 이란의 영향력 상승을 우려하여 많은 아랍 국가가 간섭

하면서 일이 커진 것이다. 예멘 정부는 이 반군을 후티의 정권 전복 추구와 함께 시아파 율법 구현을 따른다고 주장하는 반면, 후티 반군은 정부의 차별에 대해 지역 사회가 방어하는 것에 정부가 공격적으로 대처하고 있다고 주장한다. 2015년에는 반군이 대통령 궁을 장악했다. 대통령은 사우디 리아드로 떠날 수밖에 없었고 국제사회의 중재 등으로 휴전을 하기도 했지만 내전은 여전히 진행 중이다. 2020년 9월 현재 역사상 최고치인 47개의 전선이 대치 중이다.

예멘 국민 98%는 무슬림이며, 이 가운데 수니파가 56%, 시아파가 43%를 차지한다. 시아파의 대부분은 수니파와 비슷한 교리를 가진 다섯 이맘파(자이드파)이고, 열두 이맘파와 일곱 이맘파(이스마일파)도 예멘 내 소수파로 일정한 세력을 가지고 있다. 이슬람을 수니파와 시아파로 크게 두 가지로 분류하지만, 세부적으로 보면 다른 파임에도 교리가 비슷하기도 하니 외부의 시선으로 간단히 정리하기는 쉽지 않다. 예멘 내전은 분단되어 있던 오래된 과거에서부터 통일을 이루었던 때를 거쳐 다시 내전에 이르기까지 매우 복잡다단한 배경과 과정을 거치고 있기에 간단히 설명하기 쉽지 않지만 결국 같은 종교를 가진 이들끼리도 서로 다른 이해를 위해 전쟁도 불사했다는 것은 분명하다. 전쟁은 군인들만의 싸움으로 끝나는 것이 아니다. 그간 반군 전사와 민병대를 포함한 10만 명 이상이 목숨을 잃었다. 피해를 입는 것은 군인만이 아니다. 대다수의 국민들이 피해를 입을 수밖에 없다. 살기 위해 그 곳을 떠날 수밖에 없다. 결코 쉽지 않은 고뇌와 과정을 거쳐 먼 길을 온 이들을 그래서 쉽게 판단하고 규정해서는 안되는 것이다.

예멘 난민들에 대한 거부감을 표출한 이들의 두 번째 이유는 일자리 때문이다. 이들이 저임금 일자리를 빼앗으러 온 '가짜 난민'이라는 비난은 취업의 어려움을 겪는 이들에게서 쉽게 나왔다. 난민 신청자들은 체류 시작 뒤 최초 6개월 동안 일할 수 없다는 기존 규정을 위반하면서까지 정부가 예멘 출신인들에게 특별취업허가를 내준 것은 문제가 있다는 문제 제기가 나온 것이다. 이에 따른 반발이 컸다. 하지만 전후맥락을 살펴보면 이해가 되는 일이다. 한꺼번에 많은 인원이 들어왔고, 따라서 구호물품도 부족한 상태였으며, 이들에 대한 서류 접수부터 결정까지 상당히 긴 시간이 필요하기에 불가피하게 이들에게 임시로라도 일할 수 있는 기회를 부여했던 것이다. 한꺼번에 몰린 이들에 대한 지원이 개인과 기관의 후원만으로는 부족했기에 발생한 일이다. 이것을 마치 이들의 난민 정착을 내정했거나, 일자리를 제공하여 떠나지 않도록 하려는 의도에서 비롯된 것인 듯이 해석하고 반발했던 측면이 있다. 실제 취업 허가가 난 일자리들은 제주도 내 일손 부족한 양식장, 어선, 어업, 농업 분야였다. 애초 제주출입국·외국인청이 일손이 부족한 현장에서 이들을 채용할 수 있는지 문의하면서 시작되었고 제주도 내 인력 부족 업종에 취업을 특별히 허가했던 것이 사건의 전말이다. 제주도로 온 난민들 가운데 청년들이 많은 것을 보며 일자리를 위해 온 것 아니냐는 의구심 역시 마찬가지다. 청년 남성들이 많았던 것은 강제 징집을 피해 말레이시아로 피했다가 다시 제주도로 오면서 생긴 일이다. 내전 상황에서 어느쪽으로든 강제로 징집되어 자신의 뜻과 무관하게 전쟁에 참여해야 하는 상황을 견딜 수 없어 떠난 난민이라는 말이다. 그런 이들이 일자리를 위해 의도적으로, 계획 하에 제주로 왔다고 해석하는 것은 무리다.

이러한 반발의 이면에는 청년층 일자리가 부족하다는 현실이 있었다. 갈수록 일자리가 줄어들고 있는 상황에서 낯선 외국인들에게 일자리를 빼앗기는게 아닌가라는 생각이 들기 시작하며 불만과 불평이 나올 수밖에 없었던 것이다. 하지만 이전에 들어와 있던 외국인노동자들의 경우와 마찬가지로 이들이 일하는 곳은 통상 우리 청년들이 기피하는 일자리다. 따지고 보면 서로 충돌할 여지가 별로 없는 것을 가지고 심각하게 여기고 심각하게 반응한 것이라는 해석이 가능하다.

예멘 난민들에 대한 부정적 인식과 반응은 결국 혐오 문제로 귀결된다. 잘 알지 못하는 상태에서 먼저 입력된 부정적 인식이 그들을 존중받아야 할 인격체로 보기보다는 테러리스트로 보거나 잠재적 범죄자로 규정하거나 일자리를 탐하는 이들인 것으로 귀결시킨 것이다. 그런 과정에서 혐오발언을 확대 재생산한 것이다. 안타깝지만 사실이다. 혐오와 차별을 부추기는 세력이 있었고, 그들은 피이를 구분하며 어떤 대상을 향해 공격하는 방식을 취한다. 크건 작건 관련이 있다고 여기는 이들은 그 공격에 수동적으로 따르거나 묵인한다. 결국 혐오는 확대된다. 누군가를 혐오할 권리는 누구에게도 없다는 사실을 받아들이지 않는 한 이런 일은 반복될 수밖에 없다.

이 상황이 얼마나 안타까웠던지 국가인권위원회는 위원장 성명을 통해 "정부가 구체적인 방안 없이 방치하고 있다"며 "사람답게 살기 위한 희망으로 본국을 떠날 수밖에 없는 예멘 난민 신청자의 절박한 처지에 대한 공감과 수용은 선택이 아닌 국제 사회와의 약속"이라며 정부에 신속한 심사와 심사기간 동안의 주거 지원 등 범

정부적 대책을 마련할 것을 촉구한 바 있다. 우리가 존중받아야 마땅하듯이 불가피한 여건에서 떠밀려 온 이들 역시 존중받아야 마땅하기 때문이다.

우리가 잘 모르는 사실이 하나 있는데, 우리나라가 2013년에 아시아 최초로 난민법을 제정한 인권 국가라는 사실이다. 이미 1992년부터 UN 난민협약 가입국이기에 우리나라는 난민을 보호해야 할 국제법적인 의무를 갖고 있다. 이런 국제법적인 의무 이전에 우리나라가 UN의 이름으로 난민 구호를 받은 첫 번째 나라라는 사실을 기억한다면 우리에게 오는 난민을 함부로 대할 수 없는 것이 아닐까.

한국전쟁 당시 유엔은 우리나라에 유엔군을 파견하였고, 한국의 재건이 외부의 도움 없이는 힘들다고 판단되자 유엔한국재건단(UN Korea Reconstruction Agency, UNKRA)을 설립하여 도왔었다. 유엔한국재건단은 현재 유엔난민기구가 난민과 국내 실향민을 위해 펼치는 활동과 비슷한 일을 한국에서 진행한 바 있다. 이런 배경을 가진 우리나라는 1992년 유엔난민협약 가입국이 되어 출입국관리법에 관한 조항을 만들었고, 이에 따라 1994년부터 난민 신청을 받아 왔다.

난민인권센터가 법무부 난민과에 행정정보 공개청구를 하여 받은 자료로 정리한 2019년 국내 난민 현황에 따르면 2019년 한 해 동안 총 15,452건의 난민 신청이 있었고, 그 가운데 난민 지위를 인정받은 사람은 총 79명이다. 따라서 2019년 난민 인정률은 0.4%다. 2019년 12월 31일 기준 누적 난민 인정자는 총 1,015명이며, 누적 인도적 체류자는 총 2,203명이고, 심사 대기 중인 신청 건은

25,574건이다. 1994년부터 2019년까지 한국에 접수된 난민 신청은 총 64,358건이다. 2019년 한 해 동안, 전세계 난민 신청 3,503,284건 중 0.4%인 15,452건이 한국에 접수됐다. 2017년과 비교하여 62%(2,400건) 증가했던 2018년에 비해, 2019년 신청 통계는 전년도 대비 4%(721건) 감소한 것이다. EU가 2019년 한 해 동안 714,200건의 난민 신청을 접수받아 2018년에 비해 13% 증가한 것과 비교하면 반대되는 상황인 것이다. 2019년은 월 평균 약 1,287건의 난민 신청과 3건의 난민 인정(재정착난민 37명을 제외한 평균)이 있었다. 2019년 전체 신청 15,452건 중 5%인 790건은 재신청(사법부 심사 등 모든 절차를 종료한 이후 결과에 불복하여 다시 난민 지위를 신청한 것) 통계이며, 2019년 12월 31일 기준 심사 대기 중인 신청 건은 총 25,574건으로 법무부 1차 심사 단계 대기 22,321건, 이의신청 대기 3,253건이다.[2]

배우 정우성의 외침

7년째 국제연합(UN) 난민기구 친선대사로 활동하는 배우 정우성이 2018년 세계 난민의 날에 즈음하여 개최된 제주포럼의 대담에서 나눈 '제주도에 온 예멘 난민, 진실과 오해'라는 이야기는 전체적인 상

2　고은지, 『2020 난민인권센터 통계자료집』,
https://drive.google.com/file/d/1iG-0MLTMtEBcz2gDccerOKcy
gCTeHSZk/view

황을 이해하는 데 크게 도움이 된다. 조금 긴 내용이라 요약해서 확인해 보자(정우성, 2019: 166-173).

오해 1: 전쟁 범죄자나 테러리스트도 난민으로 인정받을 수 있다.

우리에게는 매우 엄격한 난민 심사 과정이 있다. 난민 심사는 여권 확인하고 간단히 면접만 하는 수준이 아니다. 난민지위협약과 국내 난민법에 따라 국제 기준에 맞추어 매우 엄격하고 까다로운 절차를 거쳐 진행된다. 난민 신청자는 그 과정에서 자기 신분을 완벽히 공개해야 하기 때문에 범죄자나 테러리스트가 난민 인정을 받을 가능성은 거의 없다. 자국에서 그리고 심사국까지 오는 과정에서 범죄 기록이 있다면 난민으로 인정받기 어렵다. 심사하는 국가 차원에서도 이들을 한번 잘못 받아들이면 매우 곤란해지기 때문에 그 사람이 그 나라에서 무슨 일을 했는지, 왜 우리나라에 왔는지 등을 치밀하게 조사한다. 그러다 보니 심사 과정이 길어지고, 수백 명의 대기자가 생기고 하는 것이다.

오해 2: 난민 신청자들은 취업 브로커를 통해 난민으로 위장한 자들이다.

법무부 발표에 따르면, 난 지위 인정 신청 서류를 제출하는 데 도움을 주려고 몇몇 행정사들이 예멘인들과 함께 민원실을 방문했는데 이를 두고 브로커로 속단한 것 같다는 거다. 우리도 법률 지식이 없으면 변호사 등의 도움을 받는다. 중간에서 그들을 돕는 이들을 모두 불법적인 존재로 보는 것은 문제가 있다. 또한 우리 정부의 심사 과정에서 나쁜 브로커의 가짜 서류가 통할 수도 없다. 대한민국 정부는 그렇게 만만한 대상이 아니다.

오해 3: 대부분의 난민은 제3국 정착을 희망한다.

난민은 경제적 목적의 이주민과 다르다. 갑작스러운 난리에 살 곳을 잃어버린, 그곳에서 계속 산다면 삶의 지속이 보장되지 않기에 어쩔 수 없이 떠난 사람들이다. 내가 캠프에서 만난 거의 모든 난민들의 꿈은 고국으로, 평화를 되찾은 고국으로 돌아가는 것이었다. 이들은 보호국에 머물러도 그곳에서 영구적으로 정착하려고 하지 않는다. 고향으로 돌아갈 수 있을 때까지 잠시 머문다고 생각한다. 하루 빨리 잃어버린 자기의 삶을 되찾고자 하는 게 그들의 마음이다. 난민은 자발적으로 이동하는 이주민과 다르다. 그 구분을 위해 엄격한 난민 심사 과정이 있는 것이기도 하다.

오해 4: 이슬람 난민은 위험하다.

이슬람 난민을 받아들인 유럽 사례를 들며 테러나 성범죄 같은 범죄가 일어날 거라고 우려하는 의견도 많고, 이를 부풀린 가짜 뉴스도 많다. 극히 일부 극단주의 성향의 무슬림 난민이 그랬다고 전체 무슬림 난민이 다 그럴 거라고 속단할 수 있을까? 유엔난민기구의 통계 자료를 보면 난민 출신의 범죄자 비율은 아주 낮다. 기존 거주민 범죄율보다 훨씬 낮다. 또한 한 사회에 소속돼 살아가고 있는 사람이 어떤 범죄를 저지르는 것을 난민 문제라고만 볼 수 있을까? 개인의 일탈 문제로 보는 게 더 합당하지 않을까? 그리고 그런 문제가 발생하면 그 사회의 법체계에 따라 그에 맞는 처벌을 하면 된다. 극히 소수의 사례를 가지고 난민 전체를, 특히 이슬람 난민을 잠재적 범죄자로 규정하는 것은 난민을 우리와 동등한 인격체로 보지 않은 차별적인 시각이다. 난민을 오해와 편견의 눈으로 바라보면 온통 불안해 보일 수밖에 없다. 차분한 시선과 정확한 정보가 필요한 이유다.

오해 5: 예멘 내전은 우리가 관여할 바가 아니다.

어떤 사람들은 수니파 정부와 시아파 반군 사이에서 벌어진 예멘 내전을 두고 "왜 자기들 종파 싸움을 우리가 신경 써야 해?"라고 반문한다. 그런데 잘 살펴보면 분쟁의 이면에는 서구 열강의 이해관계가 깊이 간여하고 있다. 단순히 종파 갈등 문제로 보일 수도 있겠지만, 모두 정치권력이나 자원 배분의 문제가 걸려 있다. 그래서 분쟁과 전쟁의 고리를 끊어 내는 일이 녹록치 않은 것이다. 결국은 국제 사회 차원에서 정치적 해결 방안을 찾아야 한다. 그런데 이를 압박할 수 있는 것은 결국 여론이다.

오해 6: 우리에게는 이미 보호하고 있는 새터민 같은 난민이 있다.

많이들 오해하는 게 있는데 한국에 자리 잡은 탈북민, 즉 새터민은 난민이 아니다. 대한민국 국민이다. 대한민국 헌법은 한반도 전체를 대한민국의 영토로 규정하고 있기 때문에 북쪽에 있는 사람들 역시 헌법상 대한민국 국민이다. 다만 분단이라는 특수한 상황 때문에 아직 대한민국 국적을 부여하지 못했을 뿐이다. 그러므로 대한민국 정부가 관할하는 영역에 들어오는 즉시 국적을 부여받고 정착을 지원받는 등 국민의 자격을 누리게 된다. 다만, 한반도를 벗어나 다른 곳에 임시로 머무르고 있는, 그래서 언제 북한으로 강제 송환될지 모르는 탈북민이 있다면, 이들은 난민이라고 할 수 있다. 우리는 계속 북한 인권 문제에 관심을 가져 왔고 이들 탈북민이 북한으로 강제 송환되면 생명 등에 위협을 받을 수 있기 때문에 강제 송환도 반대해 왔다. 예전 난민 신청자에 대해 강제 송환을 반대하는 이유도 이와 똑같다. 그들이 예멘으로 돌려 보내졌을 때 그들의 안전을 보장할 수 없기 때문이다.

오해 7: 우리보다 잘사는 일본도 난민 문제에 문을 걸어 잠그고 있다.

사실이 아니다. 일본도 유엔난민협약 가입국이며 선진적인 난민 심사 절차를 가지고 있는 국가다. 우리보다 앞서 난민 재정착 제도를 도입하기도 했다. 위의 오해는 일본의 난민 인정률이 우리보다 더 낮다는 점 때문에 생겨난 주장인데, 일부분을 확대해 여론을 호도하는 위험한 정보다. 일본은 매년 1억 5,000만 달러 이상을 유엔난민기구에 공여금으로 내고 있다. 국민 1인당 1달러씩 부담하고 있는 것이다. 반면 우리는 2,200만 달러로 1인당 38센트 수준이다. 경제 규모가 다르다고 하지만 일본과 차이가 많이 나는 것은 사실이다. 대한민국은 이미 경제 규모가 세계 11위인 나라다. 세계는 우리에게 그에 걸맞은 책임을 요구한다. 그렇기에 우리는 아시아 최초로 난민법도 제정하고, 그 수는 적지만 난민도 지속적으로 받아들이고 있다. 대한민국이 국제 사회의 일원으로 책임을 다할 수 있도록 국민들의 관심과 지혜가 그 어느 때보다 필요한 시점이다.

난민이란 누구인가

이쯤 해서 난민에 대한 개념을 정리해 보자.

재난을 당한 사람들, 이재민이나 피난민들을 난민이라 부르기도 하지만, 국제사회에서 통용되는 '**난민**(Refugee, Asylum Seeker)'이라는 용어는 전쟁이나 박해 등의 위험 때문에 타국에 피난하면서 자국으로 돌아가지 못하는 강제적 이주자들을 의미한다. 원칙적으로 국민은 국적국에서 보호를 받지만, 어떤 이들은 보호받기보다는 박해를 받기 때문에 자기 나라를 등지고 타국에서 피난민으로 살아야 한다. 국적국으로 돌아갈 수 없는 난민들은 그들이 피난하고 있는 나라에 자신이 박해 때문에 돌아갈 수 없다는 사실을 주장하면서 자국으로 돌아갈 수 있을 때까지 일시적으로 보호해달라고 요청하는데, 이를 '**비호(asylum) 신청**' 혹은 '**난민인정 신청**'이라 한다. 난민이 체류국에 난민인정을 신청하면 체류국은 난민인정 절차에 따라 박해 가능성 여부를 심사한 후, 귀국 시 박해당할 우려가 있다고 인정되는 경우 그를 난민으로 인정하여 보호한다. 한국에서는 법무부장관의 위임에 따라 서울출입국관리사무소 난민과에서 난민 신청 및 인정업무를 담당하고 있다.

국제사회가 난민의 개념을 인식하고 난민 보호의 책임을 느끼기 시작한 것도 그리 오래된 일은 아니다. 1, 2차대전을 수습하면서 국제사회는 난민 보호에 세계적인 협력이 필요하다는 사실을 인식했다. 2차대전과 동서냉전으로 발생한 난민 문제를 해결하기 위해 유엔 총회 부속으로 '유엔난민기구'가 설립되었고, 유엔 총회의 결의에 따라 1951년 7월 28일 '**난민지위에 관한 협약**'(Convention Relating to the Status of Refugees, 이하 난민협약)'이 체결되었다. 이 협약에 가입한 국가의 보호를 받는 난민을 '**협약 난민**'(Convention Rehuigee)이라 한다. 난민 협약은 난민을 다음과 같이 정의했다.

> "인종, 종교, 국적(민족), 특정 사회집단의 구성원 신분 또는 정치적 의견을 이유로 박해를 받을 충분한 근거(합리적 이유)가 있는 공포 때문에 자신의 국적국 밖에 있으면서 국적국의 보호를 받을 수 없거나 보호받는 것을 원하지 아니하는 자, 또는 종전의 상주국 밖에 있는 무국적자로서, 상주국에 돌아갈 수 없거나 그러한 공포 때문에 상주국에 돌아가는 것을 원하지 아니하는 자"

다소 장황하지만 매우 협소한 정의가 내려진 까닭은 1951년 난민 협약이 동서냉전의 이념적 대립이라는 시대적 맥락과 유럽이라는 지역적 배경 속에서 서방 국가들의 주도 아래 시민적, 정치적 권리를 바탕으로 개별적 난민 보호를 염두에 두고 만들어졌기 때문이다. 난민 협약 가입국들은 전쟁이나 기아로 인해 집단적으로 발생한 유민에 대해서는 과중한 보호 책임을 지지 않고, 개인적으로 갖고 있는 속성(인종, 국적 혹은 민족, 사회집단의 구성원 신분), 신념(종교, 정치적 의견)과 출신국의 정치적, 사회적 현실 사이에 존재하는 불일치로 인해 고국으로 돌아갈 수 없게 된 사람들만을 보호하고자 했다.

그러나 제3세계에서의 정치적·사회적 분쟁으로 대규모 난민 발생이 계속되고, 국내 난민, 환경난민 등 새로운 난민 문제가 대두됨에 따라, 국제사회는 난민 협약에 제시된 개념이 너무 협소함을 인정하고, 이후 난민 보호의 범위를 확대하려는 노력을 계속해오고 있다. 1967년 1월 31일, 유엔총회는 난민의정서(Protocol Relating to the Status of Refugees)를 채택해 난민 협약의 정의에 붙어 있던 1951년 1월 1일 이전이라는 시간적 제한과 유럽이라는 장소적 제한을 폐지했다. 아프리카 난민 문제의 특수한 측면에 관한 1969년 '아프리카단결기구(Organization of Africa Unity) 협약'은 난민협약상의 난민뿐만 아니라, "출신국 또는 국적국에서의 외부침략, 점령, 외국의 지배, 혹은 공공질서를 심각하게 해치는 사태로 인하여" 자신의 나라를 떠나야만 했던 사람들을 난민의 범주에 추가했다.

또한 중남미 대부분의 나라에서 법률로 채택된 1984년의 까르따헤나선언(Cartagena Declaration on Refugees)은 "보편화된 폭력, 외부침략, 국내 소요, 대규모 인권침해 또는 공공질서를 심각하게 해치는 기타 상황 때문에 자신의 생명, 안전이나 자유를 위협받음으로 인하여 자국을 탈출한 사람을 난민이라 정의함으로써 대규모 인권침해를 난민개념에 추가했다. 현재 각 선진국들은 전쟁, 고문, 대규모 인권침해 등의 사유로 자국으로 돌아갈 수 없게 된 사람들에 대해서도 난민과 유사한 인도적, 보충적 지위를 부여해 이들을 보호하고 있다.

난민 협약은 협약 비가입국에 대해서는 구속력이 없고 가입국 가운데서도 난민 보호가 제대로 이루어지지 않는 나라들의 경우 유엔이 위임한 권한에 따라 유엔난민기구가 난민을 인정하고 보호하기도 하는데, 이를 **위임 난민**(Mandate Refugee)'이라 한다. 이처럼 유엔은 변화하는 현실과 새로이 대두되는 난민 문제에 대한 국제적 보호 요구에 따라 유엔난민기구의 권한위임 범위를 지속적으로 넓혀왔고, 유엔난민기구도 집행위원회 결의에 따라 난민 보호의 범위를 확대해왔다.

국제사회가 난민 협약에 의해 보호하는 난민들은 국경을 넘은 사람들이다. 그러나 국제사회의 인도적 관심과 보호를 필요로 하는 난민은 반드시 국경을 넘은 사람들에만 국한되지 않는다. 난민협약상 난민의 요건을 모두 갖추었으나 단지 국경만 넘지 않았을 뿐인 난민을 '**국내 난민**(Internally Displaced Persons, IDP)'이라 하는데, 이들에 대해서도 국제적 보호가 필요하다. 국내 난민은 그 수가 협약 난민보다 훨씬 많고 국제사회로부터 고립되어 인권침해가 발생하기 쉬운데, 전통적으로 국내 난민 문제는 해당국 정부의 책임이며 다른 국가나 기구가 개입하는 것은 내정간섭이라는 이유로 국제적 보호가 효율적으로 이루어지지 못하고 있다. 국내 난민은 협약상 난민으로 인정되지 않으며, 유엔난민기구도 무국적자와 달리 국내 난민에 대해서는 광범위한 임무를 갖고 있지 않으나, 유엔 총회의 요청이 있을 경우 관련국의 동의를 얻어 특정 집단에 대해 어느 정도의 임무를 수행하고 있다(이호택 · 조명숙, 2010: 16-21).

유엔난민기구가 공식적으로 보호대상자로 삼는 이들은 난민, 난민비호신청자, 국내실향민, 귀환민, 무국적자, 기타보호자 등이다. 일반적으로 난민이나 난민비호신청자까지는 이해의 폭이 넓지만 자국 내에 머물고 있지만 난민과 비슷한 사유 혹은 자연재해, 천재지변으로 고향을 떠날 수밖에 없었던 사람을 의미하는 국내실향민과 고향 또는 상주하던 국가로 돌아간 난민 또는 국내 실향민인 귀환민, 어떤 나라에서도 국적을 인정받지 못하는 사람을 의미하는 무국적자와 위의 분류에는 포함되지 않지만 유엔난민기구의 보호가 필요한 사람인 기타보호대상자 등에 대한 이해의 폭은 적은 게 현실이다. 엄격한 의미의 '난민'은 법적으로 난민 지위를 인정받은 사람을 뜻하지만, 통상적으로 앞의 보호 대상자를 통칭하는 의미로 '난민'이라는 표현이 쓰이기도 한다.

배우 정우성은 그의 책 『내가 본 것을 당신도 볼 수 있다면』에서 위와 같은 난민의 정의를 설명하며 우리가 난민의 후손이라고 말한다. 한국전쟁으로 600만 명이 넘는 피란민이 발생한 역사적 사실을 들어 설명한다. 이북에서 내려온 실향민, 전쟁으로 부모를 잃고 거리로 내쳐진 아이들은 앞서 말한 기준으로 정확히 '국내 실향민'에 해당한다는 것이다. 좀 더 멀리 보면 일제의 국권 침탈로 나라를 잃은 우리 민족 모두가 당시에는 난민이었다고 말한다. 특히 독립운동가들은 일제의 무단통치로 인해 더 이상 한반도 안에서 독립운동을 할 수 없어 만주, 연해주, 상하이 등으로 떠나야 했고, 그곳에서 우리의 할머니, 할아버지는 중국인과 러시아인 심지어는 일본인에게 도움을 받으며 독립운동을 했다는 것이다. 상해 임시정부도 프랑스 조계 안에서 프랑스 경찰의 보호를 받지 않았다면 일본 경찰의 손에 어떻게 되었을지 모른다며, 그렇게 생판 남이었던 우리를 도와준 다른 나라 사람들이 있음을 지적한다. 그가 난민 문제에 더욱 관심을 갖는 것에는 이러한 우리 역사의 배경도 중요한 계기가 되었다며 이제는 우리 대한민국이 당당한 국제 사회의 일원으로서 그런 도움을 갚아야 할 때라고 말한다(정우성, 2019: 29-30). "사실 난민이라는 단어가 조금 낯설 뿐, 피란민, 실향민, 탈북민 등 비슷한 처지를 일컫는 익숙한 말을 우리는 이미 많이 알고 있다. 전쟁의 포화, 정권의 탄압, 갈등과 폭력, 기아와 질병, 이런 고통에 둘러싸여 자신의 터전을 떠날 수밖에 없는 이들을 떠올리는 건 그렇게 어려운 일이 아니"라며.

난민의 시대, 20세기

어느 시대라고 해서 난민이 없었던 것은 아니지만 20세기는 정녕 난민의 시대였다. 세계대전이 두 차례나 벌어지며 극적으로 많은 난민이 발생한 것이다. 특히 세계 제2차 세계대전이 끝난 1945년 에는 4000만 명이 넘는 유럽인이 난민이 되었다. 이렇게 많은 난민 이 발생하자 세계는 급히 움직였다. 제2차 세계대전 초기에 발생 한 120만 명의 유럽 난민 문제를 다루기 위해 국제연맹이 고등판무 관을 임명하며 초국가적 문제로 다루기 시작한 것이다. 국제연맹의 후신인 〈국제연합〉(UN, United Nations)은 〈유엔 구호 및 재건기구〉 (UNRRA, United Nations Relief and Rehabilitation Administration, 1944년) 와 〈국제난민기구〉(IRO, International Refugee Organization, 1947년)를 설치하여 긴급구호와 법적 보호를 통한 난민문제 해결에 나섰지만 국제난민기구는 제반 여건상 충분한 지원을 받지 못하여 새로운 난 민기구의 필요성이 대두됐다. 결국 〈유엔 난민 고등판무관 사무소〉 (UNHCR, United Nations High Commissioner for Refugees)가 난민들을 보호하고 돕기 위해 1950년 스위스 제네바에 설립되었다. 이는 〈유 엔 난민 기구〉(UN Refugee Agency)로도 불린다. 제2차 세계 대전이 끝나고 막대한 규모의 난민을 귀환시키기 위해 1950년에 설립된 조 직이 바로 유엔난민기구(UNHCR)이다. 그 다음 해인 1951년에 UN 에서 난민의 정의와 기본 권리를 규정한 '난민의 지위에 관한 협약'

을 채택했다(오마타 나오히코 지음, 이수진 옮김, 2020: 32).

1949년 유엔 총회에서 창설된 유엔난민기구는 난민을 보호하고 난민 문제를 해결하기 위해 국제적인 조치를 주도하고 조정할 권한을 부여받았다. UNHCR의 활동은 난민의 권리와 복지를 보호하는 데 주요 목표를 두고 있다. 누구나 비호를 신청할 권리를 누리고, 자발적 본국 귀환, 현지 동화 혹은 제3국 재정착의 방법으로 다른 나라에서 안전한 피난처를 보장 받을 수 있도록 노력하는 것이 UNHCR의 활동 목표다. 유엔난민기구 한국대표부는 2001년 일본 동경 지역사무소 산하 연락사무소로 처음 문을 열었다가, 2006년 독자적인 사무소로 승격되었다.

국제사회의 노력에도 불구하고 각국의 상황은 다 달라서 난민의 수는 점차 늘어가는 형국이다. 유엔난민기구를 통한 구체적이고 실질적인 도움을 통해 자국으로 돌아가거나 임시로라도 도움을 받는 이들이 갈수록 늘어가고 있는 것이다. 우리 눈에 익숙치 않은 지역과 나라의 현황을 우리가 구체적으로 알지 못하는 것은 일면 일반적일 수 있겠지만 그 상황을 알아야 구체적인 노력도 가능하다는 측면에서 현황을 파악하는 것은 필수적인 일이다.

먼저 유엔난민기구가 보호하고 있는 보호대상자들을 파악해보자.

유엔난민기구 2018년 연례보고서를 통해 정리한 통계에 따르면 무려 7천5백만이나 되는 난민이 현존하고 있다. 이런 상황에서 유엔난민기구는 구체적으로 어떤 일을 하고 있을까. 유엔난민기구는 긴급구호, 난민등록, 주거, 물과 위생, 보건의료, 영양, 교육, 자립과 생계지원, 영구적 해결방안 마련 등의 활동을 한다.

보호대상자 현황[3]

	난민	비호 신청자	귀환민	국내 실향민	무국적자	기타	국경을 넘은 베네수엘라인	합계
아프리카	6,335,412	484,224	924,712	17,659,084	711,589	318,608		26,433,629
중동 및 북아프리카	2,692,709	283,845	1,333,252	10,301,960	370,761	12,987		14,995,514
아시아 태평양	4,214,605	176,332	624,625	2,686,705	2,229,401	570,573		9,470,606
유럽	6,474,562	1,247,229	251	2,715,426	533,340	71,652		11,042,460
미주	643,274	1,311,654	23,900	8,061,972	6,892	209,090	2,592,948	12,849,730
합계	20,360,562	3,503,284	2,906,740	41,425,147	3,851,983	1,182,910	2,592,948	74,791,939*

* 베네수엘라를 떠났으나 현 체류국에서 망명을 신청하지 않은 베네수엘라인

* 북아프리카 제외

* 방글라데시 체류 미얀마 난민(906,635명)과 미얀마 내 무국적 국내실향민이 무국적자에 중복 포함

유엔난민기구 2018 연례보고서 (UNHCR Global Trends Report 2018) 참고

긴급구호는 말 그대로 긴급구호 상황 발생시 72시간 이내에 50만 명 이상 지원을 목표로 전 세계 현장에서 활동하는 것을 의미한다. 난민등록 절차를 통해 난민들이 안전하게 살아갈 수 있도록 하며, 고향을 떠나게 된 난민과 가족들이 머물 수 있는 쉼터를 제공하고, 모든 난민들이 깨끗한 물을 마시고 건강을 유지할 수 있도록 위생시설을 제공하며, 말라리아, 영양실조, 홍역 등의 예방과 치료에 힘쓰며, 모든 난민들 특히 여성과 어린이의 영양공급을 위한 노력, 분쟁 및 이주 상황에서도 인간으로서의 존엄성을 갖게 하기 위한 교육 기회 제공, 기술 및 직업교육을 통한 자립, 생계유지 기반 조

---

3 유엔난민기구 홈페이지. https://www.unhcr.or.kr/unhcr/html/001/001001002.html

성, 자발적 귀환, 현지 통합, 제3국 재정착 등의 영구적인 해결방안 모색 등의 활동을 하는 것이다.

표면적인 이런 노력을 통해 일정 정도의 도움이 되는 것은 사실이지만 지역에 따라서는 난민으로 지내는 기간이 길어지며 어느 방향으로도 해결책이 나오지 않고 그저 시간을 보낼 수밖에 없는 상황도 존재한다. 미래에 대한 희망이 없는 것이 인간을 가장 두렵게 하는 것이기에 이런 상황은 견디기 힘든 상황일 수밖에 없다. 갈수록 국제사회의 지원이 줄기도 하고, 각국의 비협조에 따라 상황 개선이 이루어지지 않는 경우도 허다하다. 기약없이 시간이 가면서 겪는 난감한 상태의 이들이 늘어가는 것은 국제사회의 연합적 노력의 산물인 유엔난민기구로서는 무기력감을 느끼게 하기에 충분한 조건이 된다.

이제 위기의 상황에 놓인 이들의 현황을 살펴 보자.

로힝야 난민

로힝야족은 미얀마 서부 라카인 주(州)에 주로 거주하는 소수민족이다. 전 세계에 220만 명 이상이 분포하는데, 이 가운데 약 130만 명이 미얀마에 거주하며 그중에서도 약 100만 명이 라카인 주에 살고 있다. 언어는 인도아리아어 계통의 로힝야어이며, 종교는 이슬람이다. 로힝야족은 자신들이 8~9세기 무렵부터 아라칸(지금의 라카인) 지역에 정착하였던 아랍 상인들의 후손이라고 주장하지만, 미얀마의 주류인 버마족과 정부는 로힝야족을 19세기 후반 영국의 식민지 시절에 방글라데시나 주변국에서 온 불법 이주자로 간주한다. 이에 따라 미얀마를 구성하는 130여 소수민족의 하나로 인정하지 않는다.

1885년 영국이 미얀마를 식민 지배하면서 수탈한 대규모 농지를 경작할 노동력으로 미얀마 근처에 있는 인도계 무슬림들을 이주시켰고, 이들은 불교도인 토착민들과 문화적, 종교적 갈등을 빚었다. 제2차 세계대전 때 영국은 버마 땅에서 병사들을 징집했다. 버마족 불교도들은 거세게 반발했고, 무슬림 로힝야가 많이 끌려갔다. 이런 역사가 두 민족 집단의 갈등을 극단으로 몰고 갔다

건국 영웅인 아웅산 장군은 영국에서 독립한 뒤 여러 민족이 공존하는 연방 정부를 만들겠다는 구상 아래 샨족, 친족, 카친족 등과 협정을 맺었다. 소수 민족에게 광범한 자치를 허용하되 군대는 통합해 운영한다는 것이다. 문제는 1947년 아웅산이 암살 당한 것이다. 이후 버마를 통치한 군부독재 정권은 소수민족의 자치 요구와 종교 갈등을 폭압적으로 억눌렀다. 1948년 버마가 독립한 뒤 무자히딘(무슬림 무장 전투원들)은 동파키스탄에 편입되고자 했지만, 라카인의 불교도들은 반대로 '아라칸 분리 독립 운동'을 벌였다. 서로에 대한 공격이 늘었고, 분열의 골은 깊어졌다. 1962년 집권한 네윈 장군의 군부는 성서를 금서로 만들고 무슬림 마을에 불교 사원과 파고다를 지었다. 군부는 소수집단을 억압하고 '버마화'를 강요함에 따라 지금도 불교도가 아닌 이들은 관리가 될 수 없고 군대에도 가지 못한다.

1982년 네윈 정권이 1823년 이전부터 해당 지역에 거주하였음을 입증한 소수 민족에게만 국적을 부여한다는 내용으로 시민권법

을 개정하며 로힝야의 시민권을 거부함에 따라 로힝야는 무국적자들이 되었다. 학교에서는 로힝야어로 수업을 할 수 없게 되었고, 아라칸 주의 명칭도 버마어인 라카인 주로 바뀌었다. 미얀마의 군부 정권은 1960년대부터 로힝야족에 대하여 불교 개종을 강요하고 토지 몰수와 거주지 제한, 강제 노동 등의 탄압을 가하였다. 1978년에는 무슬림 반군 토벌을 명분으로 군사작전을 펼쳐 대규모로 로힝야족을 검거하였으며, 이 작전을 피하여 약 20만 명의 로힝야족이 방글라데시로 피난하였으나 1만 명 이상이 굶어 죽고 나머지는 대부분 미얀마로 강제 송환되었다. 1991~1992년에도 약 25만 명이 박해를 피하여 방글라데시로 피난하였으며, 2012년의 비상사태 때에도 약 14만 명이 미얀마를 떠났다. 2012년에는 로힝야족과 불교도 간의 분쟁으로 촉발된 유혈사태로 라카인 주에 비상사태가 선포된 가운데 로힝야족 200여 명이 숨지고 14만 명이 피난하여 미얀마를 떠났다. 이때 유엔은 로힝야족을 '세계에서 가장 박해받는 소수민족'의 하나로 규정하였다.

2014년 미얀마 정부는 로힝야족에게 국적을 부여하는 방안으로 '라카인 행동계획'을 발표하였으나, 1948년 이전부터 조상이 미얀마에 거주하였다는 사실을 증명하고 로힝야족이 아닌 벵갈리로 등록할 것을 전제로 하여 실효성은 없는 것이었다. 또한 2016년 10월에 라이칸 주의 국경초소 습격 사건이 발생하자 로힝야족의 극단주의 무장단체가 배후로 지목되었고, 이들을 소탕하는 군사작전이 벌어지는 과정에서 로힝야족 민간인에 대한 학살이 자행되어 국제사회에서 인종청소라는 비판이 제기되었다.

역사를 둘러싼 논란은 있을지 몰라도, 로힝야가 맞닥뜨린 현실이 참혹하다는 사실은 누구도 부인할 수 없다. 2013년 라카인주 정부는 무슬림 주민들을 대상으로 아이를 두 명까지만 갖게 하는 선별적 산아제한을 하겠다고 해 논란이 일었다. 주 정부는 방글라데시와 인접한 국경 마을 두 곳에만 해당되는 조치라고 했다. 둘 다 주민의 95%가 무슬림인 마을이었다. 종교에 따른 산아제한은 세계적으로도 유례가 드문 일이다. 주 정부는 '종교 간 긴장을 줄이고자' 내놓은 조치라고 주장했지만 실제로는 소수민족에 대한 인종주의적 차별이었다. 국제 사회가 반발하자 미얀마 정부는 주 정부 탓으로 돌렸고 결국 이 조치는 유야무야 됐지만 로힝야를 둘러싼 폭압의 기운은 높아져 갔다. 그해 정부의 탄압을 받아 온 로힝야 200여 명이 정부군에 살해됐다. 정부는 이미 1991년 폭동을 진압한다며 대대적인 군사작전을 벌였고, 20만 명 넘는 난민이 생겨났다. 2013년에도 12만 5,000명 넘는 이들이 피란길에 올랐다. 2015년 5월 인도네시아와 말레이시아 사이 안다만해에서 인도네시아 어민들이 바다 위를 표류하던 난민 약 450명을 구출해 뭍으로 옮겼지만, 미얀마는 이들이 자국민이 아니라며 나 몰라라 하고, 주변 나라들은 이미 난민을 받을 만큼 받았다며 입국을 거부했다. 유엔이 나서서 난민들의 기본권을 존중해 달라고 촉구하자 말레이시아와 인도네시아는 일시적으로 로힝야를 받아들이는 데 합의했다. 하지만 이 나라들은 로힝야 문제는 근본적으로 미얀마가 이들을 국민으로 인정해야만 풀리는 문제라고 지적한다. 바다를 떠도는 것도 끔찍한 일이지만, 방글라데시의 난민촌에 있는 로힝야의 실태 또한 처참하다. 미얀마를 떠나 국경을 넘어오는 로힝야가 늘자, 방글라데시 정부는 밀림에 난민촌을 만들어 수용했다. 먹을 것과 마실 것이 모자라는 건 물론이고, 성폭행과 살해가 빈발한다. 유엔은 2016년 10월 미얀마 정부가 라카인에서 군사작전을 재개한 이후로 이듬해 4월까지 반년 남짓한 기간에만 로힝야 7만 4,000명이 방글라데시로 피신했다고 추정한다. '미얀마 민주화의 상징'인 아웅산 수지조차 로힝야 문제가 얼마나 심각한지를 인정하지 않는 사이, 밀림과 바다에서 이 소수 민족은 존재마저 부인당한 채 위기를 맞고 있다(구정은, 2018: 308-313).

약 100만 명이 밀집해 살고있는 방글라데시 남부 콕스 바자르 로힝야족 난민 캠프를 방문했던 정우성은 '그들은 왜 고통받아야 하는가?'라고 묻는다. "내가 만난 로힝야 난민 대다수는 자신들이 탄압받게 된 정치적, 역사적 배경에 대해 잘 모르고 있었다. 로힝야족 문제는 단순하게 선악을 구분하기 힘든 복잡한 문제일지도 모르겠다. 하지만 로힝야 난민이 겪는 고통 그 자체는 복잡할 것이 없다. 누구라도 그들의 고통 앞에 선다면, 이 고통은 끝내야만 한다는 결론에 다다를 것"이라며, 미얀마가 로힝야족에 대해 원한을 품을 수밖에 없는 많은 역사적, 정치적 이유가 있다 하더라도 미얀마 정부의 무자비한 탄압은 대부분의 로힝야 난민들에게는 이해할 수 없는 것이라 증언한다. 그저 견디기 어려운 폭력일 뿐이라는 것이다(정우성, 2019: 136).

네팔의 부탄 난민

히말라야 산맥 중심부에 있는 작은 내륙 국가인 부탄. 인구는 2019

년 기준 752,339명의 작은 나라다. 네팔, 티벳, 인도 등과 국경을 맞대고 있으면서 외부의 손길이 닿지 않는 지형 덕분에 히말라야의 숨겨진 지상낙원으로 묘사되며, 국민행복지수 세계 1위라는 칭송을 듣는 나라가 부탄이다. 부탄의 4대 왕 지그메 싱계 왕추크 국왕은 스스로 왕권을 축소하며 입헌군주제를 도입하여 존경받는다. 사리사욕보다는 국민의 행복을 위해서 권력을 내려놓은 왕으로 널리 소문난 나라인 부탄으로 인해 생긴 난민이 12만 명에 이른다는 사실은 잘 알려져 있지 않다.

네팔 동부에는 벨당기 난민 캠프와 사니스차르 난민 캠프 등 유엔난민기구가 연 부탄 캠프가 있고, 이 외에도 인도에서 국제 사회의 도움 없이 사는 이들이 있다. 부탄 난민들은 티벳 불교를 믿는 부탄인들과 달리 힌두교를 믿는 네팔계 부탄인들로, 19세기 말 부탄 남부에 유입되어 1990년대엔 인구의 20%를 차지하였다가(1988년에 실시된 인구 조사에 따르면 부탄 인구의 45%가 네팔계였다는 통계도 있다) 현재는 대부분 추방되어 해외에 재정착하거나 일부는 아직 난민촌에 남아있다.

부탄이 네팔계 부탄인들을 추방한 것은 힌두교도인 네팔계의 인구 증가를 두려워했기 때문이라는 게 일반적인 해석이다. 순수 부탄인이 아닌 네팔계 혈통이라는 것과 부탄의 국교인 티벳불교가 아닌 기독교나 힌두교를 믿었다는 것이 추방의 이유였다. 부탄 정부가 자국민에게 교육비와 의료비를 무료로 제공하면서 이를 네팔계 부탄인들에게까지 확대하는 것에 경제적 부담을 느꼈기 때문이라는 해석도 있다. 과거 티벳계 불교 왕국이 네팔계 유입으로 인도의 자치주로 편입된 사례가 있는데, 부탄왕국으로선 네팔계 인구증

가가 이런 전철을 밟게 할 수 있다고 우려했던 것이다. 1958년의 부
탄 왕실은 로트삼파트스족에게 시민권을 주고 정부 관직을 가질 수
있게 하는 등 이들에 대한 포용적인 정책을 취했지만, 로트삼파트
스족의 인구가 빠르게 증가하고 동시에 부탄으로 이주하는 네팔인
들이 갈수록 늘어나자 이들의 존재에 위협을 느끼게 된 다. 게다가
네팔어를 쓰는 로트삼파트스족은 부탄에 정착하면서 부탄의 지배
계층인 티벳에서 건너 온 드룩족 문화와 융합하지 않고 힌두 문화
를 고수했다.

결국 부탄은 갈수록 커지는 네팔계 세력을 통제하기 위해서 인
종주의적 정책을 통과시키고 만다. 대표적인 것이 1988년에 시행된
법으로, 1958년 이후 출생한 사람 가운데 부탄 출신의 아버지와 외
국 출신 어머니 사이에 태어난 모든 이들의 시민권을 박탈했다. 외
국 출신의 어머니가 1958년 법에 따라 부탄의 시민권을 받았던 경
우에도(부탄은 1958년에 10년 이상 거주자에게 시민권을 주는 대신 이후의
이민을 금지하였다) 그 어머니와 자녀의 시민권을 박탈했다. 이 법은
수많은 로트삼파트스족 사람들이 하루 아침에 시민권을 잃는 결과
를 가져왔다. 로트삼파트스족은 부탄에 살면서도 문화가 다른 부탄
여성보다, 같은 문화권의 네팔이나 인도 출신 여성과 결혼하는 것
을 선호했기 때문이다. 그 외에도 로트삼파트스족 통제를 위해 학
교에서의 네팔어 사용을 법으로 금지시키며 네팔어로 된 책은 모두
수거해 불태워버렸다. 또한 지배계층인 드룩족의 복식을 따르도록
강요했다.

인종차별적인 정책에 대항하여 로트삼파트스족은 정치 조직을
만들어서 로비활동을 벌이고, 1990년에는 대규모 시위를 조직했지

만 결과는 더 가혹한 탄압이었다. 정책에 항의하는 평화적 시위를 부탄 정부는 군인들을 동원해 강제 진압했고, 재산을 파괴하고 자의적인 구금과 고문이 이어졌다. 또한 '자발적인 이주 증명서'에 강제로 서명을 시키고선 나라 밖으로 쫓아냈다. 1990년 12월 부탄 정부는 로트삼파트스족 사람들 가운데 1958년 이전부터 부탄의 거주자였음을 증명하지 못하는 사람은 부탄을 떠나라고 명령했다. 30년 전의 세금 고지서와 같은 서류를 제출할 수 있는 사람은 없었다. 결국 12만이 넘는 로트삼파트스족은 부탄을 떠나게 되었다. 이들 가운데 해외로 재이주한 이들을 제외하곤 아직도 난민 캠프에서의 삶을 이어가고 있는 네팔계 부탄인들이 있다.

네팔의 부탄 난민캠프는 상황은 어떨까. 난민촌의 특성상 쾌적하고 안락한 생활환경을 기대하기 어렵다. 한 가족이 방 한칸짜리 작은 오두막에 산다. 화장실은 두 가정당 한 개가 있다. 네팔 정부는 이들이 네팔에서 취업하는 것을 금하고 있다. 네팔의 실업률이 높아질 것을 우려하기 때문이다. 네팔의 부탄 난민들은 부탄으로 돌아가기를 기대하며 기다리고 있다. 문제는 네팔에서도 받아들이기를 거부하고, 부탄에서도 받아들이기를 거부하고 있다는 점이다. UNHCR(유엔난민기구)은 네팔 정부와 18년간 난민 송환 문제를 두고 계속 협상을 벌였으나 실패했다. 이에 따라 2006년 '제3국 재정착' 방안을 마련해 미국, 캐나다, 호주, 뉴질랜드, 노르웨이, 덴마크, 네덜란드 등 총 7개국이 네팔계 부탄 난민의 재정착에 합의했다. 7개국이 부탄 난민들을 받아들였지만 제3국 재정착을 원치 않아 아직도 캠프에 남아있는 이들에게 희망은 무엇일까. 난민촌에서 태어나고 자란 난민촌 아이들은 장래 희망을 묻는 질문을 잘 이해하지

못한다. 땅, 직업, 희망도 없이 사는 부모들이 아이들의 역할모델이
되어주지 못했기 때문이다.

남수단 난민

수단은 우리에겐 '울지마 톤즈'라는 영화로 알려진 나라다. 故 이태
석 신부의 헌신이 큰 방향을 일으켰던 바로 그 나라 수단. 1820년
이집트 총독 무하마드 알리에게 침략당한 이후 수단 남부는 다른
지역에 노예를 공급하기 위한 약탈 지역이었다. 아프리카에서 가장
큰 영토를 가진 수단은 영국과 이집트의 공동통치에서 독립한 후
종교적, 인종적인 갈등을 겪었다. 사막 지대인 북부 지역에는 이슬
람교를 믿는 아랍계가 많이 거주하였고, 초원과 밀림을 이루는 남
부 지역에는 영어를 사용하고 기독교와 토속 신앙을 믿는 아프리카
본토 흑인이 많았다. 식민 통치하게 된 영국은 이런 차이를 무시한
채 두 지역을 하나로 묶어 통치하였고, 1956년에는 두 지역을 하나
의 국가로 묶어 독립을 인정하였다. 결국 두 차례에 걸친 내전으로
200만 명 이상이 목숨을 잃었고, 400만 명 이상이 강제 추방, 구타,
강간 혹은 고문의 고통을 경험하거나 노예가 되었다.

　1956년 독립한 수단의 초기 갈등은 북부 지도자들이 나라 전
반에 이슬람적인 법률과 문화를 강제적으로 확대시키려 하는데서
비롯됐다. 반대 세력의 다수는 남부 지역 사람들이었다. 이들은 자
신들이 북부를 기반으로 하는 정부에 의해 더욱 소외될 것이라는
두려움이 가득했기에 1955~1972년의 장기 내전으로 이어졌다. 1

차 내전은 남부 수단에 자치권을 약속하는 아디스아바바 협정이 조인된 후 종료되었지만, 1983년 내전이 다시 시작됐다. 2차 내전이다. 처음에는 종교전쟁의 성격이었지만 역사적 갈등과 석유와 금 등의 자원 쟁탈이 결합되어 20년 넘는 장기전으로 비화됐다. 2003년 수단 정부의 아랍화 정책에 따른 차별을 대항하여 다르푸르 지역 아프리카계 푸르족의 반란이 일어났을 때, 정부는 아랍 민병대 잔자위드를 조종하여 반란을 무력화시켰다. 잔자위드는 정부의 비호 아래 폭력, 약탈, 강간을 저지르고도 이를 부인해 국제사회의 비난을 받았다.

2004년부터 아프리카연맹(AU)이 개입하여 평화유지군을 파견하고 중재하여 2006년 5월 수단 정부와 수단 해방군 사이에 평화조약이 체결되었다. 5년 뒤, 2011년 1월 남수단 독립 국민투표에서는 98.8%의 찬성으로 독립이 확정되어 2011년 9월 남수단공화국이 세워졌다. 남수단은 아프리카의 54번째 주권 국가이자 193번째 유엔 가입국이 되었다. 남수단의 독립은 반가운 일이었으나 처음부터 풀어야 할 숙제가 많은 미완의 독립이었기에 이후로도 고통과 고난은 계속되었다. 유혈사태가 계속되는 북수단과의 국경 문제와 고질적인 부족 간의 분열과 부패, 원유 수입 배분문제 등의 난제가 산적해 있다. 남수단은 독립한 이후 살바 키이르 대통령을 배출한 딩카족과 리에크 마차르 부통령을 내세운 누어족이 심하게 대립한 끝에 정부군과 반군 사이에 내전이 발생하여, 수만 명이 숨지고 350만 명이 인접 국가인 우간다, 에티오피아, 케냐 등으로 피해 난민이 되었다. 독립 전쟁보다 더 파괴적인 내전이라 불리는 이유다.

정부군과 반군의 무력 충돌로 가장 큰 피해를 당하는 것은 민간인, 그 가운데서도 여성과 아동들이다. 난민의 50% 정도는 아동들이다. 부모를 잃은 아동들은 국경을 넘다가 납치되어 소년병이나 노역장으로 팔려가기에 난민 캠프에 도착하기도 쉽지 않다. 이 아동들은 교육의 기회를 잃었음은 물론 전쟁으로 인한 심각한 심리적 트라우마로 고통받고 있다.

남수단은 중국이 수단의 원유보급선 안전을 위해 수단 정부를 전폭적으로 지원하는 등 아프리카 동부지역을 둘러싼 강대국들의 전략적 패권과 경제적 이해관계의 희생양이 되었고, 유엔 역시 수단 전쟁 종식을 위한 효과적인 해결책을 내놓지 못하는 상태다.

현재 남수단에는 2013년 1월에 창설한 '대한민국 남수단 재건지원단'(한빛 부대, Hanbit Unit)이 유엔 평화유지군의 일원으로 파견돼 있다. 한빛 부대는 소말리아, 앙골라, 동티모르의 상록수 부대, 서사하라의 의료지원단, 레바논의 동명 부대, 아이티의 단비 부대에 이은 일곱 번째로 대한민국에서 UN 평화유지군으로 파견된 부대이다. 이들은 남수단의 평화 및 안보 공고화를 위한 일을 하고 있다.

유엔난민기구 활동가는 "남수단 난민 사태보다 더 심각한 난민 문제는 없다"고 언급했고, 유니세프 소속 활동가 역시 "남수단 어린이의 5명 중 1명이 집을 떠나온 신세를 지고 있으며 이는 전 지구적 차원의 문제"라고 말한다. 게다가 남수단은 오랜 가뭄과 대기근 때문에 인도주의적 재앙에 빠지기도 하였다고 알자지라 방송이 분석했다. 남수단의 난민 규모는 시리아와 아프가니스탄에 이어 3번째로 많다.

크리스토퍼 트로트 영국 외교부 수단·남수단 특별대표가 2018년 7월 경향신문과 한 인터뷰를 통해 알려진 남수단의 상황은 가히 충격적이다.[4] '1,100만 명에서 1,200만 명에 달하는 인구 가운데 550만 명이 심각한 식량난에 직면해 있다.' '백나일강 양안의 열대 우림과 광대한 초원, 비옥한 농토가 펼쳐진 기회의 땅에는 어떠한 천형보다도 잔혹한 인재가 계속되고 있다.' '독립 이후 내전에서 희생된 인명만 30여만 명. 어린이 25만 명은 심각한 영양실조 탓에 생사의 기로에 놓여 있다.' '그럼에도 종족 간 전쟁을 멈추지 않고 있는 딩카족 정부군과 누에르족 민병대는 구호식량의 전달을 방해하고 있다.' '난민 캠프에 수용된 여성의 70%가 군경에게 성폭행을 당하고 있다.'는 등의 사안에 대해 "별로 나아지지 않았다"고 밝혔고, '남수단 정부는 대략 한 해 30억 달러로 추산되는 원유 수입을 거두고 있음에도 단 하나의 병원도 건립하지 않았고' '병원들은 100% 국제사회가 건립했다'는 것이다. 그의 말대로 "부패가 아니라면 설명할 수 없는 일"이 벌어진 것이다. 그는 "소말리아를 비롯한 동아프리카 국가들의 기근은 자연재해였다. 하지만 남수단의 재앙은 전적으로 인간이 만든 것"이라며, 아이들은 먹을거리만 부족한 것이 아니라 안전도 제공받지 못하고 있음을 증언했다. '남수단의 12세 소녀들은 고등학교를 졸업할 가능성보다 아이를 출산하다가 사망할 확률이 더 높다. 그 소녀들이 학교에서 1년 더 수업을 받는다면 정상적인 삶을 영위하기 위해 필요한 잠재력이 12% 높아진다'는 이유로 소녀들의 교육에 집중하고 있다고 소개했다.

---

4   '남수단 12세 소녀들, 고교 졸업보다 애 낳다 죽을 확률 더 커'
     〈경향신문〉 2018.7.30.

시리아 난민

시리아는 1980년 유네스코 세계문화유산으로 등재된 중동의 대표 유적 '팔미라' 등이 있는 자타공인 관광 국가였다. 시리아관광청에 따르면 2010년 시리아 국내총생산(GDP)은 연간 80억 달러(약 9조 원)이었고, 이 중 관광 산업으로 얻은 수입은 14%를 차지했다.[5] 하지만 이제는 관광 국가가 아닌 비극의 나라로 기억되고 있다. 2015년 9월 터키의 남서부 해변에서 차가운 주검으로 발견된 세 살배기 시리아 난민 아일란 크루디(Aylan Kurdi)의 사진이 알려진 결과다. 시리아와 특별한 관계가 없던 대한민국까지 절규하게 한 바로 그 사진이다. 쿠르디는 부모님, 형과 함께 육로로 터키를 지나 지중해를 건너 그리스 코스섬에 가려다가 풍랑을 만났다. 배에는 쿠르디의 가족 외에 17명이 타고 있었는데 뒤집힌 배에서 14명이 사망했다. 또 다른 배에 타고 있던 16명 중 8명도 목숨을 잃었다. 파도에 휩쓸려 터키 보드룸 해변에 도착한 쿠르디는 발견 당시 엎드려 잠자는 듯한 모습이었다.

쿠르디의 고향인 시리아 북부의 코바니는 미국을 비롯한 연합군이 엄청난 공습을 퍼부은 곳이다. 쿠르디의 사진을 통해 전쟁의 민낯과 난민의 비극이 세상에 알려지면서 세계인들은 충격에 빠졌고 참상을 막지 못한 자책감으로 이어졌다. 문제는 지금도 계속되고 있는 상황이라는 것이다. 시리아 내전으로 갈 곳을 잃은 이들은

---

[5] "'꿈의 여행지' 시리아는 어쩌다 지옥이 됐을까'
   이재은, 〈머니투데이〉 2018.10.15.

외국으로 빠져나가야만 했고, 그들이 안전히 정착할 곳을 찾기는 쉽지 않았다. 고단한 그들의 여정은 죽음으로 마치는 경우가 많았으니 비극이 아닐 수 없다.

2011년 봄, 중동과 북아프리카에 '아랍의 봄'이라는 바람이 불었다. 튀니지를 시작으로 알제리, 이집트, 요르단, 바레인, 예멘, 쿠웨이트, 이라크, 수단 등에서 연달아 반정부 시위가 벌어졌다. SNS 덕택에 인식이 높아진 시민들이 조직적으로 저항 운동을 벌였다. 이후 튀니지, 이집트, 예멘 등에서는 성공적인 정권 교체가 이뤄졌다. 이에 따라 '아랍의 봄 혁명'으로 불린다.

'아랍의 봄(Arab Spring)' 영향으로 2011년 3월 시리아 남부 지역에서 시작된 평화적인 반정부 시위는 점차 시리아 전역으로 확산되었고, 이에 맞서는 군사 세력이 개입이 유혈 사태로 이어졌다.[6] 이슬람 무장단체 IS 세력의 가담과, 수니파와 시아파의 종파 갈등까지 겹쳐지며 참혹한 전쟁으로 확대됐다. 2017년 기준으로 내전 6

---

[6] 시작은 소소했다. 2011년 3월, 수도 다마스쿠스로부터 약 100km 떨어진 농업도시 '다라아'에서 아이들의 낙서가 발견됐다. 범 아랍권 위성TV와 인터넷 등을 통해 '아랍의 봄' 현장을 접한 아이들의 낙서였다. 아이들은 '아사드 정권은 무너질 것'이라는 반정부 구호를 벽에 적었다. 일종의 해프닝으로 넘어갈 수 있었던 일이 커진 건 정부가 반정부 낙서를 한 15명의 어린이를 감금·고문하는 등 과하게 처단하면서다. 시리아에서는 이전에도 '아사드' 부자를 언급할 경우 사복경찰 등에게 잡혀가는 일이 있었다.
'무슬림 소수파 '알라위파'가 집권하는 시리아… '아랍의 봄' 혁명이 종파간 갈등으로'
이재은, 〈머니투데이〉 2018.10.22.

년 만에 약 47만 명의 시리아 국민이 목숨을 잃었고, 사회기반 서비스와 시설들이 파괴됐다. 더 비극적인 것은 사망자의 약 12%인 5만 5천 명이 어린이라는 사실이다. 무장단체들이 병원 시설을 집중 공격함에 따라 부상자의 95%가 치료를 받을 수 없는 실정에다, 식수 부족까지 겹치며 약 70%의 사람들이 깨끗한 물을 먹지 못했다. 아이들의 학교는 사라졌고, 눈 앞에서 부모의 죽음을 목격한 아이들은 방치됐다. 성범죄와 노동착취로 이어지는 위험이 산재했다. 결국 살아남기 위해서는 시리아를 벗어나야만 했다. 약 480만 명의 시리아 국민들이 주변 국가로 탈출하였지만, 가족, 집, 음식, 옷 등 생존에 필요한 모든 것을 잃은 그들의 삶은 고통스러울 수밖에 없었다. 식량부족으로 영양실조에 걸리고 비위생적인 환경으로 콜레라 등의 전염병이 창궐했다. 하루 아침에 나라를 잃고 난민이 된 그들은 인접 국가인 터키, 레바논, 요르단, 이라크 등과 유럽에서 힘겹게 이방인으로 살아간다. 너무도 당연히 난민 아동들은 학교에 제대로 다니지 못한다.

길고도 복잡한 상황을 이어가고 있는 시리아 내전은 1970년에 쿠데타로 정권을 잡은 아버지 하페즈 알아사드 전 대통령에 이어 세습한 현 시리아 대통령 바샤드 알아사드의 독재가 가장 큰 원인이지만 내전의 양상은 정부군과 민주화를 요구하는 반정부군의 전쟁만이 아니다. 정치적, 종교적, 외교적 사안이 매우 복잡하게 얽혀 있어 이에 따라 세력 간의 내전 양상도 다양하게 전개됐다. 아사드 정권은 시아파로 이란, 레바논의 헤즈볼라, 이라크, 아프가니스탄, 예멘 등 시아파 세력과 러시아의 물적, 군사적 지원을 받는 반면, 수니파 반정부군은 사우디아라비아, 터키, 카타르 등 수니파 국가와 미국, 유럽의 지원을 받고 있다. 여기에 수니파 무장테러조직인 IS까지 가담했다. 2015년에는 반군에 가담한 IS를 공격한다는 명분으로 러시아가 정부군을 지원하기 시작했고, 미군은 시리아 정부군이 화학무기를 사용한 것에 대한 대응으로 토마호크 미사일 공격을 시도하는 등 국제 대리전의 성격을 갖고 있다. 여기에 터키가 국경을 맞닿아 있는 시리아 북부 지역에서 쿠르드족의 영향력이 커지는 것에 불안감을 느낀 터키는 쿠르드족 축출을 위해 시리아 내전에 개입하여 이른바 '올리브 가지' 군사작전을 전개 중이다.[7]

독재정권의 폭압에 더하여 더 근본적으로는 중동지역의 물 부족도 내전의 원인이 되었다. 시리아 내전이 일어나기 전인 "2007~2010년 사상 최악의 가뭄이 발생하자 농민들이 도시로 몰려들었고, 정치 불안의 촉매로 작용하면서 내전의 가능성이 두세 배 이상 높아진 것"으로 분석한다.[8] 이 때의 심각한 가뭄에 약 150만 명의 농민이 고향을 버리고 도시로 향했다. 대규모 이동과 경제난으로 반정부 심리가 커진 상황에서 바샤르 알아사드 정권이 반대파를 잔혹하게 탄압하자 내전 발발로 이어졌다 것이다.

---

7 쿠르드족은 국가를 설립하지 못한 중동 최대의 민족이다. 터키, 이란, 이라크, 시리아 등에 거주하며 각 국에서 분리 독립 운동을 벌이고 있다. 시리아의 10%를 차지하는 쿠르드족은 200만 명으로 추산된다. 시리아 북부에서 IS를 몰아내는데 기여하며 미군의 신뢰와 지원을 받게 됐기에 세력이 더 커지는 것을 염려하는 것이 터키의 입장이다.

8 '시리아 난민의 근본적 원인, 가뭄과 흉작'
김일웅, 국방정신전력원 블로그, 2018.3.27.

시리아 난민들은 처음엔 레바논, 요르단, 터키, 이라크 등으로 유입됐고 이후엔 유럽과 남미로까지 이동하는 형편이다. 지역 별로 상황이 다 다르기는 하지만 처음엔 난민들을 받아들이던 나라들도 그 수가 늘어가면서 점차 닫는 형국이고 보면 지켜줄 나라 없이 떠돌 수밖에 없는 이들의 삶이 어떠할지는 짐작이 가는 바다.

아프가니스탄 난민

서남아시아에 위치한 아프가니스탄은 대부분 산악 또는 사막지대지만, 북부 평원지역 일부는 아시아에서 가장 좋은 조건을 갖춘 농업지대다. 막대한 양의 고급 광물자원이 있지만 거의 개발을 못한 상태이며, 평균 수명은 46세로 세계에서 가장 낮은 편에 속한다. 성인의 문자해독률은 25%에 불과하며 전쟁 등의 이유로 고등교육이 이루어지기 어려운 형편이다. 민족 구성은 파슈툰족(42%), 타지크족(27%), 하자라족 등이며, 종교는 수니파 이슬람교(80%), 시아파 이슬람교(19%) 등이다.

소련의 영향 아래 있던 공산주의 정부가 1992년 전복되자 이슬람교 단체 연합이 이슬람 공화국을 선포했다. 다만 모든 파벌들의 지원을 받지 못해 정치적, 군사적 상황은 교착상태에 빠졌다. 이때 파키스탄 북부 아프가니스탄 난민촌에 세워진 이슬람 신학교 마드라샤 출신 학생들로 구성된 탈레반이 1994년 아프가니스탄 남부 칸다하르 지방에서 무력활동을 시작하여 1996년말 수도 카불을 점령하고 정권을 장악했다. 그러나 비파슈툰족들은 파슈툰족으로 구성된 탈레반들이 아프가니스탄을 지배해왔던 파슈툰족의 집권 연장이라고 여겨 이에 대항하였고, 탈레반은 극단적인 이슬람근본주의 정책으로 이들을 압박했다. 국제사회의 인정을 받지 못한 탈레반 정권은 각종 사회정책, 여성의 사회활동 억제, 바미안 석불과 같은 비이슬람 종교 유적 파괴, 범죄자에 대한 가혹한 처벌과 오사마 빈 라덴 등의 이슬람 전사들에게 은신처를 제공하면서 국제사회에서 더욱 고립되었다.

2001년 9.11 테러가 발생하자 미국은 범인으로 지목한 오사마 빈 라덴 인도를 요구했으나 거절 당하자 아프가니스탄 상대의 전쟁에 돌입한다. 탈레반 정권 축출 후 아프가니스탄 이슬람공화국(Islamic Republic of Afghanistan)으로 변경했다. 탈레반의 잔여 세력에 의한 정치적 영향력과 국지적인 테러로 혼란이 계속되자 미군을 주축으로 하는 평화유지군은 계속 주둔했다. 2020년 2월 29일 아프가니스탄 정부를 배제한 채 미국과 탈레반이 오랜 전쟁의 종식을 고하는 평화협정을 맺었고, 미군은 14개월 안에 철수하기로 결정했다.[9]

사실 미국은 준비되지 않은 채 전쟁을 벌였고 지속가능한 대안을 제대로 찾지 못했다. 아프간 전쟁은 알카에다 소탕과 탈레반 정권 축출이라는 군사적 목표만 달성했을 뿐, 아프가니스탄의 국가 안정화와 민주정권 수립이라는 전쟁 이후의 재건에는 완전히 실패했다. 결국 모두에게 고통을 남긴 이 전쟁은 승자없이 다시 원점으

---

[9]　'아프가니스탄' 다음백과 https://100.daum.net/encyclopedia/view/b14a2708b

로 돌아가는 결과를 낳았다. 여전히 건재한 탈레반은 합적적인 세력으로 인정받은 셈이다.[10] 아프가니스탄은 여전히 세계 최대의 아편 생산국이다. 산악 지형과 적절한 기후, 경제상황이 맞물려 양귀비꽃 최대 생산지가 됐지만, 점령자 미국도, 탈레반도, 현 정권도 퇴출에 실패했다. 어쩌면 포기할 생각이 없었는지도 모른다.

유엔난민기구(UNHCR)의 통계에 따르면 260만 명 이상의 등록 및 미등록 난민이 80개국 이상에 흩어져 있으며, 난민의 약 90%는 이란과 파키스탄에 있다. 그 중 절반은 18세 이하의 아이들이다. 2003년 3월, 아프가니스탄, 파키스탄, UNHCR은 파키스탄에 온 아프가니스탄 난민들의 본국 송환 협정을 맺어 역사상 가장 큰 규모의 송환작전이 진행됐다. 하지만 이들 가운데서도 내부 정국의 혼란으로 다시 난민이 되기도 했다. 아프가니스탄 내부 권력층의 다툼과 국제적 갈등이 결국 가장 힘없는 이들을 사지로 내몬 것이다. 난민 문제 극복의 방법은 결국 고향으로 돌아가 안정된 삶을 살 수 있도록 내외적인 조건을 만드는 것이지만 그 길이 멀어 보인다. 아프간 난민의 삶에 대해 외부자들은 이해하기가 쉽지 않다. 전혀 안정적이지 않은 현실의 난민과 국내에 남아있지만 여전히 불안한 이들의 삶을 우리가 어떻게 이해할 수 있을까. 할레드 호세이니의 『천개의 천란한 태양』이라는 책은 아프가니스탄에 남겨진 이들의 피폐한 삶으로 안내한다. 전쟁에 의해 가장 큰 타격을 받는 여성과 아이. 그 가운데서도 이슬람 사회이기에 여성이 겪어야하는 현실이 참혹

---

10 '미국의 아프가니스탄 전쟁은 왜 실패했을까?' https://brunch.co.kr/@danori/34

하다. 작가는 이 책을 통해 아프간의 난민 문제를 말하고 싶었다고
한다.

난민을 대하는 우리의 방향

난민이 되어 고통받는 여러 나라의 경우에 대해 다소 긴 정리를 하
고 나서 가장 먼저 드는 생각은 난민에 대한 우리의 이해 정도는 어
떤지 돌아봐야겠다는 것이다. 난민은 '전쟁이나 핍박, 자연재해 등
에서 벗어나기 위해 조국을 떠날 수밖에 없는 사람'이라는 의미다.
분명한 것은 난민은 자신이 원해서 난민이 된 것이 아니라는 것이
다. 불가피한 상황에서 고향 땅을 떠나 고생길로 떠난 이들에 대한
우리의 인식 수준이 어떤가 돌아보는 것은 이후의 긍정적인 삶을
위해 필요한 과정이다.

앞에서 정리한 나라들의 상황을 살펴 보니 정치적인 이유도 있
지만 대부분의 경우 종교적 배경이 있음을 보게 된다. 사랑과 평화
를 말하며 실제 그런 노력을 기울이기도 하는 종교가, 참혹한 전쟁
을 일으키고 살육을 감행하는가 하면 누군가의 죽음을 오히려 기뻐
하는 모습을 보인다는 측면에서 보면 정말 충격이다. 게다가 앞에
서 본 바와 같이 그 종교가 이슬람인 경우가 많다. 그렇다면 이슬람
은 정말 폭력적인 종교일까.

무장폭력 단체를 만든 무슬림이 꽤 있다. 그렇다고 해서 무슬
림 전체가 무장폭력단체의 조직원은 아니다. 일부를 전체로 보는
오류를 범하고 나면 실체적 진실을 이해하는데 어려움이 생길 수

밖에 없다. 일부 무슬림들의 불법적이고 과격한 행동에 대한 기사에 달리는 댓글들에서 '이슬람은 곧 테러리스트라'는 인식이 팽배함을 볼 수 있다. "모든 이슬람이 테러리스트는 아니지만 모든 테러리스트는 이슬람이라는 말이 새삼 떠오른다. 난민들이 갑자기 무서워진다.", "난민을 받으면 저렇게 됨"이라는 식의 글이 그렇다.

이러한 인식의 논리적 오류에 대해 한국에 사는 저널리스트 라파엘 라시드는 이렇게 지적한다.[11]

"유럽이나 미국에서도 비슷한 일이 벌어진다. 한 연구에 따르면 백인우월주의자들(white supremacists)이 주도한 테러가 이슬람 극단주의자들의 주도한 테러보다 9배 많은 미국인을 죽였다. 여기서 흥미로운 사실은 백인 테러범을 언론이나 정치인들이 '살인자'로 표현한다는 점이다. 하지만 백인이 아닌 피부색을 가지고 있거나, 이슬람교도면 곧바로 '테러리스트'로 낙인 찍는 경우가 대부분이다."

우리나라에서 난민과 무슬림을 테러리스트로 연결 짓는 것과 서구사회에서 유색인종 살인자들을 곧바로 테러리스트로 낙인 찍는 것은 인종차별이라는 차원에서 다르지 않다는 말이다. 피부색이나 종교가 다르다는 이유로 누군가를 차별하는 것이 당연시되면 그 사회는 건강할 수 없다. 우리 국민이 외국에 가서 인종차별을 받는

---

11 '한국에는 난민에 대한 진지한 담론이 없다'
    라파엘 라시드, https://www.elle.co.kr/article/49666

다고 할 때 긍정적으로 받아들일 사람은 없다. 마찬가지로 우리 사회에 온 이들을 인종차별하는 것은 심각한 문제일 수밖에 없다. 이미 한국은 250만 명 이상의 외국인이 사는 다문화 사회인 사실을 잊어서는 안된다.

이슬람의 일부인 무장테러단체들이 문제라고 하면서 예멘 난민의 제주도 입도 사건에서 보듯이 종교적인 입장을 가진 이들의 큰 차별적 언행 역시 심각한 문제가 아닐 수 없다. 가장 적극적으로 반대의 행동을 한 단체는 개신교였다. 물론 이 역시 모든 개신교가 그런 것은 아니지만 매우 적극적인 반대행동을 한 곳이 개신교라는 사실은 분명하다. 한국 사회에서 개신교는 이슬람을 가장 두려워하는 집단이 된지 오래다. 정말 그렇게 두려운걸까. 아니면 희생양이 필요한걸까. 난 가끔 그런 의문이 든다.

종교라는 이름으로 차별과 폭력, 살인 등을 묵인한다면 그들은 원래의 정신에서 벗어난 집단일 뿐이다. 어느 종교도 사랑과 평화를 강조하지 않는 곳은 없다. 종교인으로 살아간다는 것은 그 정신과 가치에 충실하게 살아가겠다는 다짐이다. 그런데 원래의 정신은 잊고 현실에서 가장 유리하거나 유익한 것만 취사선택하여 실행하고 산다면, 그래서 테러리스트를 지탄한다면서 테러를 가하는 집단이 된다면 그들의 종교는 멀쩡한 종교일까.

일부 무슬림들을 과격한 행동이 나타나면 기자들은 편향된 방향으로 이슈몰이에 치중하고, 개신교를 비롯한 단체들이 강하게 반대하는 입장을 표명하고, 미디어는 이를 곳곳에 옮기며, 독자들은 왜곡된 정보 아래서 부화뇌동하는 패턴이 반복되다 보면 어느새 무슬림들은 테러리스트가 되어 있다. 선입력된 정보는 이후에 어떤 새로운 정보가 들어오더라도 변경되지 않으며 오히려 강화될 뿐이다. 그래서 우리 인식에 무슬림은 가짜 난민, 불법체류자, 잠재적 테러리스트가 된다.

'난민이 된 사람을 난민에서 벗어나게 하는 수단'으로 UNHCR이 정한 세 가지 '영구적 해결 방안'은 다음과 같다. 첫째, 내전 등이 종료됨에 따라 난민이 자발적으로 출신국에 돌아가는 '자발적 귀환(voluntary repatriation)'이다, 둘째, 피난처인 수용국에서 정착할 길을 찾아 그 후에도 그 나라에 계속 살게 되는 '지역 통합(local integration)'이다. 셋째는 출신국도 수용국도 아닌 제3국으로 가서 그곳에서 정착하게 되는 '재정착(resettlement)'이 있다(오마타 나오히코 지음, 이수진 옮김, 2020: 249-250). 이 세 가지 영구적 해결 방안 중에 원조 기관들이 '최선'이라고 여기는 것이 '본국 귀환'이지만 현실적으로 가장 어려운 방법일지도 모른다. 그럼에도 가장 최선의 방법을 또는 차선이라도 이루어지기 전까지는 그 어디에선가 고통스런 시간을 지내야 하는 것이 난민의 현실이다.

그런 난민들을 임시로든 영구적으로든 받아들여야 하는 이웃 국가나 다른 나라들의 경우 졸지에 고통분담자가 된다. 난민들의 상황을 이해하기에 인도적인 노력을 기울여 최대한 노력하는 나라가 있는가 하면, 기존의 틀이 무너질까 염려하여 눈 딱 감고 외면하는 경우도 있다. 자국민 보호라는 인식에서 보자면 잠시 눈 감고 외면하는 것이 더 편한 방법일지도 모른다. 하지만 이미 세계는 하나로 묶여진 거대한 구조체이며, 어느 한 나라의 어려움이 외부 세계에 악영향을 미치지 않을 방법이 없다. 유기적으로 연결된 세계에서 현실적 어려움을 겪는 이들을 외면해서 더 이익될 게 없다는 말이다. 결국 서로 돕지 않으면 함께 어려워질 수 있음을 기억하고 최대한의 협력을 하는 것이 가장 바람직한 대처가 된다.

다만 나라마다의 경제적 수준과 내부적 결속 정도가 달라 외부에서 오는 어떤 충격을 연착륙시킬 수 있는 능력이 있느냐는 나라마다 조금씩 다르겠지만, 그래서 대처의 수준에도 차이가 있겠지만 인도적 차원에서의 노력을 기울여야 한다는 당위는 같다. 낯설고 불편하고 경제적인 어려움까지 초래될 수 있지만 그럼에도 인류가 함께 풀어가야 할 과제이지 외면하고 차별하며 묵인하는 것이 방법이 될 수는 없다.

한국 전쟁으로 폐허가 되었을 때 국제적인 도움으로 어려움을 이겨내고 선진화된 나라가 되었듯이 우리나라도 어려움을 겪는 나라들에 대한 인도적 노력을 기울여야 하지 않을까. 이미 평화유지군의 일원으로 전쟁과 기아로 고통받는 타국에 파병한지 오래다. 뿐만 아니라 국제분담금도 상당히 부담하고 있다. 게다가 민간의 참여도 이끌어 세계 곳곳에서 선한 실천을 하고 있는 것도 사실이다. 그런 수고를 마다 않는 따뜻한 대한민국이 찾아오는 난민들을 외면할 수는 없는 노릇 아닌가. 다시 말하지만 난민이 되고 싶은 사람은 없다. 그러나 누구든 어느 날 갑자기 난민이 될 수 있다. 단지 우리보다 먼저 불행한 시간과 불행한 상황을 만났을 뿐인 난민들을 외면해서는 안된다. 먼저 경험했던 나라가 이후의 어려움을 외면하는 것은 인도적인 처사가 결코 아니다.

"난민 문제는 국제적인 문제이고 정치적으로 해결해야 하는 문제다. 국제 정치의 영역에서 대한민국의 위상을 공고히 하는 것을 통해 우리의 목소리에 더 큰 힘이 실릴 것이고 그것은 외교 무대에서 국익을 보호하는 데 힘이 될 것이다. 그 위상은 그 주장만으로 되는 것은 아니다. 얼마나 국제 사회 일원으로서의 책임을 다했는가가 중요하다. 대한민국이 국제 사회의 일원으로 책임을 다할 수 있도록 국민들의 관심과 지혜가 그 어느 때보다 필요한 시점이다."(정우성, 2019: 173)라는 유엔난민기구 홍보대사 정우성의 주장은 분명 우리가 새기고 나아가야 할 방향이라 믿는다. 유엔난민기구의 통계에 따르면, 2019년 말 현재 7,950만 명이 강제 이주 상태다. 전 세계 인구의 1%에 해당하는 엄청난 숫자다. 97명 중 한 명이 강제 이주민이라는 현실을 넘어서는 일은 인류를 위한 가장 중요한 도전이 될 것이다. 6월 20일은 세계 난민의 날이다.

참고문헌

구정은, 2018, 『사라진, 버려진, 남겨진』, 후마니타스.
오마타 나오히코 지음, 이수진 옮김, 2020, 『아프리카인, 신실한 기독교
　　　　인, 채식주의자, 맨유 열혈 팬, 그리고 난민』, 원더박스.
이호택·조명숙, 2010, 『여기가 당신의 피난처입니다』, 창비.
정우성, 2019, 『내가 본 것을 당신도 볼 수 있다면』, 원더박스.